经理人缴费基数计算口径调整对养老保险基金收入影响研究

张华荣◎著

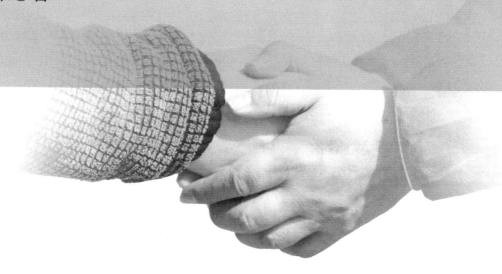

Wuhan University Press
武汉大学出版社

图书在版编目(CIP)数据

经理人缴费基数计算口径调整对养老保险基金收入影响研究 / 张华荣
著. — 武汉 : 武汉大学出版社，2021.10
ISBN 978-7-307-22157-4

Ⅰ. 经… Ⅱ. 张… Ⅲ. 养老保险制度－影响－养老保险基金－财政
收入－研究－中国 Ⅳ. F812.44

中国版本图书馆 CIP 数据核字 (2021) 第 192365 号

责任编辑：黄朝昉　　　责任校对：孟令玲　　　版式设计：左图右书

出版发行：**武汉大学出版社**（430072　　　武昌　　　珞珈山）
　　　　（电子邮箱：cbs22@whu.edu.cn　网址：www.wdp.com.cn）
印刷：武汉乐生印刷有限公司
开本：710×1000　1/16　　　印张：13.25　　　字数：220千字
版次：2021年10月第1版　　2022年3月第1次印刷
ISBN 978-7-307-22157-4　　定价：48.00元

◇ 前　言 ◇

现行职工基本养老保险缴费基数"上下限"的确定是以"职工平均工资"为基础的,初衷是为了实现基础养老保险基金收入能够随着"职工平均工资"的增加而增加,避免养老保险的"逆选择"问题。在现实中,职工工资分布并非左右对称或渐进对称的,同时其指标值易受制度覆盖范围、平均工资统计范围、各地平均工资计算方法和比例差异等的影响,导致在岗职工平均工资指标值远高于真实水平,形成高收入群体缴费基数"偏低"、低收入群体缴费基数"偏高"的畸形格局,最终影响养老保险基金收入。为此,本书聚焦初次收入分配问题,立足"运用初次分配手段,解决初次收入分配积存问题";围绕企业内部利益相关者——经理人,研究经理人薪金结构变化引致的缴费基数计算口径调整对养老保险基金收入的影响;运用微观企业数据,模拟测算经理人缴费基数三种计算口径下,养老保险基金收入的差异、程度、变化趋势;揭示这种差异、程度、变化趋势在不同行业、不同类型企业和不同区域的演化规律;探究高收入群体养老保险缴费基数"上下限"的调整机制和优化策略,规避高收入群体更高的养老风险,保障基本养老保险基金的长期收支平衡。本研究属于问题导向型研究。本研究使用的数据来自国泰君安中国股票市场研究数据库(CSMAR),中国证监会官方网站、官方公布的上市公司年报和相关公告中涉及2007~2016年15341个中国上市公司层面的大样本数据。

本研究分析经理人缴费基数三种计算口径(以"上年度在岗职工平均工资300%"为基础的制度缴费基数,以"经理人平均货币薪金"和"经理人平均薪金"为基数的模拟缴费基数)对养老保险基金收入的影响,寻找经理人养老保险缴费基数"上下限"设置的理论依据。剖析现行养老保险缴费测算政策,运用产权理论,解释经理人薪金结构多元化的原因,分析经理人缴费基数计算口径变化规律;实证分析全国统筹、地区统筹、行业统筹、企业统筹层面,在经理人缴费基数三种计算口径下,养老保险基金收入绝对数值差异、程度、变化趋势,以及养老保险基金收入弹性系数演变规律;总结提炼完善和推广养老保险缴费基数"上下限"设置的对策,明确缴费基数"上下限"的功能定位与发展规划,厘清养老保险缴费基数的参与主体及其计算口径,将经理人股权薪金纳入养老保险缴费基数计算口径。

本书的研究结论如下。

2007—2016年,基于经理人缴费基数三种计算口径测算的养老保险基金收入存在明显的差别。研究发现,全国统筹层面以"经理人平均薪金"为模拟缴费基数的养老保险基金收入明显高于以"经理人平均货币薪金"为模拟缴费基数的养老保险基金收入,而以"经理人平均货币薪金"为模拟缴费基数的养老保险基金收入又略高于以"上年度在岗职工平均工资300%"为基础的制度缴费基数的养老保险基金收入。

2007—2016年,基于经理人缴费基数三种计算口径测算的养老保险基金收入存在明显的地区、企业和行业差异。如统筹地区所在的中心城市或者东部地区,以"经理人平均薪金"为模拟缴费基数的养老保险基金收入明显高于以"经理人平均货币薪金"为模拟缴费基数的养老保险基金收入,而以"经理人平均货币薪金"为模拟缴费基数的养老保险基金收入又略高于以"上年度在岗职工平均工资300%"为基础的制度缴费基数的养老保险基金收入;劳动密集型企业,以"经理人平均货币薪金"和"经理人平均薪金"为模拟缴费基数的养老保险基金收入都高于以"上年度在岗职工平均工资300%"为基础的制度缴费基数的养老保险基金收入;非国有企业,以"经理人平均货币薪金"和"经理人平均薪金"为模拟缴费基数的养老保险基金收入都高于"上年度在岗职工平均工资300%"为基础的制度缴费基数的养老保险基金收入;农、林、牧、渔业,制造业—食品饮料,制造业—纺织服装皮毛,制造业—医药生物制品,制造业—其他制造业,房地产业,综合业等7个行业以"经理人平均货币薪金"为模拟缴费基数的养老保险基金收入都高于以"上年度在岗职工平均工资300%"为制度缴费基数的养老保险基金收入;除了采矿业,电力、热力、燃气及水生产和供应业,交通运输、仓储和邮政业,科学研究和技术服务业外,其他22个行业以"经理人平均薪金"为模拟缴费基数的养老保险基金收入都高于以"上年度在岗职工平均工资300%"为基础的制度缴费基数的养老保险基金收入。

2007—2016年,基于经理人缴费基数三种计算口径的养老保险基金收入弹性系数存在明显的地区、企业和行业差异。如中心城市以"经理人平均货币薪金""经理人平均薪金"为缴费基数测算的平均养老保险基金收入弹性系数高于非中心城市,东部地区以"经理人平均货币薪金"为缴费基数测算的平均养老保险基金收入弹性系数高于非东部地区;资本密集型(非国有)企业以"经理人平均货币薪金""上年度在岗职工平均工资300%"为缴费基数测算的平均养老保险基金收入弹性系数都高于劳动密集型(国有)企业;1/2的行业以"经理人平均货币薪金""经理人平均薪金"为缴费基数测算的平均养老保险基金收入弹性系数大于以"上年度在岗职工平均工资300%"为缴费基数测算的平均养老保险基金收入弹性系数,这些行业基本集中在科学研究和技术服务业,水利、环境和公共设施管理业,文体和娱乐业,信息、软件和技术服务业等成长性、盈利性较好的新型行业及房地产业、金融业等集中度较高的垄断行业。

基于上述发现,本研究提出了三点对策建议:一是取消养老保险缴费基数与"职工平均工资"之间的直接联系,根据不同收入群体的收入结构进行调整,建立最高缴费基数动态调整机制;二是根据地区、企业、行业特征,试行"累进制"缴费机制,充分调节高收入者收入水平;三是夯实基本养老保险缴费基数,比较分析高收入群体"累进制"缴费引起的高收入群体薪金可承受程度与养老保险基金收入增加的平衡问题。

本书创新之处主要表现在三个方面。

其一,尝试跳出"运用再分配手段解决初次收入分配积存问题"的思维和惯性,立足"运用初次分配手段,解决初次收入分配积存问题",寻找破除"养老保险缴费基数'上限'等于在岗职工平均工资300%"的理论依据和现实证据。可见,本研究是养老保险缴费测算政策"制度化"和"现实化"的尝试性探索。

其二,采用"经理人薪金结构—经理人缴费基数计算口径—养老保险基金收入"螺旋递进式分析框架,设置养老保险基金收入模型。综合利用新制度经济学、计量经济学的理论与方法,从"要素价值论"和"劳动价值论"结合角度,考察经理人薪金结构变化引致经理人缴费基数计算口径调整对养老保险基金收入的影响,推动缴费基数参与者(经理人)与养老保险基金收入征收者(国家)之间构建合理预期,矫正缴费基数与"职工平均工资"之间的直接联系。本研究强调收入分配的依据研究,不同于专注收入分配结果和数量的收入差距研究(如基尼系数、泰尔指数、库兹涅兹指数、累积分布函数等);重视经理人非货币薪金在养老保险基金收入中的贡献,不同于专注货币薪金的缴费基数研究。

其三,将经理人缴费基数三种计算口径和养老保险基金收入结合起来,并细化为区域间、行业间、企业间缴费基数三种计算口径下的养老保险基金收入。这是缴费基数"上下限"设置及其实现路径研究的新尝试。本研究既尊重缴费基数计算口径调整对养老保险基金收入的贡献,又强调不同区域、不同行业、不同类型企业的缴费基数计算口径调整对养老保险基金收入贡献的差异,进一步解释分类设置地区、企业、行业缴费基数"上下限"的重要性。

◇ 目　录 ◇

第一章 绪论

第一节 研究背景与研究意义

一、研究背景

改革开放40多年来,我国经历了由社会主义计划经济体制向市场经济体制的转型(孔琰,2010),经济增长的绩效为世界所公认,被国内外学者称为"中国奇迹"或"中国之谜"[①]。然而,与经济增长"奇迹"形成鲜明对比的是,我国的收入分配格局[②]也发生了巨大的变化,居民的收入差距不断扩大,在较短的时期内从平均主义盛行快速转变为收入分配高度不均等的状态(李实、罗楚亮,2012)。据中国国家统计局公布的2003—2015年全国居民收入基尼系数,除了2014年和2015年这一系数接近0.47外,其他各年份都在0.47以上(张华荣等,2017),超过了世界银行基尼系数的警戒线(0.45),收入差距过大已经是一个不争的事实(陈斌开、曹文举,2013)。在收入差距扩大的过程中,不仅企业员工薪酬差距的扩大明显(方芳、李实,2015),而且企业之间高管薪酬差距也较大,并呈现急剧扩大后逐渐缩小的走势(方芳、李实,2015)。若企业间高管薪酬的过快增长并非来自其管理才能、工作能力和真实的企业绩效,而是来自一些非市场因素带来的不合理薪金分配,其薪金的过快增长会产生一定的示范效应,促使企业高管薪酬与员工薪酬之间的差距不断扩大(方芳、李

---

① Matsumoto, Mutsumi. Redistribution and Regional Development under Tax Competition[J]. Journal of Urban Economics,2008,64(2):480-487.
② 收入分配格局可以从两方面来理解:一是收入差距的大小,即通常所说的收入分配的均等化程度(Equality)(李婷、李实,2013);二是收入分配不公的状况,即通常所说的分配公平程度(Equity)(李实,2013)。李婷,李实. 中国收入分配改革:难题、挑战与出路[J]. 经济社会体制比较,2013(5):32-43. 李实. 收入分配改革的几个难点[J]. 同舟共进,2013(7):7-9.

实,2015),最终影响公众对社会公平的认可度(李婷、李实,2013)。

收入分配差距持续扩大,引起了学术界和政府决策部门越来越多的关注(Shi Li, H.Sato and T. Sicular,2013)。如华尔街金融机构高管在经济衰退时仍拿到丰厚分红,是"可耻且不负责任"的行为(美国前总统贝拉克·奥巴马,2009),这说明,高度市场化的美国,也不容忍收入分配不合理现象。为了遏制收入分配差距不断扩大的态势,我国政府出台了一系列改善收入分配状况、促进社会和谐、公平发展的公共政策(李实、罗楚亮,2012),如党的十八届三中全会指出:"完善以税收、社会保障、转移支付为主要手段的再分配调节机制""努力缩小城乡区域、行业收入分配差距,逐步形成橄榄型分配格局"(张亮,2019);党的十八届五中全会(2015)提出"缩小收入差距""完善市场评价要素贡献并按贡献分配的机制""建立更加公平更可持续的社会保障制度"。诚然,通过再分配使得收入分配差距状况在一定程度上有所缓解,出现了某些改善的积极景象(李实、罗楚亮,2012)。例如,社会保障制度一定程度上纠正了市场失灵导致收入分配差距拉大的影响(李莎,2008)。社会保障支出水平越高,调节效应越显著,收入分配差距越小(高霖宇,2011)。从国际经验来看,社会保障也在很大程度上抵销了市场收入的不平等(Gottschalk and Smeeding,1997)。以1982年英国数据为例,经过社保税和各种补贴,最高收入家庭中的20%与最低收入家庭中的20%的最初收入之比由120:1下降为4:1(荣燕,2007);美国、德国、瑞典约7%、15%、25%的社会财富,通过社会保障实现了收入再分配(侯明喜,2007)。

鉴于此,学者们在研究收入差距问题时,过多地将视角集中于社会保障等再分配手段,而忽略了初次分配对整个收入分配格局在根源上的决定性作用(李稻葵、何梦杰、刘霖林,2010)。已有相关研究文献表明,再分配不仅缺乏对初次收入分配的调节作用,还在某种程度上具有"逆向调节"作用(于刚,2012;张车伟,2013)。税收,尤其是个人所得税税基过于狭窄,税收来源缺乏合理性等特点使其对居民收入差距的调节乏力,没有起到应有的"削高护低"的作用(茂路,2014);转移性收入加剧了收入的不平等(黄祖辉等,2003),尤其是低水平转移支付在某些方面还扩大了贫富差距(刘志英,2006);社会保障制度碎片化和差异化发展,一定程度上拉大了收入差距(刘柏惠、汪德华、毛中根,2014),即社会保障在收入分配领域存在"逆向调节"的现象(香伶,2006;葛延风,2006;侯明喜,2007;杨天宇,2009;陈建宁,2010;王茂福,2012;王增文和何冬梅,2014)。如《职工基本养老保险个人账户管理暂行办法》(劳办发〔1997〕116号)中缴费基数的"上下限"①的规定本来是针对特别行业的特殊标准和为了避免养老保险的"逆选择"问题(耿晋娟,2014),实践中却造成低收入者的实际缴费偏高,高收入者的实际缴费偏低,这种社会保险缴费的"逆向调节"作用,最终导致养老保险基金收入形成"畸多畸少"的局面。

诚然,初次分配是人们利益关系的根本,占居民收入的80%~90%,再分配仅占10%~20%,即使在福利国家,其再分配的比例也不会超过30%(张璇,2014)。一旦将初次分配问题推到二次甚至三次分配中去解决,成本将大幅度上升(李稻葵、何梦杰、刘霖林,2010;吴佳强、潘文轩,2013),这也决定了运用"再分配手段"去解决"初次分配"积存问题时显得很乏力(李稻葵、刘霖林、王红领,2009;徐婉馨,2015)。

不可否认,为解决我国经济社会转轨过程中出现的社会养老保障问题,以"基本养老保险、企业年金"为主体的城镇职工多层次养老保障体系,发挥了重要作用(董克用、孙博,2011)。而我国的现实情况是,企业年金发展较为滞后,目前城镇退休职工最主要的收入来源仍然是职工基本养老保险。但是,伴随老龄化的速度较快②,老龄化社会③加剧,人口自然增长率呈逐年下降并缓慢增长的趋势(张梦遥,2016)。

众所周知,在社会保险支出中,养老保险基金是一项非常重要的社会公共资金,是养老保险制度运行的物质基础,被称为社会保险事业的"生

---

① 《职工基本养老保险个人账户管理暂行办法》(劳办发〔1997〕116号)中规定了缴费基数的"上下限",上限即为上年度在岗职工平均工资的300%,下限为上年度在岗职工平均工资的60%;同时还规定,超过上限那部分工资可以不用缴费,而低于下限的却要以当地在岗职工月平均工资的60%为缴费基数进行缴费。许志涛. 养老保险对初次分配的调节机制探析[J]. 中国劳动,2013(9):10-13.

② 2016年3月8日,在十二届全国人大四次会议上,国家卫生和计划生育委员会主任李斌表示,老龄化是全球人口发展的一个共同趋势。我国2015年60岁以上的老人已经达到了2.2亿人,占总人口的16%左右,老龄化速度比较快。据2021年5月11日公布的第七次全国人口普查数据,我国60岁及以上人口占18.7%,65岁及以上人口占13.5%。

③ 按照国际通用标准,当一个地区60岁及以上的人口占总人口比例达到10%,或者65岁及以上人口占总人口比例达到7%的时候,即可视为进入老龄化社会。

命线"。但是目前缴费基数不实,据社保第三方专业机构"51社保"发布的《中国企业社保白皮书2017》数据显示,在调查的数千家企业中,社保缴费基数完全合规的企业仅占24.1%,超过七成的企业未按照职工工资实际核定缴费基数,其中22.9%的企业按最低基数缴费;企业缴费负担过重,"一刀切"的20%缴费率未考虑不同企业所处行业差异、企业的规模、所有制结构、经营状况等其他特征的差异,也就无法顾及不同企业职工养老保险缴费能力的不同,不同企业缴费负担呈现出"畸轻畸重"的现象;统筹层次低,党的十六届三中全会通过的《中共中央关于完善社会主义市场经济体制若干问题的决定》指出"建立健全省级养老保险调剂基金,在完善市级统筹基础上,逐步实行省级统筹,条件具备时实行基本养老金的基础部分全国统筹"。2010年制定的《中华人民共和国社会保险法》和2011年通过的《中华人民共和国国民经济和社会发展第十二个五年规划纲要(2011—2015年)》等都将职工基本养老保险全国统筹写入了政策性文件,但还停留在政策讨论阶段。上述因素已成为统筹地区养老保险基金正常运行的重要阻碍。

在这样的背景下,通过研究企业职工养老保险缴费基数与养老保险基金收入的关系,将有利于企业和国家实现养老保险资金的优化配置,完善中国社会养老福利体系(陈星,2017)。本研究将初次分配纳入研究框架,围绕企业内部利益相关者——经理人,试图测算地区间、企业间、行业间经理人缴费基数调整时,养老保险基金收入的年度变化趋势,将初次收入分配和再分配有机集合,进而丰富和完善社会保障理论体系。

二、研究意义

作为事关国民切身利益的收入分配,不仅直接关乎人们的生活状况,而且对经济社会协调发展和构建和谐社会起着决定性作用(郑功成,2010)。在经济的快速稳步发展中,由于个人的天赋、才能、机遇、合理努力等方面存在的差异,[1][2][3]不可避免地导致个人最终收入存在一定差距,

① Mankiw N G. Principles of Ecomomics:V4[M].Beijing:Tsinghua University Press,2009:389-394.

② Fleurbaey M. Equality and Responsibility[J].European Economic Review 1995, 39(3-4):683-689.

③ Konow J. A positive theory of Economic fairness[J].Journal of economic Behavior & Organization,1996, 31(1):13-35.

而且合理的收入分配差距能够促进社会经济的进步(Mankiw,2009)。但目前我国收入分配出现失衡,据中国国家统计局公布的2003—2015年全国居民收入基尼系数,除了2014年和2015年这一系数接近0.47外,其他各年份都在0.47以上(张华荣等,2017),超过了世界银行基尼系数的警戒线(0.45)。由此可见,收入差距偏大的问题已经非常明显,并成为当前多种社会问题与矛盾的集中反映,成为关系国家稳定的社会和政治问题。①

再分配作为居民收入差距重要的事后调节手段,虽然在一定程度上可以缓解收入差距持续扩大的现象,但是已有相关研究文献表明,再分配还在某种程度上具有"逆向调节"的作用(张车伟,2012)。中国收入差距拉大的一个重要原因是二次分配(如社会保障制度、税收制度和政府转移支付等)有问题,西方国家是"一次分配不足,二次分配缩小差距",而中国则是二次分配扩大了一次分配的差距(刘嗣明、李琪,2013;徐婉馨,2015)。作为收入分配格局重要测算指标之一的初次分配公平是实现收入分配公平的基础,再分配只是一种初次分配后的静态利益补偿机制(马秀贞,2018)。本研究聚焦初次(企业)收入分配问题,立足"运用初次分配手段,解决初次收入分配积存问题";围绕企业内部利益相关者——经理人,研究经理人薪金结构变化引致的缴费基数差异对养老保险基金收入的影响;运用微观企业数据,模拟测算经理人缴费基数三种计算口径下,养老保险基金收入的差异、程度、变化趋势;揭示这种差异、程度、变化趋势在不同行业、不同类型企业和不同区域的演化规律;探究高收入群体养老保险缴费基数"上下限"的调整机制和优化策略,规避高收入群体更高的养老风险,保障基本养老保险基金的长期收支平衡。

从理论上看,利益相关者理论认为:"一个公司的发展离不开各利益相关者的投入或参与,而不仅仅是某些主体利益。"本研究从利益相关者理论出发考虑工人之外的其他主体——经理人,在企业初次收入分配中存在的问题,克服了劳动价值论只承认工人(劳动者)投入"活劳动"并创造价值的局限性,力图发展劳动价值论和按劳分配原则(张华荣,2017)。这将推进利益相关者理论在初次收入分配中的应用。

从政策应用上看,党的十八大报告(2012)提出:"初次分配和再分配

---

① 郑功成. 论收入分配与社会保障[J]. 黑龙江社会科学,2010(5):123-126.

都要兼顾效率和公平""提高劳动报酬在初次分配中的比重";"十三五"规划(2013)明确提出:"调整国民收入分配格局,规范初次分配";党的十八届五中全会(2015)提出"缩小收入差距……健全科学的工资水平决定机制、正常增长机制、支付保障机制……完善市场评价要素贡献并按贡献分配的机制"。企业作为初次收入分配的基本单位,经理人作为企业收入的分享主体之一,如何合理地测算企业经理人的薪金,消除或减少不合理的薪金分配,规范企业测算劳动报酬行为,对解决居民收入分配差距扩大、初次收入分配秩序不规范、夯实以高收入群体"实际工资"作为缴费基数对基本养老保险基金收入的正向溢出效应,促进基本养老保险基金的长期收支平衡等问题有重要的指导作用(张华荣等,2017)。

第二节 文献综述

没有一个社会的收入能够均等分配,就如同不存在一个匀质的社会一样。撇开道德争辩,并非任何程度的不平等都具有负面影响,奖勤罚懒、合理的不平等亦有助于提高生产效率和创新(联合国大会,2005)。而过大的不平等会有碍经济增长、社会稳定(Persson and Tabellini,1994;Stiglitz,2012),还会导致其他社会问题,如降低一个社会的人际信任水平,增加社会焦虑感,影响公众的身体健康,导致犯罪率上升,甚至影响青少年怀孕率(威尔金森、皮克特,2010)。

改革开放以来,我国社会结构发生了深刻的变化,不同阶层之间的收入差距在不断扩大。而正确处理收入差距问题主要在于两个方面:一是如何对待低收入阶层问题,不少学者已在此领域展开了非常深入的研究,在此不再赘述;二是如何对待高收入阶层问题,很少有学者对此进行深入研究。特别是以合法合理、正当收入为来源形成的高收入群体,是高收入阶层中的主流,是以不同要素对社会做出较大贡献的结果,是实行改革开放政策的必然产物,对我国经济与社会的发展起着带动作用,应当给予充分肯定;以非法、不正当收入为基础形成的高收入群体,是高收入阶层中的支流,或者说暗流、浊流,是改革开放政策的伴随产物,对我国经济与社会健康发展起阻碍与破坏作用,必须遏制。

目前,由于个人资源禀赋和客观环境的影响,高收入群体与低收入群体间的收入差距明显扩大,政府一般运用税收杠杆来调节个人收入,不断实行税制改革,由间接税为主逐步向以个人所得税(并在适当的时候开征遗产税、赠予税、不动产税)为代表的直接税过渡(贾康、刘保军,2002)。很少有学者涉及税制以外的其他调节手段。本书尝试将高收入群体引入社会保障领域,探寻其对社会保险特别是养老保险基金收入的影响。

根据目前的研究成果,经理人薪金至少可以从是否仅有货币性薪金,是否剔除社会保障等因素的薪金,是否含有股权激励的薪金,是否包含超额薪金,以及是否含有在职消费五个方面进行定义,而上述各方面之间存在较为显著的差异。完整地定义经理人薪金及其构成是准确理解经理人薪金差异对养老保险基金收入影响的重要环节之一。

一、经理人薪金结构及其所占比例

由于受到各国经济发展水平、公司治理结构、市场环境和监管机制等因素的不同影响(王素娟,2014),各国管理者的薪酬构成不尽一致,对管理者尤其是经理人[①]激励的有效性就产生了很大不同。

从国际范围来看,英国公司高管薪酬由基本工资、年终奖金、长期激励计划以及退休金构成,英国保险协会和国家养老基金协会负责为经理人薪酬设计和评估提供指导(王素娟,2014)。德国公司高管薪酬一般为基本薪酬、浮动薪酬、福利待遇的综合,基本薪酬依据公司规模及在本行业中的地位来确定,浮动薪酬主要包括企业红利和年终奖金等。美国公司高管薪酬组合主要由基本工资(由薪酬委员会根据经理人的岗位范围与职责、重要性以及其他企业相似岗位的水平来制定)、年度奖金(对经理人完成短期目标的奖励,通常按照一定比例从公司利润中提成)或津贴(包括高级俱乐部会员资格、航空俱乐部会员、理财规划、免费飞机等)、经营股票期权、经营业绩股份和股票增值权益所构成。基本工资、年度奖金或津贴属于短期薪酬,经营股票期权、经营业绩股份和股票增

---

① 本书中将高管、董事、监事的集合统称为经理人。

值权益、虚拟股票计划等属于长期薪酬。[1]彭剑锋（2009）选取美国上市公司样本发现，长期激励薪金、奖金、基本薪金、养老金及非法定延期支付、其他等依次占工资总额的62%、16%、11%、6%、5%。而长期报酬激励方案，如经理股票期权，自20世纪80年代以来广泛推行，并在总体报酬中的比重不断上升，短期报酬部分在整体薪酬中所占比重逐年下降。到了20世纪90年代，在美国高管的报酬总额中，不断出现新的长期报酬激励机制，特别是以股票期权计划为代表的各种长期激励在整体薪酬中所占比重不断提高，成为越来越重要的一个组成部分（胡继之，1999）。日本公司高管薪酬水平取决于企业规模和利润，其薪酬构成较为简单，以短期报酬为主，长期报酬为辅，盛行以业绩为基础的年薪制，持股报酬比例较小（王素娟，2014）。2007年，日本CEO的基本薪酬占年薪收入合计的55.6%，大大高于美国CEO的12.9%和欧洲CEO的28.6%，奖金占年薪收入合计的25.9%，略高于美国CEO的24.3%和欧洲CEO的25.6%，相比之下，作为长期激励的股份报酬，日本CEO只占其年薪收入合计的18.5%（李东升、刘冰，2011），大大低于美国CEO的62.8%和欧洲CEO的45.8%（马广奇等，2006；刘昌黎，2009）。

综上所述，发达国家通常将高管人员薪酬组合分为基本工资、短期激励薪酬、长期激励薪酬三部分。基本工资（salary）是管理者薪酬中的固定部分和保障性部分，激励性最小，风险也最小；短期激励薪酬是与公司业绩相关联的薪酬形式，其对管理者的激励程度高于基本工资，激励作用较大，但风险较小；长期激励薪酬（即权益性薪酬或风险薪酬），是与企业长期利益挂钩的薪酬形式，对管理者的激励程度高于短期激励薪酬。通常认为长期激励薪酬（如股票期权、限制性股票等方式支付）比现金薪酬（如基本工资和短期激励薪酬）更有利于公司价值最大化，同时管理者承担的风险也最大，就如Agarwal and Walking（1994）所言，不同的薪酬构成会给管理者带来不同程度的财富总值，也带来不同程度的风险（王素娟，2014）。本书认为，合理薪酬组合模式应该是保障性固定收入和激励性浮动收入的平衡。

结合我国实际情况，并借鉴国外较成熟的高管薪酬模式，我国形成了

[1]Sharon H. Compensating for Executive Compensation: the Case for Gate-keeper Incentive Pay[J].California Law Review,2010（98）:385-438.

如下几种经理人薪金结构模式。如黄群慧(1999)提出以"基本薪金+津贴+养老金计划"的准公务员型模式,以"基本薪金+津贴+风险薪金(效益薪金和奖金)+养老金计划"的非持股多元化型模式,以"基本薪金+津贴+风险薪金(股权、股票期权)+养老金计划"的持股多元化型模式,及其以"基本薪金+津贴+风险薪金(分配权)+养老金计划"的分配权模式。还有学者提出经理人长短期报酬组合激励模型(张勇,2004;王宗军等,2008;王素娟,2014),短期业绩奖励和长期股票期权与不分享剩余索取权报酬的最优组合(谢作渺,2007;王素娟,2014)。总体而言,我国上市公司经理人的报酬包括三个部分:基本薪金、短期业绩年薪及长期股权薪金。

综观国内外学者关于企业经理人薪金结构的研究文献,尽管已有一定量的实证研究,但在经理人薪金结构的实证研究中,有些内容并没有涉及或者很少涉及,理由主要有以下几点。

第一,目前,上市公司经理人薪金的披露仅包括货币报酬和持股数,对于基本薪金和奖金则没有加以细化披露,这使得诸多关于经理人薪金的实证研究中也仅以披露的货币报酬合计数作为研究对象,没有将经理人的货币报酬分为固定报酬和短期业绩报酬进行研究。

第二,同货币报酬相比,长期报酬包括持股、限制性股票和股票期权等,也是经理人薪金中的一个重要组成部分。但是,由于数据搜集、计量以及样本的局限性等原因,在经理人薪金的相关研究中通常选择具有代表性的当期货币薪酬为代表加以研究。同时,由于我国上市公司薪酬信息披露的原因,在报酬计量方面,相关文献的计量数据主要有三种:高管货币报酬、董事货币报酬、监事货币报酬。目前对经理人薪金的诸多研究中缺乏同时对货币报酬和股权报酬的考虑,实证研究也较少。

第三,虽然上市公司中有企业已经采用了如业绩股票、股票增值权、年薪购买流通股、强制 CEO 持股以及以上混合模式等多种股权持股激励工具,其中以股票期权和股票所有权最为典型,但在我国股权期权尚未形成大的气候,股权期权时间较短,已实施的公司也较少的大背景下,所以本书选择以股票所有权为代表来加以研究。另外,经理人持股的形式包括普通股和限制性股票等,从理论上说这两种类型的股权都可以起到激励经理人贡献与提高公司效益的作用(吴刚,2009),因此,本书未对股票的类型和来源进行区分。同时,在诸多的理论研究和企业实践中,一般采用股票所有权来分析和研究经理人薪酬。

第四,经理人报酬结构通常分为以下四种情况:既不领取年薪,也不持有股份;领取年薪不持有股份;不领取年薪但持有股份;既领取年薪,又持有股份。这种划分与目前我国国内的相关研究(湛新民、刘善敏,2003;郭昱、顾海英,2008)相一致。本书对于既领取年薪,又持有股份的经理人报酬结构,进一步按照货币年薪、股权薪金进行细化研究。

二、经理人薪金差距综述

分配包括两个层次的内容:一是宏观层次的分配,即在全社会范围内进行分配;二是微观层次的分配,即在一个组织内部或者之间进行分配。本研究关注微观层次的企业分配。

现有的关于经理人薪金差距的研究主要侧重于企业内部高级管理人员与普通员工之间、企业内部高层管理团队等。通过文献检索发现,我国上市公司内部高管与员工间存在薪酬差距(辛清泉等,2007;卢锐,2007;刘春、孙亮,2010;周权雄、朱卫平,2010),且差距明显拉大。据国资委的数据,2002年国资委监管的央企高管平均薪酬是职工平均工资的9.85倍,2010年扩大到13.39倍,之后在政府管控下趋于平缓,2013年在12倍左右。[①]与此同时,国际上关于企业高管薪酬差距的报道也层出不穷。《纽约时报》基于2011年年底的调查,发现自1979年以来,80%的美国人税后收入只增长了1/3,而最富的100个美国人增加了2倍。同时,卫兴华(2013)发现,美国企业主管与普通工人的收入,由30倍增加到300倍。"经济不平等现象"正在危及中产阶级与"美国的价值",美国前总统奥巴马在2012年的"国情咨文"如是说(卫兴华、张宇,2013)。诚然,企业高管承担着较重的工作任务和职责,其较高的人力资本使之获得了比普通员工更高的薪酬(赵睿,2012)。如果其薪金的过快增长若非来自其管理才能、工作能力和真实的企业绩效,而是来自其他一些非市场因素带来的不合理薪金分配,则不公平感会影响员工的工作满意度,降低工作绩效,进而影响企业绩效,最终影响到整个社会的分配公平。鉴于此,越来越多国家的政府管理部门开始制定相应的政策来规避这一现象所带给社会的负效应。我国还设置了央企内部薪酬差距的上限,即负责人的总收

---

① 白天亮. 央企高管,薪酬怎么管[N]. 人民日报,2014-09-29.

入(含基本年薪、绩效年薪和任期激励收入),不得超过在职员工平均工资的8倍。[①]

可见,企业内部高管与员工的薪酬差距问题已经引起了社会公众、媒体和政府部门的较多关注,也有少量文献研究了公司高层管理团队内(Top management team,TMT)的薪酬差距问题(Siege and Hambrick,1996)。Simon(1957)发现,一种潜在的社会标准存在于高管团队内部,使得不同行政层级间存在30%左右的薪酬差异。[②]Medoff and Abraham(1980)发现,同职位级别内部的薪酬差异比不同职位级别间要小得多。[③]如当公司的副总裁晋升到总裁时,平均薪酬增加20.9%;晋升到CEO时,平均薪酬增加高达42.9%[④]。根据传统的边际理论,薪酬差距就是劳动者边际产出的差异(鲁海帆,2008)。但Lazear and Rosen(1981)指出"某人作为管理者,其职位从副职晋升为正职,一天之内,薪酬水平可能会成倍增加,却很难说这个人的能力就成倍增加了",[⑤]即传统的边际理论很难做出回答。由此,人们的视线从薪酬差距开始慢慢转向导致这种差距的薪金结构变化理论的研究。

综上所述,关于经理人薪金差距的研究主要集中在企业内部,阐述薪金差距的理论解释与经济后果。而有关企业之间经理人薪金差距研究的文献并不多见,仅有的也主要是对企业间高管薪酬差距的变动趋势,以及背后主要因素的分析(占红沣,2010;万芳、李实,2015)。鲜有学者对企业之间经理人整体报酬总额中货币薪金和股权薪金等进行划分,测算各自的薪金差距,探寻其变动趋势。本研究立足于企业初次收入分配,测算工人之外企业利益相关者——经理人货币薪金和股权薪金的地区、规模、所有制、经营状况、行业等的特征差异,进而试图阐释企业经理人薪金差距的变动趋势及其经济内涵,旨在为宏观决策提供一些有价值的参考。

---

① 资料来源:2014年,我国人社部、国资委、财政部等多部委出台的《中央管理企业主要负责人薪酬制度改革方案》。
②鲁海帆.高管团队内薪酬差距与公司业绩[D].广州:暨南大学,2008.
③鲁海帆.高管团队内薪酬差距与公司业绩[D].广州:暨南大学,2008.
④陈震,凌云.高管薪酬契约设计的研究进程与展望[J].财会学习,2012(4):17-20.
⑤鲁海帆.高管团队内薪酬差距与公司业绩[D].广州:暨南大学,2008.

三、经理人薪金结构差异对养老保险基金收入影响研究综述

我国老龄化的速度较快,老龄化社会加剧,人口自然增长率呈逐年下降并缓慢增长的趋势(张梦遥,2016),使得养老保险基金收支缺口较大。鉴于此,我国学者从不同视角对养老保险基金收支问题做了大量实证研究,试图探寻影响养老保险基金收支缺口的主要影响因素。例如,有对中国养老保险基金隐性债务进行测算的,如郑秉文、曹远征、马俊、郑伟、李扬等学者领导的团队,其结果触目惊心;[1]有从降费率的视角进行实证研究的,如Feldstein(2003)、封进(2013)、郑秉文(2016)、陈曦(2017)等;有从延迟退休年龄视角出发的,如杨一心等(2016)、袁磊(2014)、田月红等(2016);[2]还有一些学者从参数调整视角进行实证研究,如邓大松等(2001,2008,2015)、林义(2002)等;鲜有学者从收入结构变化对养老保险缴费基数引致影响等方面分析其对中国养老保险基金收入的影响。

长期以来,学术界一致认为社会保险制度尤其是城镇职工基本养老保险制度的实施,对城镇职工收入差距具有矫正作用。养老保险缴费实现了收入从高收入群体向低收入群体的转移,提高了低收入群体退休后的收入水平,即对低收入者具有"累进"作用,对高收入者具有"累退"作用。事实是:《职工基本养老保险个人账户管理暂行办法》(劳办发〔1997〕116号)中的缴费基数"上下限"的确定是以"职工平均工资"为基础的,初衷是为了实现基础养老保险基金收入能够随着"职工平均工资"的增加而增加,避免养老保险的"逆选择"问题(耿晋娟,2014);在现实中,职工工资分布并非左右对称或渐进对称的(何文炯等,2004),同时其指标值易受制度覆盖范围、平均工资统计范围、各地平均工资计算方法和比例差异等的影响(董克用,2019),导致在岗职工平均工资指标值远高于真实水平(闫松涛,2012),形成高收入群体实际缴费基数"偏低",低收入群体实际缴费基数"偏高"的畸形格局,最终影响养老保险基金收入。同时,随着我国经济社会的发展,经济结构的不断完善,高收入群体规模增长,

---

① 郑秉文. 中国养老金发展报告2014:向账户名义制转型[R]. 北京:经济管理出版社,2014:2-3.

② 陈曦. 养老保险降费率、基金收入与长期收支平衡[J]. 中国人口科学,2017(3):55-69+127.

1999—2013年,城镇高收入群体年平均工资增长率(16.42%),比中低收入群体分别高出3.70个百分点、3.02个百分点(丛春霞、靳文惠,2017)。

如果我国现行基本养老保险缴费制度保持不变,那么养老保险制度对低收入群体的"累进"功能,对社会的互济功能,将消失殆尽,更不可能实现制度的公平性和可持续性(丛春霞、靳文惠,2017)。鉴于此,本书试图从我国当前职工养老保险缴费制度中高收入群体缴费基数的具体规定出发,以我国上市公司经理人为样本,探寻行业间、企业间、区域间经理人缴费基数不同计算口径对城镇职工养老保险基金收入的影响,以期为我国养老保险制度的全面深化改革提供可信和有益的借鉴。

第三节 研究方法、思路与内容

一、研究方法

第一,瞄准国家重大政策制定的理论依据,回顾收入结构、养老保险缴费机制、养老保险基金收入的相关文献,确定研究目标和研究问题。第二,运用专家咨询、文献分析、演绎归纳等方法,搭建经理人缴费基数对养老保险统筹账户基金收入影响的理论框架;基于产权理论,分解经理人的薪金结构,试图分离经理人要素价值与"活劳动"价值,分别作为固定薪金和短期浮动薪金、长期股权薪金划分的理论依据,借助统计软件State等工具进行数据处理。第三,运用分位数法、级差法、均质化方法、比较分析法、基尼系数、文献分析法、工作量表等方法,定量分析地区间、企业间、行业间的经理人货币薪金缴费基尼系数的变化趋势。第四,运用回归分析法,分析经理人薪金结构引致的缴费基数差异呈现出的区域特征、行业特征和企业特征,并进一步运用弹性分析法分析地区统筹、企业统筹、行业统筹层面,经理人缴费基数三种计算口径对养老保险基金收入的敏感性。第五,综合运用总结归纳、政策分析、规范分析等方法,探究微观个体的收入结构与宏观社会收入分配关系;评价当前养老保险缴费测算政策,依据经理人薪金结构变化,构建经理人缴费基数计算口径;减少初次收入分配问题,并阻止初次收入分配问题转移到再分配领域,从而为社会保障体制改革提供理论依据。

需要说明的是,以上研究方法和工具,通常需要根据研究所需要解决的问题交叉使用,或者结合德尔菲法、实地观察法、抽样调查法等综合运用。

二、研究思路

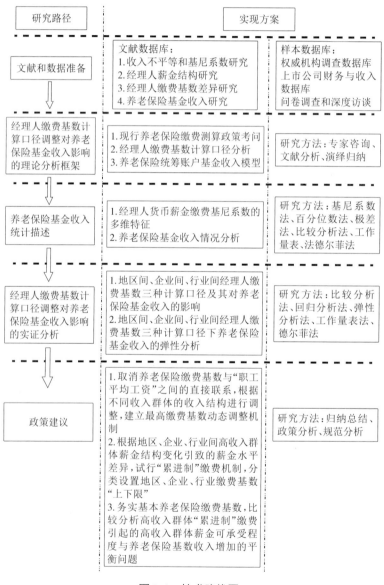

图1-1　技术路线图

三、研究内容

本研究分析经理人缴费基数三种计算口径(以"上年度在岗职工平均工资300%"为基础的制度缴费基数,以"经理人平均货币薪金"和"经理人平均薪金"为基数的模拟缴费基数)对养老保险基金收入的影响,寻找经理人养老保险缴费基数"上下限"设置的理论依据。为此,主要进行了五个方面的研究。

(一)构建经理人缴费基数对养老保险基金收入测算的理论分析框架

基于制度经济学的基本框架,围绕"要素价值和劳动价值"这一核心要素,以企业内部利益相关者——经理人为对象,立足于从初次收入分配角度去研究经理人薪金结构变化引致的缴费基数差异对养老保险基金收入的影响;在矫正研究养老保险基金收入时,只关注普通员工的劳动要素收入,忽略高收入阶层薪金结构差异对养老保险基金收入影响的偏颇,重新认识高收入群体基本养老保险缴费机制对养老保险基金收入的影响,坐实缴费基数,尝试实行"累进制"基本养老保险缴费,进而缩小居民收入差距,为促进社会公平奠定基础。

(二)经理人缴费基数三种计算口径设置与养老保险统筹账户基金收入测算

根据经理人薪金结构的差异,本书设置了由薪金结构变化引致的缴费基数三种计算口径,即以"上年度在岗职工平均工资300%"为基础的经理人制度缴费基数,以"经理人平均货币薪金"和"经理人平均薪金(包括固定薪金、短期浮动薪金和股权薪金)"为基础的模拟缴费基数。通过养老保险统筹账户基金收入模型,测算并比较分析经理人缴费基数三种口径下,养老保险基金收入的差异、程度、变化趋势。

(三)统筹地区间经理人缴费基数计算口径调整对养老保险基金收入影响的实证分析

统筹地区间经理人缴费基数调整直接影响养老保险基金收入。如何测算统筹地区间经理人缴费基数调整后养老保险基金收入的差异、程度、变化趋势是第五章实证研究的基础。研究中首先将区域特征作为自变量,经理人平均(货币)薪金作为因变量,并将影响统筹地区经理人薪金水平的经济因素和公司治理因素作为控制变量,构建多元线性回归模型。其次,将显著的区域特征作为控制变量,测算经理人缴费基数三种统计口径下养老保险基金收入的"正向"或者"负向"效应。最后,将显著的区域特征作为控制变量,利用弹性分析法,测算并比较分析制度缴费基数和模拟缴费基数增长对养老保险基金收入的敏感性。

(四)企业间经理人缴费基数调整对养老保险基金收入影响的实证分析

企业间经理人缴费基数计算口径调整直接影响养老保险基金收入。如何测算企业间经理人缴费基数调整后养老保险基金收入的差异、程度、变化趋势是第六章实证研究的基础。研究中首先将企业特征作为自变量,经理人平均(货币)薪金作为因变量,并将影响企业间经理人薪金水平的公司治理结构、宏观经济变量、行业特征变量、区域特征变量作为控制变量,构建多元线性回归模型。其次,将显著的企业特征作为控制变量,测算经理人缴费基数三种统计口径下养老保险基金收入的"正向"或者"负向"效应。最后,将显著的企业特征作为控制变量,利用弹性分析法,测算并比较分析制度缴费基数和模拟缴费基数增长对养老保险基金收入的敏感性。

(五)行业间经理人缴费基数计算口径调整对养老保险基金收入影响的实证分析

行业间经理人缴费基数调整直接影响养老保险基金收入。如何测算行业间经理人缴费基数调整后养老保险基金收入的差异、程度、变化趋势是第七章实证研究的基础。研究中首先将行业特征作为自变量,经理人平均(货币)薪金作为因变量,并将影响行业间经理人薪金水平的公司治理结构、宏观经济变量、区域特征变量、企业特征变量作为控制变量,构建多元线性回归模型。其次,测算经理人缴费基数三种统计口径下养老保险基金收入的"正向"或者"负向"效应。最后,利用弹性分析法,测算并比较分析制度缴费基数和模拟缴费基数增长对养老保险基金收入的敏感性。

第四节 创新与不足

一、可能的创新点

本书的创新之处主要表现在三个方面。

其一,本研究尝试跳出"运用再分配手段解决初次收入分配积存问题"的思维和惯性,立足"运用初次分配手段,解决初次收入分配积存问题",寻找破除"养老保险缴费基数'上限'等于在岗职工平均工资300%"的理论依据和现实证据。可见,该研究是养老保险缴费测算政策"制度化"和"现实化"的尝试性探索。

其二,采用"经理人薪金结构—经理人缴费基数计算口径—养老保险基金收入"螺旋递进式分析框架,设置养老保险基金收入模型。综合利用新制度经济学、计量经济学的理论与方法,从"要素价值论"和"劳动价值论"结合角度,考察经理人薪金结构变化引致经理人缴费基数计算口径调整对养老保险基金收入的影响,推动缴费基数参与者(经理人)与养老保险基金收入征收者(国家)之间构建合理预期,矫正缴费基数与"职工平均工资"之间的直接联系。该研究强调收入分配的依据研究,不同于专注收入分配结果和数量的收入差距研究(如基尼系数、泰尔指数、库兹涅兹指数、累积分布函数等);重视经理人非货币薪金在养老保险基金收入中的贡献,不同于专注货币薪金的缴费基数研究。

其三,将经理人缴费基数三种计算口径和养老保险基金收入结合起来,并细化为区域间、行业间、企业间缴费基数三种计算口径下的养老保险基金收入。这是缴费基数"上下限"设置及其实现路径研究的新尝试。该研究既尊重缴费基数计算口径调整对养老保险基金收入的贡献,又强调不同区域、不同行业、不同类型企业的缴费基数计算口径调整对养老保险基金收入贡献的差异,进一步解释分类设置地区、企业、行业缴费基数"上下限"的重要性。

二、不足之处

文献资料数据收集方面:由于非上市公司的数据获取比较困难,目前还没有一个公开的官方数据库可用于查询;非上市公司经理人薪金数据一般处于隐藏状态,难以获取;对非上市公司经理人薪金进行调查非常困难,而且调查结果的置信度有待评估……由于多方面的原因,本书对经理人薪金结构差异研究的数据仅仅以上市公司的数据为基础开展实证研究,在今后的研究中需要进行实地调查,利用深度访谈、实践观察、问卷调查、抽样调查数据,建立经理人薪金研究数据库。

数据处理方面:由于数据来源的不一致导致具体指标值会有所不同,在对数据进行处理时,采取了四舍五入进位制,这便使得处理后的数据又带有一定的误差,而这些误差的存在必将影响结果的准确性。

第二章 研究设计与相关理论

第一节 概念界定与计算口径

一、经理人及其范围界定

李全伦(2013)认为向企业提供其相对优势要素"企业家才能",并与企业订立关于企业家才能产权与企业直接物质产权的交易契约即被称为经理人。"企业家才能"不仅包括生产经营管理能力,而且包括技术研发、市场开发等能力,因此,经理人不能仅仅被理解为企业的经理或厂长,还应包括企业内从事科技研发与转化活动以及市场开发工作的高级职员(张华荣等,2017)。郑志刚、孙娟娟、Rui Oliver 等(2012)将高级管理人员定义为公司总经理CEO,还有的把高管扩展到董事长,而多数研究则宽泛地把高管视为企业的高级管理层,包括企业总经理、总裁、CEO、副总经理、副总裁、董秘和其他管理人员(包括董事会中兼任的高管人员)。受上市公司年报数据制约,本书将经理人定义为高管、董事、监事的集合(张华荣等,2017)。

二、经理人薪金及其构成

薪金(Salary)是管理者、专业技术人员等以从事脑力劳动为主的企业员工按年或任职期从企业领取的报酬,本质是其占有并行使企业直接物质产权的报酬(张华荣、李波、周芳丽,2017)。赵颖(2016)根据目前的研究成果,采取如下方式界定经理人薪金:其一,经理人薪金仅包括年度货币薪金,这种定义方式是目前文献中广泛使用的(陈冬华等,2005);其二,从经理人薪金中剥离社会保障,或者考虑股权激励(黎文靖、胡玉明,2012);其三,将超额薪金纳入薪金范畴(吴联生等,2010;马连福等,2013);其四,将替代性薪酬——在职消费纳入薪金范畴,一定程度上使隐性福利显性化(权小锋等,2010)。

诚然,薪金结构应是一个由现金、期权、限制性股票和其他激励工具组合而成的最优方案(翰威特,2008)。伴随我国企业薪酬制度改革的深入,经营绩效的薪酬制度逐渐取代平均主义的薪酬制度(方军雄,2011;龚永洪、何凡,2012),单一货币薪酬逐步向多元化薪酬结构(包括股权薪金)发展(龚永洪、何凡,2013)。在我国高级管理者薪金结构的传统实证研究中,最常见的薪金结构主要包括基本薪金、绩效薪金、股权薪金;也有学者认为经理人员的薪金是一个比较复杂的概念,其薪金结构包括货币性薪酬和控制权薪酬两者之和(杨蓉,2011)。甚至可以说,企业高管人员的非货币性薪酬是当前收入差距过大的主要根源(郭正模、李晓梅,2006;龚永洪、何凡,2012)。虽然从1998年开始,我国证监会已开始强制要求上市公司披露高管人员薪酬信息,但我国上市公司高管薪酬的信息披露的现实状况是"强制性披露制度不健全,自愿性信息披露不足"(葛家澍、田志刚,2012),对薪酬总额各具体构成要素及金额无披露要求,也无自愿披露要求。同时,由于财务报表信息披露的不完整,控制权薪酬数据的获取可能存在一定的误差,因而会对研究结果造成一定影响(杨蓉,2011)。

三、经理人货币薪金差距的测算方法及其计算公式

基尼系数(Gini coefficient)是当今国际上研究收入差距问题所广泛使用的指标。万广华(2008)通过实证研究发现良好的收入差距测度指标需具备如下一些性质即匿名性、齐次性、总体独立性、转移性和强洛伦茨一致性。[1]本书之所以选择基尼系数,主要是因为它完全符合齐次性原则,即差距的度量结果与数据的计量单位无关;强洛伦茨一致性原则,即指标独立于收入的规模、独立于人口的总体规模、独立于个体的其他特征而且在收入均值不变的情况下,收入从低收入者向高收入者转移将导致指标值升高的原则,其系数的可信度较高。[2]为了测量我国上市公司经理人货币薪金缴费差距,本书使用Sen(1973)提出的基尼系数计算公

---

[1]张华荣,李波,周芳丽.中国上市公司经理人人均薪金基尼系数测度[J].财经问题研究,2017(12):45-52.
[2]张华荣,李波,周芳丽.中国上市公司经理人人均薪金基尼系数测度[J].财经问题研究,2017(12):45-52.

式(式2-1)。[1]

$$G=\frac{n+1}{n}-\frac{2}{n^2\mu_y}\sum_{i=1}^{n}(n+1-i)y_i \qquad (2-1)$$

在计算过程中,要先对个体收入进行升序排列。文书所用数据为经理人的平均货币薪金,y_i为第i家企业的经理人平均货币薪金,n为样本量,μ为全样本的经理人平均货币薪金均值。基尼系数的取值范围在0~1之间,0值表示完全的均等化(即所有人的平均货币薪金相等),1值表示极端的不均等(即仅一家企业有货币薪金,其余没有货币薪金)。[2]

四、养老保险基金收入弹性分析及其计算公式

弹性原是一个物理名词,指某一物质对外界力量的反应性。后来弹性概念被广泛应用于经济学中,表示因变量对自变量变化反应的敏感程度。具体来说,它是这样一个数字,即当一个经济变量发生1%的变动时,由它引起的另一个经济变量变动的百分比(刘晓军、于礼,2010)。在经济学中,弹性的微分定义为(式2-2)。

$$E(f)=\frac{\dfrac{\Delta y}{y}}{\dfrac{\Delta \chi}{\chi}}\approx\frac{\dfrac{dy}{y}}{\dfrac{d\chi}{\chi}}=\frac{\chi f'(\chi)}{f(\chi)} \qquad (2-2)$$

当$|E(f)|<1$时,表示自变量x变动率对因变量y变动率反应欠敏感,即缺乏弹性;$|E(f)|>1$时,表示自变量x变动率对因变量y变动率反应较敏感,即富有弹性;$|E(f)|=1$时,表示自变量x变动率和因变量y变动率同步变化,这时,自变量对因变量的影响较稳定。[3]

运用弹性分析经理人缴费差异对城镇职工养老保险基金收入的影响,主要基于以下两点:

其一,根据城镇职工养老保险基金收入模型,养老保险基金收入受多种因素影响,且各因素的影响呈非线性变化;但养老保险基金收入本身应是相对稳定的值,应随着经济发展呈现稳定的动态变化。

---

①张华荣,李波,周芳丽. 中国上市公司经理人人均薪金基尼系数测度[J]. 财经问题研究,2017(12):45-52.

②张华荣,李波,周芳丽. 中国上市公司经理人人均薪金基尼系数测度[J]. 财经问题研究,2017(12):45-52.

③郝勇. 养老金替代率适度水平的确定研究[D]. 徐州:中国矿业大学,2012.

其二,养老保险基金收入的弹性分析,实质是考察养老保险基金收入对其影响因素的敏感程度。灵敏度分析有多种方法,与其他方法相比,弹性分析更具有经济学的价值。[①]

第二节 养老保险统筹账户基金收入模型

《中共中央关于制定国民经济和社会发展第十三个五年规划的建议》指出"要建立更加公平更可持续的社会保障制度"(楼继伟,2016;丛春霞、于洁、曹光源,2016)。随后,"机关事业单位养老保险改革顺利实施","不同性质单位'双轨制'问题的解决"极大地改善了养老保险制度的不公平性(丛春霞、于洁、曹光源,2016)。当不公平性问题得到缓解,作为养老保险制度物质基础的养老保险基金的可持续性问题变得日益重要(丛春霞、于洁、曹光源,2016),即基金收入和支出能够保持长期均衡状态。目前,我国基金收入增长放缓、支出增加严峻,财务可持续发展受到严重冲击(丛春霞、于洁、曹光源,2016)。鉴于此,对养老保险统筹账户基金收入进行测算具有重要意义。

一、养老保险统筹账户基金收入模型设定

根据基金实际征收流程和定义,[②]并借鉴邓大松、仙蜜花(2015),陈曦(2017),张向达、方群(2017),丛春霞、靳文惠(2017)等学者关于养老保险基金收入模拟测算思想,企业职工基本养老保险基金收入(I)可以用以下函数构建(式2-3)。

$$I_{t,i}(A_{t,i}, B_{t,i}) \qquad (2-3)$$

其中,$I_{t,i}$表示企业职工基本养老保险基金收入,$A_{t,i}$表示该年养老保险缴费人数,$B_{t,i}$表示个体养老保险缴费额。企业职工基本养老保险基金收入是一个关于该年养老保险缴费人数$A_{t,i}$和个体养老保险缴费额$B_{t,i}$的函数。由于个体养老保险缴费额$B_{t,i}$是一个关于统筹账户缴费率c、缴费基数$w_{i,t}$和工资增长率$g_{t,i}$的函数;养老保险缴费人数$A_{t,i}$是一个关于劳动

---

① 郝勇. 养老金替代率适度水平的确定研究[D]. 徐州:中国矿业大学,2012.
② 李珍. 社会保障理论[M]. 3版. 北京:中国劳动社会保障出版社,2013:201-204.

人口数总量 L_t、城镇化率 U_t、就业率 E_t、养老保险覆盖率 C_t 和不同收入群体人数比重 H_i 的函数,所以本文继续对函数(2-3)进行分解,如(式2-4)。

$$I_{t,i}=F[A_{t,i}(L_t,U_t,E_t,C_t,H_i),B_{t,i}(c,w_{i,t},g_{i,t})] \tag{2-4}$$

其中,$i=1,2,3$ 分别表示城镇高收入、中等收入和低收入群体。由于本书的研究对象是经过层层遴选出来的优质企业群体上市公司以及高收入群体的代表——企业经理人;那么养老保险缴费人数 $A_{t,1}$,可以表示为企业经理人(包括董事、监事、高管)的规模;养老保险缴费额 $B_{t,1}$,可以表示为制度缴费率 c、经理人缴费基数 $w_{1,t}$ 和薪金增长率 $g_{1,t}$ 的函数。所以上述函数可以用如下公式表示(式2-5)。

$$I_{t,1}=A_{t,1}*B_{t,1}=A_{t,1}*[c*w_{1,t}*(1+g_{1,t})^t] \tag{2-5}$$

由式(2-5)不难看出,企业职工基本养老保险基金收入就是一个关于经理人规模、缴费基数、制度缴费率的复合函数。由于资金具有货币价值,因而未来的薪金水平还应该考虑通货膨胀率,但是本书将未来薪金折现至基年,二者的作用相抵消,故本书的公式中并未涉及通货膨胀率。

二、经理人缴费基数三种计算口径

作为企业资本不可缺失的组成部分的人力资本和物质资本,都有权利参与企业剩余分配(王素娟,2014)。当今社会,人们越来越意识到人力资本是企业最具能动性的资源。而在企业的人力资本中,处于核心地位的是企业经营的管理者,即企业经理人。经理人作为一种异质性人力资本,凭借其独特的知识、能力、人格和心理特质,成为企业稳定成长的核心力量,是增强企业竞争力的内在支撑。因此,必须构建科学有效的激励机制,而"没有什么激励机制比薪酬激励机制更有力"。[1]20世纪80年代以来,上市公司为了更进一步激励企业高级管理人员,减少了基本工资和奖金部分在收入中的比重,实行收益与公司业绩增长挂钩,其中以股票期权为代表的长期激励机制的发展尤为迅速(王素娟,2014)。养老保险缴费基数测算政策必须考虑高收入群体及其薪金结构变化带给职工"工资总额"的影响,才能坐实养老保险缴费基数,维护养老保险基金收支平衡。

---

[1]王素娟. 基于企业成长的中国上市公司高管薪酬结构研究[D]. 济南:山东大学,2014.

（一）以"上年度在岗职工平均工资300%"为缴费基数

《职工基本养老保险个人账户管理暂行办法》(劳办发〔1997〕116号)中规定城镇职工基本养老保险以"上年度在岗职工平均工资"为统计口径,并规定了60%～300%缴费基数的"上下限"。吕玉红、申曙光、彭浩然(2010)基于国民经济行业分类数据实证研究发现,现行城镇职工基本养老保险缴费基数"上下限"的设定,使得高收入行业职工由于很大一部分工资收入没有进入缴费基数范围内,使得其真实缴费率低于名义缴费率,养老保险缴费负担较轻。丛春霞、靳文惠(2017)基于中国居民收入调查(CHIP)项目数据测算得出,在养老保险缴费制度实施初期,高收入群体的工资水平为最高缴费基数的1.31倍,现在高收入群体的工资水平为最高缴费基数的1.73倍,如果继续按照现行养老金最高缴费基数的规定,将对养老保险基金收入产生极大的正向溢出效应。鉴于此,本书以我国上市公司为样本数据,实证分析以"在岗职工上年度平均工资的300%"作为经理人制度缴费基数对养老保险基金收入的影响程度。

（二）以"经理人平均货币薪金"为缴费基数

固定薪金(即底薪),是薪金的最低限度,是经理人凭借企业家才能要素占有企业直接物质产权的报酬,用以补偿经理人先期开展人力资本的成本(包括直接成本和间接成本),表现为基本薪金、岗位薪金、福利计划等(李全伦,2013)。通常,固定薪金是根据公司的岗位特点、企业特征、所处的行业特征、所在地区的平均收入等因素而定(王素娟,2014),但固定薪金也不是一成不变的,只是相对稳定,不具有激励高管层努力工作的作用。浮动薪金,属于短期激励机制,是与企业经理人岗位绩效有关的报酬,用以激励经理人向企业投入更多的生产性"活劳动",表现为绩效奖金、超额奖金等(李全伦,2010)。固定薪金属于保健因素,即固定薪金的激励效果没有或者很低,具有短期激励作用的主要是浮动薪酬体系。由于上市公司信息披露的有限性,对经理人的固定薪金和浮动薪金没有分开细化披露,而是合在一起作为年度货币薪金。而无论是个人缴费基数还是用人单位缴费基数都是以"工资总额"作为参照系,包括基本工资(计时工资或计件工资)、奖金、津贴和补贴、加班加点工资和特殊情况下支付的工资(刘苓玲、慕欣芸,2015;肖严华、张晓娣、余海燕,

2017)。[1]很明显,该规定并没有将"薪金结构"变化引起薪金差异计算在"工资总额"里。同时,中央关于国企高管限薪政策的不断出台,目的是遏制国企高管薪金"不合理"现象,也对其他企业高管起到一定警示作用,但却为一些企业经理人规避"货币薪金"转向"非货币薪金"支付提供了庇护,导致经理人货币薪金支付逐渐减少,非货币薪金支付如控制权薪金(在职消费)、股权薪金逐渐增加。本书试图将经理人平均货币薪金作为经理人模拟缴费基数1,实证分析其对养老保险基金收入的影响程度。

(三)以"经理人平均薪金"为缴费基数

随着企业薪酬制度改革的深入,高管薪酬中非货币薪金所占比重要比普通员工高出许多(南星恒、赵辰,2017)。诚然,对于普通职工而言,养家糊口是工作主要目的,其次才是自我价值实现(南星恒、赵辰,2017);对于企业高管来说,运用手中的权力操控货币薪金分配,已经积累了较多的货币薪金,因而货币薪金的激励作用对他们来说微乎其微。[2]股权(期权)薪金,属于长期激励机制,实质上是用以补偿经理人投入生产性"活劳动"的长期绩效,表现为持股计划、虚拟股票、业绩股票、股票增值权、股票奖励、MBO等(李全伦,2010;2013)。股权(期权)薪金既考虑到了经理人履行岗位职责的行为及其长期影响,又考虑到了经理人完成工作任务的长期效果,可以使经理人获得因股权价值上升而带来的财富。可以促进经理人与股东利益共享,风险共担,从而缓解委托代理问题(Jensen and Mekling,1976),解决企业的长期发展与长远利益。由于我国并没有将股票期权所得纳入社会保险缴费基数的文件,那么薪金构成中各类薪金所占比例会在很大程度上影响养老保险缴费基数。鉴于此,本书将股票期权所得根据当年期末收盘价折算成股权薪金,纳入经理人平均薪金作为经理人模拟缴费基数2,并深入分析其对养老保险基金收入的影响程度。

三、参数设置

养老保险基金收入模型是一个基于多变量的模型,各变量对应的参

---

[1]资料来源:1990年国家统计局颁布的《关于工资总额组成的规定》(国家统计局第1号令)。
[2]南星恒,赵辰. 产权性质、货币薪资公平与企业绩效:基于2010—2014年A股上市公司的经验数据[J]. 南京审计大学学报,2017,14(2):29-38.

数设置对模型测度的准确性有着重要作用。本书的参数设置是基于国家有关政策、上市公司统计年报而给出的。具体参数设置情况如下。

（一）经理人规模

本书的经理人包括董事、监事、高管等人。为后续计算养老保险基金收入做准备,本书剔除经理人零持股的样本数,保留同一年度既获取货币薪金又获取股权薪金的样本公司经理人人数。

（二）缴费基数

《职工基本养老保险个人账户管理暂行办法》(劳办发〔1997〕116号)中规定城镇职工基本养老保险以"上年度在岗职工平均工资"为统计口径,并规定了60% ~ 300%缴费基数的"上下限"。基于"经理人缴费基数的基础变量分析",本书分别选取"在岗职工上年度平均工资300%"作为经理人制度缴费基数,同时以经理人平均货币薪金和平均薪金等作为模拟缴费基数与之进行比较测算。

（三）养老保险制度缴费率

根据现行社会保险制度,我国企业承担的养老保险费率是20%左右,这一比例远远高于欧洲和北美发达国家(Ku-gler A and Kugler M,2009;石美遐,2007),现行制度缴费率高于最优缴费率成为普遍共识(彭浩然、陈斌开,2012;康传坤、楚天舒,2014)。较高的企业养老保险缴费率,会增加企业用工成本从而削弱企业竞争力(周小川,2000;刘苓玲、慕欣芸,2015);会对企业参保行为产生不利影响,企业参保概率显著降低(赵静等,2016);会促使企业逃避缴费,导致实际基金收入低于理论水平(Feldstein,2003)。而当法定缴费率下调5个百分点时,可以提高实际缴费率0.48 ~ 1.35个百分点,最终提高基金收入(封进,2013)。当前供给侧结构性改革背景下,在降费率过程中提高财务可持续性能够实现降费不减基金收入,降费不减待遇的目的(郑秉文,2016)。鉴于此,《关于阶段性降低社会保险费率的通知》(人社部发〔2016〕36号)规定自2016年5月1日起,城镇职工基本养老保险单位缴费比例超过20%的省(区、市),将单位缴费比例降至20%(曾益、凌云,2017)。由于2016年5月1日的降费比例对养老保险基金收入的影响存在一定的时滞性,所以本书暂不采用2016年5月1日的降费比例,而是以单位缴费率20%作为本书单位缴费率。

第三节 企业经理人薪金相关理论

一般来讲,企业的薪酬政策主要包括三个方面,即薪酬水平、薪酬结构和薪酬决定标准与具体形式(Baker等,1988;黄再胜,2005;张宏、周仁俊,2010)。其中,薪酬水平的高低关系到企业能否吸引和留住优秀人才(Jensen and Murphy,1990;黄再胜,2005;张宏、周仁俊,2010);薪酬的决定标准与具体形式决定企业吸引和留住人才采取的具体激励方式;而薪酬结构则是要解决短期激励和长期激励之间的平衡问题。对任何企业而言,协调股东与高管的利益,使之密切联系并趋于一致,是一项根本性的挑战,而处理这一挑战的一个至关重要的手段,就是高管薪酬结构(Sudhakar,2006),合理的薪酬结构比例应该与经理人对企业贡献的差距直接相关。

一、边际生产率理论

边际生产率理论认为,经理人报酬水平主要取决于其边际生产率;而经理人边际生产率又取决于其人力资本的投资情况(Agrawal,1981;黄再胜,2005)。经理人人力资本由于其稀缺性,成为关系企业成功运作和发展的核心资源。企业为了吸引和留住稀缺而优秀的经理人,促进企业核心竞争力和比较竞争优势的形成,必定会实施有吸引力的薪酬补偿政策,优秀的经理人能够获得更多的经济租金(Rosen,1992)。因此,对经理人报酬的设计需要在总体报酬中保持一定的风险收入比例,并保持其报酬组合的动态性(陈琦、石金涛,2003;张宏、周仁俊,2010)。

二、代理理论与产权理论

根据代理理论[①],当股东可以完全观察到经理人行为及其努力程度时,最适合的薪金契约就是支付给经理人相当于经理人市场价格的固定

[①]代理理论最早可以追溯至伯利—米恩斯命题(Berle and Means,1932)。其基本观点为:在实行两权分离的现代企业中,由于信息不对称和目标利益分歧,具有有限理性的经理人会采取有损于股东利益的机会主义行为,进而会给企业运作造成一定的代理成本(Jenen and Meckling,1976;Holmsrom,1979)。黄再胜.企业经理报酬决定理论:争论与整合[J].外国经济与管理,2005(8):33-40.

薪金;当股东无法观察到经理人行为及其努力程度时,股东对经理人的最优支付可以是由货币报酬(基本工资、奖金)和长期激励性报酬(持股、限制性股票、股票期权)构成的多元化薪酬结构形式,实现经理人个人利益和企业目标的利益兼容(Fama and Jensen,1983;Eisenhardt,1989;Beatty and Zajac,1994;黄再胜,2005)。但是,企业产出是否与经理人行为及其努力程度有关,是很难度量的;两者越难区分,收入中固定份额就会越大。为了激励经理人长期行为,在经理人报酬结构设计中要凸显股票、股票期权等长期激励工具所占的比重(Jensen and Murphy,1999b;Barkema and Gomez-Mejia,1998;黄再胜,2005),并根据企业实际情况,在短期固定报酬与长期激励报酬之间不断调整它们的比例关系(Rosen,1992;张宏、周仁俊,2010)。大量研究发现,期权激励在薪酬分配中的比例,可以协调管理层和股东的利益,解决代理问题(Feltham and Wu,2001;Hall and Murphy 2002;Dittmann and Maug,2007)。

有些产权理论学者认为只有产权激励具有预期性、稳定性、持久性等特点(张宏、周仁俊,2010),即在现代企业里,仅仅给经理人增加工资、发奖金、实行年薪制是不够的,而通过股权、期权等使经理人对公司有剩余索取权才是现代公司有效运行的核心问题。因此,在经理人报酬决定问题上,新制度经济学主张加大报酬中长期化、浮动化的比例(如股权、股票期权),相应缩小短期化、固定化的比例(如基本工资、福利等)。但过分注重股权、股票期权,忽视基本工资、福利等,会降低经理人的安全感,并不利于经理人激发出全部的工作潜能,全身心地投入工作,所以必须给予一定的固定收入,因此股权激励和固定收入应当结合使用(魏颖辉,2009;张宏、周仁俊,2010)。

三、管家理论与双因素理论

管家理论认为经理人报酬主要是满足经理人自身生活的基本需求,其具体水平主要取决于经理能力因素(Gomez-Mejia and Wiseman,1997;黄再胜,2005);实施股票期权则为了在董事会和经理层之间培育一种长期的合作关系(Dalton and Daily,1999),并促进经理人对企业的认同(Hambrick and Jackson,2000;黄再胜,2005;张宏、周仁俊,2010),即经理人应当获得满足其自身生活的基本报酬,还应获得促使其对企业长期认同的股权激励报酬,即货币报酬和股权报酬的组合(张宏、周仁俊, 2010)。如果高管持股金额与其年薪金额相比占比很大,股权激励在经营者全部报酬中占有很大比例,来自股票价格波动的收入可能会超过货币报酬收入,高管提高自身收入的主要途径必然是设法提高公司的业绩,特别是股票报酬率,从而使经营者和股东的目标函数更加趋于一致(胡阳等,2006;张宏、周仁俊,2010)。所以,一个典型的报酬组合应该是代表保险因素的固定工资和代表激励作用的变动收入的组合(斯蒂芬·P. 罗宾斯,2002;张宏、周仁俊,2010;王素娟,2014)。在变动收入中,风险收入在薪金激励总额中所占的比重因行业、企业性质与规模而异,甚至因经理职位而不同,难以一概而论(Rosen,1992;张宏、周仁俊,2010)。

第三章 经理人缴费基数调整
与养老保险基金收入的理论框架

　　缴费基数是城镇职工基本养老保险制度最基础的参量之一,对参保人员当期缴费水平、未来养老金待遇水平、用人单位人力成本和基金收支平衡等方面有着广泛而深刻的影响(董克用、施文凯,2019)。经过多年的发展,我国基本形成了一套基本养老保险缴费基数的政策规范。中共中央办公厅、国务院办公厅印发《国税地税征管体制改革方案》,明确从2019年1月1日起,将"基本养老保险费"交由税务部门统一征收(刘书志、付晶超,2019)。税务部门征收社会保险费拥有费源费基管理的独特优势,有利于坐实缴费基数,提高管理效率(马一周、王周飞,2017)。本章通过构建企业经理人缴费基数与养老保险基金收入测算的理论分析框架,为后文实证分析奠定基础。而要构建实证分析的理论框架,其前提是构建一个企业经理人缴费基数方案调整的分析框架。然而,目前大部分研究是以"职工平均工资"作为缴费基数的分析逻辑,鲜有对企业高收入阶层及其薪金结构引致的缴费基数差异对养老保险基金收入影响的文献。分析文献的缺乏导致企业高收入阶层即经理人缴费基数的研究难以深入,关于经理人薪金结构引致缴费基数差异及其对养老保险基金收入测算的研究也就无从谈起。由此,本章从经理人薪金结构的相关理论出发,在构建企业经理人缴费基数方案基础上,进一步构建企业经理人缴费基数方案与养老保险基金收入测算的分析框架。

第一节 现行养老保险缴费测算政策的考问

　　我国企业职工养老保险制度处于不停的探索和改革阶段,大致可以分为三个阶段。第一个阶段是企业职工养老保险重新社会化阶段。鉴于1969年以前我国最初的企业职工养老保险制度便是社会化养老保险,

1969—1984年间蜕化为企业保险,而1984年后又重新变为社会化养老保险,这说明我国企业职工养老保险建立之初即是社会化养老保险,符合世界范围内绝大多数市场经济国家的养老保险的做法(吴连霞,2012)。第二阶段是1995年个人账户制的引入,这一举措加强了我国企业职工养老保险的个人责任及对个人的激励,对后来的养老保险的可持续性及再分配功能起到了重要影响(吴连霞,2012;吴琪,2014)。第三阶段是对企业职工养老保险制度参数调整阶段。因此从养老保险制度本身出发,研究养老保险的现行政策和各项参数设计对不同群体缴费以及养老保险基金(以下简称"养老金")的影响具有现实意义(张向达、方群,2017)。

一、养老保险缴费基数的计算口径

我国的基本养老保险缴费基数一般分为个人缴费基数和单位缴费基数两类(黄少滨、杨艳歌、吕天阳,2013)。国务院规定,社会保险缴费基数为工资总额(或全部工薪收入),包括基本工资(计时工资或计件工资)、奖金、津贴和补贴、加班加点工资和特殊情况下支付的工资(王兰,2003;毛江萍,2009)。[①]各地区以及行业之间改革的进程不同,缴费基数虽然都同工资总额相联系,但具体的计算口径不尽相同,大体上可以分为以下4种:其一,用人单位的缴费基数为当年全部工资总额,个人账户的缴费基数为本人上年月平均工资;其二,用人单位的缴费基数为上年工资总额,个人账户的缴费基数为本人上年月平均工资;其三,用人单位和个人的缴费基数都是当年工资总额;其四,用人单位的缴费基数为职工个人缴费基数之和(张振香,1997;毛江萍,2009;贺鹏皓,2016)。《职工基本养老保险个人账户管理暂行办法》(劳办发〔1997〕116号)中规定了城镇职工基本养老保险缴费基数与"当地上年度在岗职工平均工资"有关;《中华人民共和国社会保险法》第十二条规定:"用人单位应当按照国家规定的本单位职工工资总额的比例缴纳基本养老保险费,记入基本养老保险统筹基金。"[②]

可见,无论是个人缴费基数还是用人单位缴费基数都是以"工资总

[①]资料来源:1990年国家统计局颁布的《关于工资总额组成的规定》(国家统计局第1号令)。

[②]李晨光. 中国城镇职工养老保险筹资改革:经济影响与制度设计[D]. 北京:中央财经大学,2016.

額"作為參照系,這也是社會保險制度產生之後大多數國家採用的方式,在國際上已形成慣例。用人單位繳費基數還與其雇用勞動者數量密切相關。在社會保險經辦機構的實際業務執行中,單位繳費基數既可能與個人繳費基數存在嚴格的勾稽關係,即單位繳費基數等於該單位全部參保人員的個人繳費基數之和,俗稱"單基數";也可能僅存在較弱的關聯,如僅限定單位繳費基數必須大於該單位全部參保人員的個人繳費基數之和,俗稱"雙基數"(黃少濱、楊艷歌、呂天陽,2013)。李晨光(2016)還提出改變以"工資"作為繳費基數的現狀,以"收入額"或"增值額"作為企業參加職工養老保險的繳費基數,合理確定企業繳費率以滿足當期基金支出需求,從而實現養老保險個人賬戶由"空賬"轉變為"實賬",並真正實現制度的自我平衡與自我發展。

鑒於此,本文採用國際慣例"工資總額"作為繳費基數的觀點,探討企業職工繳費基數問題,不包括從事公共服務或公益事業沒有經營收入的用人單位。

二、現行養老保險繳費測算政策實施情況分析

《職工基本養老保險個人賬戶管理暫行辦法》(勞辦發〔1997〕116號)中規定了我國職工基本養老保險繳費基數是以"上年度職工平均工資"為基礎的,並且規定了繳費基數的"上下限"。但是,我國企業職工基本養老保險地區分割,統籌層次低(鄭功成,2010),多數以縣、市級為統籌單位,且各省份對繳費基數設置規定各不相同,呈現差異化和碎片化的趨勢。

眾所周知,中央政府的繳費基數文件中將"職工平均工資"表述為"當地職工平均工資"或者"當地在崗職工平均工資",但並未明確指標的具體計算方法。而統計部門發布的城鎮(非私營)單位在崗職工平均工資、城鎮(非私營)單位就業人員平均工資和城鎮私營單位就業人員平均工資三個統計指標也未與繳費基數政策中"職工平均工資"表述完全一致,導致各地繳費基數政策中"職工平均工資"指標的計算方法和比例差異很大。如部分省份執行統一的職工平均工資指標,將"當地"規定為"省級"統計指標;而部分省份則允許地級市根據實際情況自行選擇本市職工平均工資指標,將"當地"規定為"地市級"統計指標。

与此相对应的,因各地确定同类参保人员缴费基数上下限时的职工平均工资计算方法不一样,造成缴费基数政策在全国范围内面临"一制多标"的规范困境。如受目前基本养老保险管理层次较低的影响,地方政府在综合考量当地基金收支情况和制度覆盖率的基础上,会对缴费基数进行一定的调整。有数据显示,全国31个省份(不含港澳台地区)的养老保险缴费基数上下限相差甚远,大部分省份的缴费基数下限及上限分别为当地上年度在岗职工平均工资的60%和300%,个别省份下限为40%(如北京、四川和贵州)、50%(如海口)或80%,上限最高达到600%(张向达、方群,2017)。苏中兴(2016)基于国际劳工组织等机构发布的公开数据测算得出,大部分国企和外资企业是按照制度规定以工资总额作为缴费基数,超过半数的民营企业选择按照"当地社会平均工资"的60%作为缴费基数。

三、现行养老保险缴费测算政策存在的问题

从制度层面保障每一位公民"老有所养"是世界各国养老保障发展和改革的目标。回顾中国城镇职工基本养老保险制度的改革历程可以发现,无论是20世纪80年代积极推行的社会统筹机制,使养老保险由"企业保险"成为真正意义的"社会保险"[①],还是20世纪90年代,在社会统筹的基础上引入了个人账户(李晨光,2016),抑或是2000年以后,开始进行做实个人账户的试点(李晨光,2016),其改革的焦点都集中在缴费基数问题上。然而,现行养老保险基金缴费基数测算政策存在的问题,增强了制度的"累退性",扩大了收入差距(王小鲁、樊纲,2005),对基金总量产生"负向"溢出效应(丛春霞、靳文惠,2017)。

(一)养老保险基金缴费基数非工资化、非货币化程度高

在市场经济发达国家,职工劳动收入工资化、货币化程度高,而以劳动收入作为社会保险缴费基数的工资总额在数量上基本等于劳动收入,且鲜有少报工资总额的现象,因而,实际缴费工资总额与劳动收入相差不大(李珍,1999;李娓涵,2013;唐沁,2017)。在中国,职工劳动收入本身的非工资化、非货币化程度高(李娓涵,2013;唐沁,2017),据相关数据

---

① 李晨光. 中国城镇职工养老保险筹资改革:经济影响与制度设计[D]. 北京:中央财经大学,2016.

统计,实物收入占职工总收入的比例为3%~9%(尹恒、李实、邓曲恒,2006;赵耀辉、李实,2002;林永春,2004);剔除工资外收入中非劳动报酬部分,工资外收入平均占企业职工总收入的15%(李珍,2000;许志涛,2013)。

诚然,在企业经营实践中,工资、奖金等货币薪金是企业普通员工收入的主要来源,但对于企业高级管理人员,除货币薪金外,通常还存在大量的非货币薪金,特别是通过实施股权激励制度产生的股权薪金是经理人获取非货币薪金的重要渠道之一。但是,我国税务部门对股票期权所得单独课征个人所得税,却完全没有将股票期权所得纳入社保缴费基数文件,企业缴费基数远远低于实际的工资总额(苏中兴,2016)。同时,当前《中华人民共和国社会保险法》规定"用人单位对社会保险缴费基数的工资总额采取自行申报的方式"。企业是理性的微观经济活动主体,出于自身利益最大化考虑,会产生瞒报、漏报、少报,甚至低报缴费工资基数的行为,加上地方政府为了经济建设、招商引资等目的,对当地企业职工工资监管不严,甚至默许缴费基数瞒报、少报现象(许志涛,2013)。根据社保第三方专业机构"51社保"发布的《中国企业社保白皮书2017》的数据显示,在调查的数千家企业中,社保缴费基数完全合规的企业仅占24.1%。[①]这意味着,完全按标准给职工缴纳社保的企业不足1/4,超过七成的企业未按照职工工资实际核定缴费基数缴费,其中22.9%的企业统一按最低基数缴费[②]。最终,职工工资总额小于职工劳动收入,社会保险部门核定的缴费工资总额又小于职工工资总额(李娓涵,2013),企业实际的社会保险缴费基数只占统计工资的70%左右(耿晋娟,2014),企业缴费基数实际申报比率只有50%左右(许志涛,2013)。

(二)基于"简单平均法"的"社会平均工资"无法反映真实的工资状况

《职工基本养老保险个人账户管理暂行办法》(劳办发〔1997〕116号)中规定我国职工基本养老保险缴费基数上下限的确定是以"职工平均工

---

①闵丹.2017《中国企业社保白皮书》:仅24%的企业社保缴费基数合规[J].中国工人,2017(9):69-70.
②闵丹.2017《中国企业社保白皮书》:仅24%的企业社保缴费基数合规[J].中国工人,2017(9):69-70.

资"为基础的,初衷是为了保障养老保险基金收入能够随着"职工平均工资"的增加而增加(潘永松,2015),从而应对养老保险基金支出不断扩大的局面,同时也简化了养老保险费收缴的程序,减少了收缴的成本。

然而,职工平均工资指标本身也存在质量缺陷。在劳动工资统计报表制度下,统计部门发布的平均工资是算术平均数,其统计结果受统计范围不完全和统计数据中极端值的影响,导致在岗职工平均工资指标值远高于真实水平(闫松涛,2012)。职工工资分布并非左右对称或渐进对称的,因此在分布出现偏斜的情况下,平均工资指标一定程度上掩盖了工资的地区和行业差距,仅用算术平均数无法准确反映职工工资的一般水平(何文炯、蔡青、张畅玲,2004)。

当前,我国的收入分配格局发生了巨大的变化,居民的收入差距在较短的时期内快速从平均主义盛行转变为收入分配高度不均等的状态(李实、罗楚亮,2012)。在收入差距扩大的过程中,较多研究表明,不仅企业员工薪酬(工资收入)分配差距的扩大明显[1],企业之间高管薪酬差距也较大,并呈先急剧扩大后逐渐缩小的走势(方芳、李实,2015),这种收入不平等加剧必然会阻碍国民福利的增长。[2]

可见,随着收入不平等的加剧,高收入人群拉高了"社会平均工资",低收入人群工资上涨的幅度和绝对值又远远落后于"社会平均工资"的上涨(潘永松,2015),社会平均工资(工资总额除以在职人数)分布情况变得不均匀,故用"简单平均法"计算在岗职工社会平均工资会偏高,无法反映社会上真实的工资状况(张向达、方群,2017)。

(三)缴费基数"上下限"的规定对基金总量产生"负向"溢出效应

《职工基本养老保险个人账户管理暂行办法》(劳办发〔1997〕116号)中规定的城镇职工基本养老保险缴费基数的"上下限"增强了制度的"累退性"。吕玉红、申曙光、彭浩然(2010)基于国民经济行业分类数据实证研究发现,现行城镇职工基本养老保险缴费基数"上下限"的设定,使得低收入行业职工的真实缴费率高于名义缴费率,养老保险缴费负担较

---

[1] Chen SL,Ma H,Bu D. Board Affiliation and Pay Gap[J]. China Journal of Accounting Research. 2014(7):81-100.
[2] 王宋涛. 收入不平等与中国国民福利增长:模型、方法与数据:基于效用主义的一个研究[J]. 数理统计与管理,2015,34(2):191-206.

重;高收入行业职工由于很大一部分工资收入没有进入缴费基数范围内,使得其真实缴费率低于名义缴费率,养老保险缴费负担较轻。张向达、方群(2017)基于2014年中国劳动力动态调查(CLDS)数据实证研究发现,当前政策规定"收入低于在岗职工平均工资60%的职工也必须按照60%缴费"导致养老保险缴费具有"累退性",即职工收入越低,实际缴费率越高,缴费负担越重。丛春霞、靳文惠(2017)基于中国居民收入调查(CHIP)项目数据测算得出,在养老保险缴费制度实施初期,高收入群体的工资水平为最高缴费基数的1.31倍,而现在高收入群体的工资水平为最高缴费基数的1.73倍,如果继续按照现行养老金最高缴费基数的规定,将对养老保险基金收入产生极大的正向溢出效应。

诚然,社会保障强调"多缴多得",但社保作为一个社会政策,要特别注意公平(胡乃军,2018)。现行养老金缴费基数"上下限"的规定本质是为了实现"社会互济"原则,缓解"中国因二次分配扩大了一次分配的差距"①问题。实践中,随着高收入群体规模的扩大,工资水平的增长,预期寿命的延长,现行缴费基数"上下限"的规定增强了制度的"累退性",给高收入阶层带来的好处大于给低收入阶层带来的好处,扩大了收入差距。同时,高收入人群养老保险缴费基数低于其实际工资水平,基本养老保险基金收入将进一步减少,对基金总量产生负向溢出效应(丛春霞、靳文惠,2017)。

第二节 经理人缴费基数计算口径分析

一、缴费基数主体之经理人分析

改革开放以后,居民收入普遍增长,收入高端的增长幅度远远大于收入低端的增长幅度,形成了一个高收入阶层。但是,我国高端收入的水平与发达国家相比,差距仍很大。如果简单地压低高收入,抬高低收入,那么高收入大幅度降低带来的负面效应会远远大于低收入增长带来的

---

①厉以宁. 中国贫富差距大的重要原因是二次分配有问题[N]. 证券时报,2012-12-10.

正面效应(贾康、刘保军,2002)。特别是以合法合理、正当收入为来源形成的高收入群体,是高收入阶层中的主流,是以不同要素对社会做出较大贡献的结果,是实行改革开放政策的必然产物,对我国经济与社会的发展起着带动作用,应当给予充分肯定(贾康、刘保军,2002;陈文革,2004)。丛春霞、靳文惠(2017)基于中国居民收入调查(CHIP)项目数据测算得出,1999年、2002年、2008年和2013年我国高收入群体人数占城镇就业人口的比重分别为1.69%、2.87%、2.15%和1.23%,高收入群体人数占比的平均数为2.16%;高收入群体的年平均工资增长率为16.42%,扣除物价因素,年实际工资增长率为13.93%,是上年度在岗职工年实际工资增长率的1.19倍。可见,高收入群体数量占比虽然较少,但年平均工资增长率不仅高于在岗职工,而且比中等收入和低收入群体分别高3.70和3.02个百分点(丛春霞、靳文惠,2017)。因此,本文将企业高收入人群代表——经理人,作为研究对象,分析其缴费差异对养老保险基金的影响具有实际应用价值。

二、缴费基数基础之薪金结构分析

关于"薪金"是什么,众说纷纭。萨伊、马歇尔、克拉克、熊彼特等认为,利润或利息是企业使用资本要素的报酬,资本家不仅提供了资本,而且承担了企业生产经营管理职能,或提供了"服务"(萨伊,1982;李全伦,2013)。马克思重视"复杂劳动"与"简单劳动"的差异,认为"复杂劳动是倍加的简单劳动",管理劳动是一种"复杂劳动",其报酬应数倍于"简单劳动"(李全伦,2013)。还有一些现代学者,将舒尔茨的人力资本投资理论与西方要素价格理论相结合,认为薪金是人才市场上人力资本需求与供给相等时的均衡价格(李全伦,2013),也是企业对人力资本投资的一种补偿形式。也有一些学者和学术性论著通常混合使用一些名词,如"工资""薪金""工薪"等(金碚,2005;李全伦,2013),这一情况表明,学术上注意到"工资"和"薪金"的差别,但又不知道具体差别是什么,只好使用一些混合或模糊概念。

长期以来,经理人才能,要么与资本要素不可分,依附于投资人,薪金成为投资人从企业获取利息或利润收入的一部分;要么与劳动力要素不可分,薪金被等同于工人等以体力劳动为主的员工从企业获取工资或薪酬收入的一部分,而将薪金作为企业收入分配的独立形式讨论的研究文献较少。从产权角度讲,薪金是经理人占有并行使企业直接物质产权的报酬;在企业生产经营(即创造可分配收入)过程中,经理人不仅需要向企业提供其相对优势的企业家才能要素,而且需要连续投入拥有的生产性"活劳动"——经理人经营管理决策中的管理劳动及研发劳动(李全伦,2013)。鉴于此,本章根据第二章第三节"企业经理人薪金相关理论",并借鉴李全伦学者关于"薪金本质"的观点,构建一个企业经理人薪金结构模型,如图3-1所示。

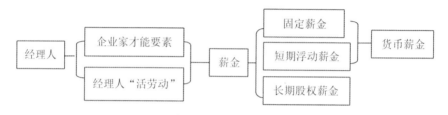

图3-1 经理人薪金结构简图

基于经理人薪金结构分析,结合我国上市公司薪酬信息披露的特点,对于经理人获得的固定薪金(基本薪金)和浮动薪金(如奖金),一般以货币形式进行支付,即货币薪金;股权薪金如持股、限制性股票、股票期权,一般以持股数量表示,但可以根据当年期末收盘价进行折算。鉴于此,在计算经理人年度薪金时,必须将股权薪金计入经理人年度薪金,才能反映经理人在企业的真实薪金水平,才能准确测度以在岗职工工资总额为基础的实际缴费基数。

三、经理人缴费基数计算口径分析框架

企业经理人缴费基数计算口径调整,本质是一个经理人薪金结构多元化引致的缴费基数差异的过程。然而,目前绝大多数研究并没有指出这一联系,从而导致对缴费基数的研究不够深入,只能给出一个较为宽泛的定义而无法建立起一个完整的分析框架。针对这一缺陷,本章借鉴制度经济学的基本框架并以此为基础,围绕"要素价值和劳动价值"这一核心要素,再结合养老保险测算政策规定和实践操作,构建了一个新的经理人缴费基数计算口径的分析框架(如图3-2所示)。

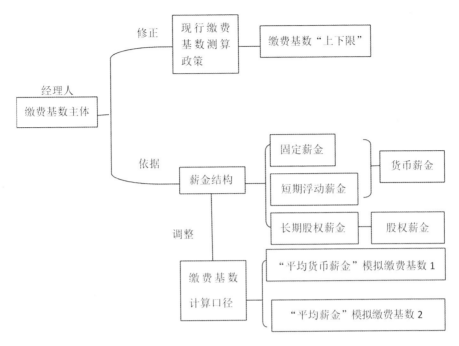

图3-2 经理人缴费基数计算口径调整的分析框架图

如图3-2所示,经理人缴费基数差异实际上可以看作这样一套由缴费基数主体经理人,依据缴费基数所依附的薪金结构,修正现行缴费基数测算政策,调整缴费基数计算口径(以"平均货币薪金"为基础的模拟缴费基数1和以"平均薪金"为基础的模拟缴费基数2)的过程。经理人缴费基数不仅包括缴费基数总量的简单计算,更包括对缴费基数所赖以依附的工资结构内容进行选择的过程。从初次收入分配的角度,构建经理人缴费基数的分析框架,有利于更直观地反映初次分配和再分配的关系。

张振香(1997)提出了缴费基数的四种统计口径,但无一例外都是以在岗职工"工资总额",包括基本工资(计时工资或计件工资)、奖金、津贴和补贴、加班加点工资和特殊情况下支付的工资(郑春荣、王清,2011;赵静、毛捷、张磊,2015;苏中兴,2016)。鲜有就某个收入群体进行缴费基数分析的研究文献。而在企业经营实践中,工资、奖金等货币薪金是企业普通员工收入的主要来源;但对于企业高级管理人员,除货币薪金外,通常还存在大量的非货币薪金,特别是通过实施股权激励制度产生的股权薪金是经理人获取非货币薪金的重要渠道之一。同时,经理人薪金作为在岗职工工资总额的重要组成部分,对缴费基数有重要影响。鉴于此,本章将经过层层遴选出来的"优质企业群体"——上市公司作为样本数据,分析企业经理人缴费基数计算口径差异。

第三节 经理人缴费基数调整对养老保险基金收入影响的框架构建

社会保障制度是建立在一定经济发展水平基础上,运用经济手段解决社会问题从而实现特定的政治、经济和社会目标的一种社会制度安排,是政府干预社会分配不公的重要手段(郑功成,2000;段婕,2006;王增文、邓大松,2009)。但是,在公共支出领域,发达国家用于社会保障支出的资金占到政府财政支出的30%~50%(王增文、邓大松,2009),而我国仅占12%。[①]养老保险基金作为一项非常重要的社会保障支出的资金,其基金收支平衡是社会保险制度运行的物质基础,被称为社会保险事业的"生命线"。

现实情况是,一方面老龄化社会加剧,我国65岁以上老年人的比重逐年增加,根据2021年5月11日公布的第七次全国人口普查数据,我国60岁及以上人口为2.6亿人,占总人口数的18.7%(其中,65岁及以上人口为19064万人,占13.50%),老龄化的程度非常快。老龄化的加剧,人口自然增长率的下降,人均预期寿命的延长,导致养老保险基金支出增加,收入相对减少。郑伟团队(2013),郑秉文(2014),丛春霞、于洁、曹光源(2016)对养老保险基金进行精算,得出养老保险基金将于2037年出现收支缺口,2048年养老保险基金将耗尽枯竭,2010—2100年间的基金综合精算缺口率将超过12%。孙永勇、李娓涵(2014)和苏中兴(2016)测算表明,2021年全国养老金将出现收不抵支的状况,此后收支逆差逐年增大,2030年以后,累计结余将无法弥补养老保险基金赤字。王晓军(2013),艾慧、张阳(2012),苏中兴(2016)等学者的精算估计也得出类似的结论。截至2016年底,五项社会保险基金年收入合计53563亿元,比基金年支出

[①]"适时"下调社保费率,今年能做到吗[N]. 新京报,2015-01-11(A02).

46888亿元高6655亿元[1],但是部分险种基金收入增速放缓或同比下降,部分险种支出增幅高于收入增幅[2],如基本养老保险基金年收入比2015年增长18%,基金年支出比2015年增长21.8%;基本养老保险基金年征缴收入27500亿元比基金支出34004亿元低6504亿元。[3]由此可见,中国城镇职工基本养老保险基金已面临收不抵支的严重问题(丛春霞、靳文惠,2017)。基本养老保险是社会保险中占比最大的部分,如果出现严重的基金收支缺口,将直接影响社会保险制度的效率与可持续发展。

在微观个体经理人相应的研究中,养老保险基金是一个宏观概念,它一般涉及缴费基数、缴费率等一系列宏观经济变量。本文主要采用缴费基数来表征养老保险基金收入,因此本文对养老保险基金收入的分析也自然与缴费基数,尤其是经理人的缴费基数有关。本文接下来对企业经理人薪金结构变化引致缴费基数差异对养老保险基金收入影响的分析框架进行构建,如图3-3所示。

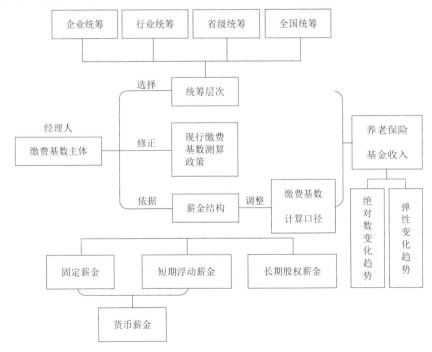

图3-3　经理人缴费基数计算口径调整对养老保险基金收入影响的分析框架图

---

① 数据来源:《2016年度人力资源和社会保障事业发展统计公报》。
② 数据来源:《中国社会保险发展年度报告2016》。
③ 数据来源:《2016年度人力资源和社会保障事业发展统计公报》。

如图3-3所示,企业经理人缴费基数调整对养老保险基金收入影响可以分解为修正现行缴费基数测算政策、选择统筹层次、调整缴费基数计算口径三个层面进行分析。经理人缴费基数依据薪金结构,影响货币薪金总量;通过修正现行缴费基数测算政策,影响缴费基数;通过选择不同统筹层次,影响养老保险基金,即对养老保险基金收入水平和支出水平产生影响。

一、修正现行缴费基数测算政策

《职工基本养老保险个人账户管理暂行办法》(劳办发〔1997〕116号)文件规定了城镇职工基本养老保险缴费基数是以"社会平均工资"为基础的,规定了缴费基数的"上下限",上限即为当地在岗职工平均工资的300%,下限即为当地在岗职工平均工资的60%。此测算政策本质是为了避免养老保险的"逆选择"问题,实践中给高收入阶层居民带来的好处大于给低收入阶层居民带来的好处,反而扩大了收入差距。[1]为此,本文必须首先解决现行养老保险基金缴费基数测算政策中的"疑点"问题,如缴费基数的非货币化问题,缴费基数上下限的合理问题。通过对上述"疑点"的一一修正,为后续养老保险基金收入水平和支出水平奠定基础。

二、调整缴费基数计算口径

人力资本是财富创造和经济发展中的重要因素(Becker, 1962; Becker and Murphy, 1992),特别是具有高水平经营管理才能的经理人是企业最重要的价值创造者之一。在企业经营实践中,对于企业普通员工而言,工资、奖金等货币薪金是其收入的主要来源。但对于企业高级管理人员,除货币薪金外,通常还存在大量的非货币薪金,特别是通过实施股权激励制度产生的股权薪金成为经理人获取非货币薪金的重要渠道之一。

诚然,股票和股票期权作为经理人的长期激励薪酬方式,可以促进经理人与股东利益共享,风险共担,从而缓解委托代理问题(Jensen and Mekling, 1976)。2005年12月31日《上市公司股权激励管理办法(试行)》颁布,试图改善我国企业长期以来对经理人激励不足的状况(雷霆、周嘉

---

①王小鲁,樊纲. 中国收入差距的走势和影响因素分析[J]. 经济研究,2005(10):24-36.

南,2014);2012年8月4日证监会发布的《上市公司员工持股计划管理暂行办法(征求意见稿)》则是对股权激励计划的肯定以及提倡和鼓励上市公司员工持有本公司股票(雷霆、周嘉南,2014)。据佐佑股权激励中心统计显示,截至2015年,A股披露股权激励计划的上市公司共205家,相较于2014年增加了70家,增幅高达51.9%。股权激励制度的推行,不但提高了管理层的工作效率,也使得经理人薪酬由单一货币薪金逐步向包括股权薪金等内容的多元薪酬结构发展,高管薪酬体制中浮动比例部分逐步增加(雷霆、周嘉南,2014)。根据美国商务部2010年9月发布的数据,全美企业的平均现金性工资支出仅占薪酬支出的65.5%,非现金支付比重日益增加,出现了股权薪金、保密费等新的支付方式(郑春荣、王清,2011)。但是,我国税务部门对股票期权所得单独课征个人所得税,却完全没有将股票期权所得纳入社保缴费基数文件。社会保障缴费基数没有真正体现"劳动公平",企业缴费基数远远低于实际的工资总额(苏中兴,2016)。

还有一个更为现实的问题是,高收入群体的平均预期寿命要远远高于低收入群体(丛春霞、靳文惠,2017)。据世界银行统计数据显示,2015年高收入国家人口平均寿命(79.28岁)比世界人口平均预期寿命(71.60岁)高出7.68岁,比中上收入国家人口平均寿命(74.83岁)高出4.45岁,比中下收入国家(67.48岁)高出11.8岁,比低收入国家(61.80岁)高出17.48岁。人均预期寿命作为评价社会发展和居民健康水平的核心指标(蔡玥等,2016),是一个国家制定社会保障政策、提供养老保险服务的重要依据(苟晓霞,2013)。从全球来看,世界各国平均预期寿命的地区差异显著,呈现"富国寿长、穷国命短"的两极分布(苟晓霞,2013);预期寿命增速较快的国家也集中在较发达地区(杨川等,2015)。

众所周知,基本养老保险基金的收入主要取决于缴费基数和缴费率(黄少滨、杨艳歌、吕天阳,2013)。其中,缴费基数是指以基本养老保险费率计算用人单位和劳动者个人缴纳基本养老保险费时所依据的其支出或收入的金额标准(朱家立,2009;黄少滨、杨艳歌、吕天阳,2013)。基本养老保险缴费基数的真实性不仅直接关系到劳动者的切身利益,更是直接影响基本养老保险基金收支平衡的重要因素(贾雪华,2008;黄少滨、杨艳歌、吕天阳,2013)。但是,随着高收入群体规模的扩大,薪金支出形式的多样化,薪金水平的增长及预期寿命的延长,现行养老保险缴费基数测算政策,尤其是缴费基数"上下限"的规定,造成高收入人群养老保险缴费基数低于其实际工资水平,基本养老保险基金收入将进一步减少,对基金总量产生负向溢出效应(丛春霞、靳文惠,2017)。

众所周知,经理人薪金结构的改变直接影响(货币)薪金数量,进而影响缴费基数,最终影响养老保险基金收入水平。本章第二节对经理人缴费基数计算口径的分析框架显示,固定薪金、短期浮动薪金、长期股权薪金等共同组成了作为缴费基数依附的薪金内容。据此,经理人缴费基数可以被分解为以货币薪金(包括固定薪金和短期浮动薪金)为基础的缴费基数,以薪金(包括固定薪金、短期浮动薪金和股权薪金)为基础的缴费基数两个维度。经理人可以通过控制和改变这两个维度的薪金数量,对缴费基数产生影响,进而改变养老保险基金收入水平。

三、选择统筹层次

基本养老保险基金是基本养老保险动态平衡和可持续发展的物质保证(贾洪波、方倩,2015)。受"摸着石头过河"年代的思维定式、"渐进改革"策略的路径依赖、制度转轨成本等多因素的影响,社会保险制度特别是其中的养老保险制度迄今仍处于地区分割统筹状态。地区分割、统筹层次低成为城镇职工基本养老保险当前存在的最大问题(郑功成,2010;穆怀中、闫琳琳,2012)。完善和优化基本养老保险基金统筹层次必然成为完善基本养老保险制度的重要组成部分。

养老保险统筹分为企业统筹、县市级统筹、省级统筹、全国统筹四个层次(闫琳琳,2012;穆怀中、闫琳琳,2012)。《国务院关于建立统一的企业职工基本养老保险制度的决定》(国发〔1997〕26号)中规定"为有利于提高基本养老保险基金的统筹层次和加强宏观调控,要逐步由县级统筹向省或省授权的地区统筹过渡",《国务院关于完善企业职工基本养老保险制度的决定》(国发〔2005〕38号)明确提出"在完善市级统筹的基础上,尽快提高统筹层次,实现省级统筹",到2010年基本实现了养老保险的省级统筹。2010年10月28日通过的《中华人民共和国社会保险法》明确规定:"基本养老保险基金逐步实行全国统筹。"可见,提高养老保险基金统筹层次,实现全国统筹是现阶段推进和完善基本养老保险制度的关键任务(闫琳琳,2012)。2011年7月1日实施的《中华人民共和国社会保险法》中规定"基本养老保险基金逐步实行全国统筹"为基本养老保险基金统筹层次提升提供了法律依据(贾洪波、方倩,2015)。《中华人民共和国国民经济和社会发展第十二个五年规划纲要》指出"全面落实城镇职工基本养老保险省级统筹,实现基础养老金全国统筹"。这又为我国提升基本养老保险基金统筹层次制定了近期发展目标(贾洪波、方倩,2015)。2013年11月12日,十八届三中全会通过的《中共中央关于全面深化改革若干重大问题的决定》重申了"实现基础养老金全国统筹"的改革决定(贾洪波、方倩,2015)。上述政策文件已经逐步认识到提高养老保险统筹层次的重要性,但是到目前为止,这一政策还停留在制度操作层面。因此,优化养老保险制度的"牛鼻子",在于尽快实现城镇职工基本养老保险全国统筹,最终实现整个制度体系定形、稳定、可持续发展(郑功成,2013;贾洪波、方倩,2015)。

基于地区间经济社会发展不平衡的现状,要想顺利实现基础养老金全国统筹,就必须适当地、稳妥地衔接地区之间的利益关系,确保高低发展地区都能认同的收入再分配水平(闫琳琳,2012;穆怀中、闫琳琳,2012)。而统筹层次收入再分配水平首先应该确保生存公平。生存公平是指人生存的基本权利,人作为社会成员应该享受基本生存条件,这是人类发展的基本目标。在保障生存公平的基础上,实现更高层次的劳动公平(闫琳琳,2012)。劳动公平是指多贡献多所得,使得劳动者的待遇享有量与劳动贡献相联系(闫琳琳,2012)。对于养老保险制度而言,统筹层次的提升要求进一步地保障生存公平、维护劳动公平(闫琳琳,2012)。因此,基础养老金全国统筹的保障水平要高于生存水平,再进一步体现劳动公平。

根据图3-3,养老保险基金统筹可以分为企业统筹、行业统筹、省级统筹、全国统筹四个维度(闫琳琳,2012;穆怀中、闫琳琳,2012)。在不同的统筹层次下,以货币薪金(包括固定薪金和短期浮动薪金)为基础的缴费基数,以薪金(包括固定薪金、短期浮动薪金和股权薪金)为基础的缴费基数分别对养老保险基金产生不同影响。统筹层次的改变,使得养老保险基金的收入水平随之改变。当养老金的收入水平发生改变后,经理人养老金的支出水平也会发生改变。

四、测算养老保险基金收入

养老保险基金分为养老保险基金收入水平和养老保险基金支出水平（马光荣，2018），本文仅研究养老保险基金收入水平。由于经济中存在着信息不对称等因素，因而养老保险基金收入并不总能达到最大水平，养老保险基金收入偏离正常基金收入的部分即基金收入缺口，基金缺口会对财政产生压力。缺口越大，需要财政补贴越多，处于不同层次的财政支出水平不一样，最终影响养老保险基金的支出水平。

2015年，党的十八届五中全会提出"实现职工基础养老金全国统筹，划转部分国有资本充实社保基金"，"十三五"《规划纲要》明确提出"实现职工基础养老金全国统筹"[①]；2016年的政府工作报告首次明确提出"制定划转部分国有资本充实社保基金办法"；[②]2017年11月9日国务院印发《划转部分国有资本充实社保基金实施方案》提出"随着经济社会发展和人口老龄化加剧，基本养老保险基金支付压力不断加大，为充分体现代际公平和国有企业发展成果全民共享，现决定划转部分国有资本充实社保基金"。这些政策的出台短期内可以缓解养老保险基金缺口，但是长期来说，需要企业、个人、政府三方共同努力，坐实养老保险缴费基数。上市公司作为层层遴选出来的"优质企业群体"，经理人作为高收入群体的重要代表，缴费基数对养老保险基金的增量贡献具有重要作用。

五、小结

本章建立了在不同统筹层次下，企业经理人缴费基数三种计算口径对养老保险基金收入影响的分析框架。将企业经理人缴费基数分解为以货币薪金（包括固定薪金和短期浮动薪金）为基础的模拟缴费基数1，以薪金（包括固定薪金、短期浮动薪金和股权薪金）为基础的模拟缴费基数2两个维度，分别与以"上年度在岗职工平均工资300%"的制度缴费基数进行比较。本文的框架搭建了企业经理人缴费基数计算口径与养老保险基金收入的分析框架，为后文研究企业经理人缴费基数三种计算口径对养老保险基金收入影响的作用机理奠定基础。

---

①夏杰长，徐金海. 基础养老金全国统筹：国际经验与我国之对策[J]. 中国发展观察，2016(16)：38-41.
②高彦，杨再贵，王斌. 养老保险缴费率、综合税率的调整路径和个人账户改革[J]. 贵州财经大学学报，2017(2)：10-20.

　　企业经理人缴费基数计算口径调整与养老保险基金收入测算的分析框架,是缴费基数主体经理人在不同统筹层次下,基于当前薪金结构多元化来调整缴费基数计算口径,影响养老保险基金收入水平。其中,根据统筹层次的不同,本文提出了四种方案,即企业统筹、行业统筹、省级统筹、国家统筹;根据薪金结构的差异,本文设置了薪金结构引致的三种缴费基数计算口径,以"上年度在岗职工平均工资300%"为基础的经理人制度缴费基数,以"经理人平均货币薪金"和以"经理人平均薪金(包括固定薪金、短期浮动薪金和股权薪金)"为基础的模拟缴费基数。通过验证四种统筹层次下,经理人缴费基数三种计算口径对养老保险基金收入的影响,进一步分析不同统筹层次下经理人缴费基数三种计算口径各自的增长率对养老保险基金收入的弹性,以期为当前养老保险缴费政策调整提供借鉴和参考。

　　本章主要对企业经理人缴费基数计算口径调整对养老保险基金收入影响的分析框架进行构建,但要进一步判别企业经理人缴费基数计算口径调整基于不同统筹层次下,对养老保险基金收入水平的影响,首先需要解决现行养老保险基金缴费基数测算政策中的疑点问题,如缴费基数的非货币化问题,缴费基数上下限的合理问题。本书将在下一章对上述问题进行实证测算,以期为进一步分析企业经理人缴费基数计算口径调整对养老保险基金收入影响奠定基础。

第四章 经理人缴费基数调整与养老保险基金收入的统计描述

　　城镇职工基本养老保险制度是国家一项重要的公共支出政策,目的是实现"老有所养"。学术界一直认为养老保险缴费(税)有利于提高低收入群体退休后的收入水平,进而缩小居民收入差距,即对低收入群体具有"累进"作用,对高收入群体具有"累退"作用。[1]但是,随着老龄化速度加快,老龄化社会加剧,人口自然增长率呈逐年下降并缓慢增长的趋势(张梦遥,2016),养老保险基金收支缺口较大。本章基于我国现行基本养老保险缴费测算政策,首先根据中国上市公司统计年报数据,测算企业经理人货币薪金的总体演变趋势,比较分析不同企业特征及企业所处的行业、区域下,经理人货币薪金基尼系数的变化趋势;其次,基于样本企业经理人薪金结构的改变,本文设置了由薪金结构引致的三种缴费基数方案,以"在岗职工上年度平均工资300%"为基础的经理人制度缴费基数,以"经理人平均货币薪金"为基数的模拟缴费基数1,以"经理人平均薪金(包括固定薪金、短期浮动薪金和股权薪金)"为基础的模拟缴费基数2;最后,通过测算经理人三种缴费基数方案下养老保险基金收入,试图揭示单纯以"在岗职工上年度平均工资300%"为基础的经理人制度缴费基数,以"经理人平均货币薪金"为基数的模拟缴费基数1存在的问题以及对企业养老保险统筹账户基金收入的影响,以期通过客观的分析结果为我国现行养老保险制度的改革和完善提供有益的借鉴。

---

[1]丛春霞,靳文惠. 基本养老保险缴费机制对基金长期收支平衡的影响研究[J]. 社会保障研究,2017(4):3-13.

第一节　数据来源与描述

一、数据来源

以往研究采用的数据一般是课题组的调研数据或各种统计年鉴公布的数据,而本文采用的是上市公司层面的大样本数据,样本数据主要来源于国泰君安中国股票市场研究数据库(CSMAR),中国证监会官方网站、官方公布的上市公司年报和相关公告。采用上市公司数据也主要源于上市公司相较于非上市公司是中国经济主体中的佼佼者,是改制最彻底,最能体现市场化力量的,同时也是其他类型企业的发展方向(刘彧彧、陈冠东,2008);更重要的是,上市公司信息披露规范、可以获得的信息量,尤其是上市公司高层管理人员的薪酬信息较大,具有其他类型企业所不可能提供的信息可比性,有助于增强研究结论的可信性。

二、样本概况

随着我国市场经济体制的不断完善和资本市场的迅速发展,我国上市公司的数量也呈现出持续快速增长的趋势。至2016年底,我国上市公司数已从2001年的1160家发展到2016年的3052家,2007—2016年我国上市公司数量见表4-1。

表4-1　中国上市公司数一览表(2007—2016年)

年份	上市公司A、B股(家)	上市公司A股(家)
2007	1550	1527
2008	1625	1602
2009	1718	1696
2010	2063	2041
2011	2342	2320
2012	2494	2472
2013	2489	2468
2014	2613	2592
2015	2827	2808
2016	3052	3030

数据来源:《中国统计年鉴》

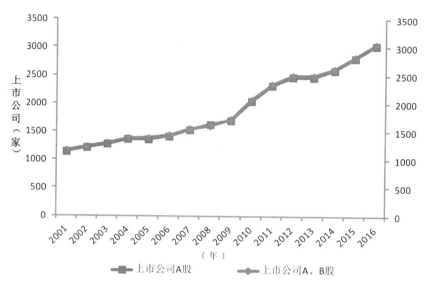

图4-1　中国上市公司2001—2016年数量变化趋势图

　　根据交易市场的不同,可以将上市公司分为A股、B股、H股等,由于B股、H股的上市公司财务报告是按国际财务会计准则编制的,而A股上市公司财务报告是按国内《企业会计准则》编制的,为避免会计准则处理上的差异以及不同市场环境的差异带来的影响,同时,中国证监会于2005年12月31日颁布并于2006年1月1日开始实施的《上市公司股权激励管理办法》后通过股权激励预案的上市公司,高管最早只能于2007年行权,因此本文选取2007—2016年在沪深两市交易的A股公司作为初选样本,考虑到数据可能出现的错误,在企业观测值的选择上,做了如下处理。①剔除同时发放A股、B股和H股的上市公司,保留仅发放A股的沪深两市上市公司;同时,考虑极端值对统计结果的不利影响,剔除生产经营出现了较大的非正常干扰因素的ST和ST*样本公司(张华荣等,2017)。②剔除员工人数、经理人总数(包括董事、监事、高管)、年度货币薪金总额、年度激励股权数量等数据披露不详或者没有披露的数据。③剔除每个上市公司员工人数小于经理人总数(包括董事、监事、高管)的数据。④对于货币薪金小于零或大于千万元的个别奇异值,将其排除在样本之外。由于商业网站或数据公司提供的数据中或多或少有些错误和遗漏,需要抽样与上市公司公布的年度报告进行核对和更正。

三、样本描述

为后续计算养老保险基金收入做准备,本文剔除了经理人零持股的样本数,保留同一年度既获取货币薪金又获取股权薪金的样本公司;最后共获取15341个样本,其中2007年样本数为835个,2008年样本数为904个,2009年样本数为1000个,2010年样本数为1257个,2011年样本数为1547个,2012年样本数为1768个,2013年样本数为1748个,2014年样本数为1841个,2015年样本数为2150个,2016年样本数为2291个。

第二节　经理人平均货币薪金缴费基数基尼系数的多维特征

企业经理人养老保险基金收入,本质是一个经理人薪金结构多元化引致的缴费基数差异的过程。薪金结构应是一个由现金、期权、限制性股票和其他激励工具组合而成的最优方案(翰威特,2008)。在我国高级管理者薪金结构的传统实证研究中,最常见的薪金结构主要包括基本薪金、绩效薪金、股权薪金,也有的学者认为在此基础上应该加入控制权薪酬(在职消费)(杨蓉,2011)。由于我国股权激励计划实施较晚,根据公开数据很难识别哪些股票是自购的,哪些股票是奖励的,持股比例低、零持股的现象较为普遍(李增泉,2000;魏刚,2000;曾义,2009;李金金,2012),甚至一度出现"零报酬"比例逐年递减,"零持股"比例有上升之势(谌新民,2003);同时,由于财务报表信息披露的不完整,控制权薪酬数据的获取可能存在一定的误差,因而会对研究结果造成一定影响(杨蓉,2011)。鉴于此,很多学者专注于从货币薪金的角度去研究企业内部高级管理人员与普通员工间、高层管理团队内部的薪金差距问题;鲜有学者研究企业间高级管理人员薪金分配差距问题。较多研究表明,不仅企业员工薪酬(工资收入)分配差距的扩大明显[1],企业之间高管薪酬差距也较大,并呈先急剧扩大后逐渐缩小的走势(方芳、李实,2015)。但分析集中在宏观层面,没有细化研究。鉴于此,本文借鉴现有文献(陈震,2006;卢

---

[1] Chen S, Ma H , Bu D. Board Affiliation and Pay Gap[J]. China Journal of Accounting Research,2014(7):81-100.

锐,2007;辛清泉等,2007;王克敏、王志超,2007;方军雄,2009)的做法,以我国上市公司为数据样本,侧重于考察不同企业特征及企业所处的行业、区域下,样本上市公司经理人货币薪金基尼系数的变化趋势。

一、经理人平均货币薪金缴费基数基尼系数变化趋势的企业特征

将企业规模、企业生命周期、所有制性质、要素密集度等分别作为一个考察维度,测算样本上市公司间经理人货币薪金缴费基尼系数,会发现在不同维度下,样本上市公司间经理人货币薪金缴费基尼系数呈现出不同变化规律。[①]

(一)规模差异

理论界对企业规模的衡量指标可以是定性指标,如企业自主经营程度、所有权集中程度、管理方式及在本产业所处地位(石建中,2014),也可以是定量指标,如职工人数(陈凌、李宏彬、熊艳艳、周黎安,2010;Abel-Kocl,2013),企业总资产(Hamberg,1964;谌新民、刘善敏,2003;江若尘,2006;程华等,2008;葛伟、高明华,2013),投资额(张会清、王剑,2011),产品产量、产值、利润总额(张福明、孟宪忠,2010),销售收入(Shrieves,1978;魏成龙,1998;Jefferson 等,2004;史修松、刘军,2014),主营业务收入(叶林,2014),企业增加值占产业增加值的比重(Philips,1966)等。定性指标虽在一定程度上反映了企业经营的主体特征,但它缺乏直观性,不便于统计;定量指标易于比较和统计的特性,使其在理论和实证研究中被广泛使用。学者们最常用到的定量指标是企业总资产、销售收入、全职职工人数[②],三个指标各有其优势和局限性(Scherer,1965;Hart,Oulton,1996),本文选择企业总资产作为企业规模的主要衡量指标。

样本上市公司数据显示(如图4-2),①50亿元以上的上市公司间经理人货币薪金缴费基尼系数在整个10年间都高于其他三类上市公司。

---

①张华荣,李波,周芳丽. 中国上市公司经理人人均薪金基尼系数测度[J]. 财经问题研究,2017(12):45-52.

② 2003年5月,国家统计局制定了《统计上大中小型企业划分办法(暂行)》,以三个指标作为企业规模的具体划分标志,即企业的"从业人员数""销售额"和"资产总额"。汤肖. 我国制造业上市企业规模与多元化程度关系研究[J]. 湖北社会科学,2010(12):59-61.

②2007—2009年,10亿~20亿元(不包括20亿元)和20亿~50亿元(不包括50亿元)上市公司间经理人货币薪金缴费基尼系数大致相等,且都高于10亿元以下(不包括10亿元)的;2013—2016年,10亿元以下(不包括10亿元)和10亿~20亿元(不包括20亿元)上市公司间经理人货币薪金缴费基尼系数大致相等,且都低于20亿~50亿元(不包括50亿元)上市公司的;2009—2012年,三种上市公司间经理人货币薪金缴费基尼系数大致相等,都处于递减趋势,特别是在2011年,降到年度区间的最低点,但50亿元以上上市公司处于最高点。③2007—2011年,50亿元以上上市公司间经理人货币薪金缴费基尼系数处于(0.4,0.5)高于其他三类上市公司(0.3,0.4);2012—2016年,四种上市公司间经理人货币薪金缴费基尼系数都呈现平稳递减趋势,其中50亿元以上上市公司下降到(0.3,0.4),10亿元以下(不包括10亿元)和10亿~20亿元(不包括20亿元)上市公司下降到(0.2,0.3)。

图4-2中,规模较大的上市公司采用适度的经理人薪金差距策略,分享由于企业规模扩大所需要的稀缺经理人管理能力所产生的租金,使得规模较大的上市公司间经理人人均货币薪金呈现出相对较大的基尼系数(张华荣,2017)。

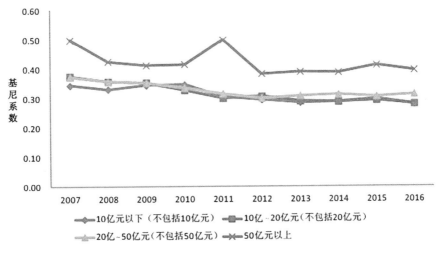

图4-2 规模差异:样本上市公司间经理人货币薪金缴费基尼系数的变化趋势图
(2007—2016年)

资料来源:笔者利用2007—2016年上市公司数据计算并绘制。

(二)生命周期差异

企业发展过程呈现生命周期特征已经得到重要文献的确证(Miller,1984;Ang,2000),但从现有文献来看,企业生命周期的度量目前还没有统一的公认方法。如使用企业销售收入增长率(赵蒲、孙爱英,2005;颜爱民、马箭,2013)、营业额(王凤荣、高飞,2012)等产业经济学产业增长率分类法来界定企业所处的生命周期阶段,采用留存收益比度量企业生命周期(DeAngelo and Stulz,2006;Denis and Osobov,2008;宋福铁、屈文洲,2010),采用销售收入增长、股利支付、资本支出及企业年龄(Anthony and Ramesh,1992;Hribar and Yehuda,2007),资本支出、销售增长率、市账比及企业研发支出(Bens,2002),股利支付率、营业收入增长率、R&D强度、资本投资率及公司成立年数(梁莱歆、金杨、赵娜,2010),主营业务收入增长率、留存收益率、资本支出率及企业年龄(李云鹤、李湛,2012),等变量的综合打分来划分企业生命周期阶段。也有一些学者采用现金流组合法划分企业生命周期(陈旭东,2007;曹裕、陈晓红、王傅强,2010;Dickinson,2011;陈沉、李哲、王磊,2016)。现金流组合的生命周期代理变量,能够合理区分中国上市公司所处的不同发展阶段,具有简洁、实用、适合于大样本研究的特点(陈旭东,2007;陈旭东、王运陈、黄登仕,2011),因此,笔者借鉴陈沉、李哲、王磊(2016)现金流符号组合类型划分法,将上市公司所处的生命周期阶段划分为成长期(GROWTH)、成熟期(MANURITY)、衰退期(RECESSION)[1]3个阶段。[2]

样本上市公司数据显示(如图4-3):①除2013年外,成长期上市公司间经理人货币薪金缴费基尼系数大于成熟期和衰退期上市公司;除2011年和2014年外,成长期的上市公司间经理人人均货币薪金基尼系数大于衰退期上市公司。②当企业处于成长期时,上市公司间经理人货币薪金缴费基尼系数等于或者超过0.4(四舍五入)收入分配差距的"警戒线",说明经理人人均货币薪金差距较大;但是随着时间推移,成长期的上市公

---

[1] 陈沉、李哲、王磊(2016)认为衰退期包含5种经营活动、投资活动和融资活动现金流组合,符号组合分别为"+,+,+""+,+,-""-,-,-""-,+,+""-,+,-"。陈沉,李哲,王磊. 管理层控制权、企业生命周期与真实盈余管理[J]. 管理科学,2016,29(4):29-44.

[2] "按照我国目前证券市场的现状,处于初创期的企业不可能在A股主板上市,因此不存在初创期的上市企业。"陈秀平. 不同生命周期的资本结构的Panel Data模型分析[J]. 科学技术与工程,2011,11(34):8552-8556.

司间经理人货币薪金缴费基尼系数也在逐渐缩小（张华荣,2017）。当企业处于成熟期时,上市公司间经理人货币薪金缴费基尼系数接近或者达到0.4(四舍五入)收入分配差距的"警戒线",说明经理人货币薪金缴费差距由相对合理到逐渐拉大;当企业进入衰退期时,上市公司间经理人货币薪金缴费基尼系数处于(0.3,04)相对合理区间(张华荣,2017)。③随着企业进入成长期、成熟期、衰退期,上市公司间经理人货币薪金缴费基尼系数呈现出由大到小的变化趋势(张华荣,2017)。

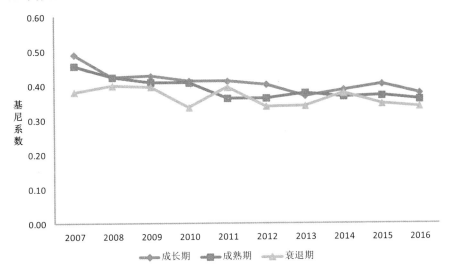

图4-3 生命周期差异:样本上市公司间经理人货币薪金缴费基尼系数的变化趋势图
（2007—2016年）

资料来源:笔者利用2007—2016年上市公司数据计算并测绘。

一种可能的解释是:根据锦标赛理论,处于成长期的上市公司投资机会多,利润增长率较大,销售收入增加较多,企业会吸引更多优秀人才管理企业,更加重视经理人的个人素质和能力,故会采取较大的经理人薪金差距策略,企业间的经理人货币薪金缴费基尼系数较大(张华荣,2017)。相对而言,成熟期的上市公司市场知名度已经建立,经营步入正轨,积累了大量资金,营运环境与市场占有率都趋于稳定,同时拥有充沛的人才资源和完善的发展机制,这时的企业更强调经理人之间协调合作来维持企业的日常运作,因而会采用相对较小的经理人薪金差距策略,企业间的经理人货币薪金缴费基尼系数相对合理(张华荣,2017)。进入衰退期的上市公司经营业绩下滑,同时组织文化僵化、因循守旧,通常延续了成熟期的薪酬结构策略,故而企业间的经理人货币薪金缴费基尼系数较小(张华荣,2017)。

(三)所有制差异

在我国市场上,不同所有制类型的企业在获得政府各项优惠政策、获取关键要素资源以及面临市场进入壁垒方面存在显著差异(张杰、刘元春、郑文平,2013),这很有可能会影响到不同所有制类型企业间经理人年度货币薪金差异。有的学者认为按照企业注册资本比重[①]划分所有制性质的方法比单纯根据企业登记注册性质划分所有制更为可靠准确(Guariglia 等,2011)。有的学者参照《股份有限公司国有股股东行使股权行为规范意见》按所有制性质将上市公司划分为国有绝对控股公司、国有强相对控股公司、国有弱相对控股公司、国有参股公司、无国有股份公司等五种类型(高明华、赵峰、杜雯翠,2011);更多的学者则集中于按照企业的实际控制人性质[②]对上市企业所有制性质进行分类,即中央企业、国有企业、民营企业、混合所有制企业。鉴于数据的可得性和上市公司这个特殊企业群体特点,本文借鉴了大多数学者对上市公司所有制性质的划分标准,将我国上市公司划分为国有和非国有两类。

样本上市公司数据显示(如图4-4):①2007—2009年和2013年—2015年的非国有上市公司间的经理人货币薪金缴费基尼系数大于国有上市公司,而2009—2013年和2016年则正好相反。②国有上市公司和非

---

① 按照企业注册投资资本所占比重(≥50%)来区分国有、集体、独立法人、私有、港澳台和非港澳台外资这6种所有制性质。潘乃涛,张倩.不同所有制企业劳动生产率对比研究[J].经济研究导刊,2014(11):21-22.刘静娟.基于税务成本视角的房地产企业收购方式选择研究[D].邯郸:河北工程大学,2018.

② 实际控制人是指虽不是公司的股东,但通过投资关系、协议或者其他安排,能够实际支配公司行为的人。陈兆彬.论控股股东的诚信义务[J].湘潭师范学院学报(社会科学版),2007(3):45-48.王瑞.试论背信损害上市公司利益罪[D].上海:上海社会科学院,2008.马章民.背信损害上市公司利益罪研究[J].学理论,2010(13):118-119.李华.清算义务人的连带清偿责任[D].重庆:西南政法大学,2013.潘乃涛,张倩.不同所有制企业劳动生产率对比研究[J].经济研究导刊,2014(11):21-22.奚智成.中国P2P网络借贷平台的法律监管问题研究[D].上海:华东政法大学,2017.刘静娟.基于税务成本视角的房地产企业收购方式选择研究[D].邯郸:河北工程大学,2018.

国有上市公司大致呈现逐年递减的变化趋势,但国有上市公司波动幅度较大,非国有上市公司相对比较平滑。③非国有上市公司间的经理人货币薪金缴费基尼系数处于(0.4,0.5)(四舍五入)区间,国有上市公司处于(0.3,0.4)(四舍五入)相对合理区间。

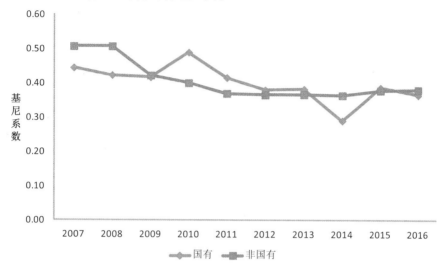

图4-4 所有制差异:样本上市公司间经理人货币薪金缴费基尼系数的变化趋势图(2007—2016年)

资料来源:笔者利用2007—2016年上市公司数据计算并测绘。

究其原因可能在于,国有控股上市公司的经理人更换通常由政府或国有股东任免,摆脱不了政府决定薪金的影响,薪金决定机制通常带有平均主义的倾向,是国有控股上市公司间经理人货币薪金缴费基尼系数相对合理的重要因素;非国有控股上市公司经理人人员更换及其薪金制定是由董事会或股东大会决定,主要依据劳动力市场工资指导线确定,能够较准确地反映人力资本的市场价格,因而会采取较大的经理人薪金差距策略,导致上市公司间的经理人货币薪金缴费基尼系数较大(张华荣,2017)。

(四)要素密集度差异

王凤荣和李靖(2005)、李善民和叶会(2007)按要素密集度对行业进行分类,不过此分类依据是基于经验观察,缺乏严格的分类依据。本文基于中国证监会《上市公司行业分类指引(2001年修订)》的行业分类标准,参照鲁桐和党印(2014)行业聚类分析方法,按行业要素密集度[1](韩燕、钱春海,2008)将中国上市公司大致划分为劳动密集型企业、资本密集型企业以及技术密集型企业等三类。

样本上市公司数据显示(如图4-5):①三种密集型上市公司间经理人货币薪金缴费基尼系数曲线大致呈现逐年递减的变化趋势,但资本密集型上市公司普遍高于劳动和基数密集型企业。②技术和劳动密集型企业呈现相反的变化趋势。如2007—2008年和2014—2016年,劳动密集型上市公司出现下滑趋势,而技术密集型上市公司在这两个时间段是上升的。同时,2009—2010年和2012—2014年,这两种上市公司的基尼系数曲线出现重合。③资本密集型上市公司间经理人货币薪金缴费基尼系数处于(0.4,0.6)(四舍五入)区间,技术和劳动密集型上市公司处于(0.3,0.4)(四舍五入)相对合理区间。

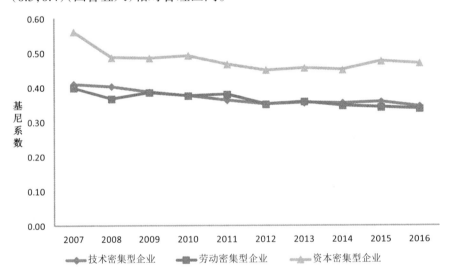

图4-5　要素密集度差异:样本上市公司间经理人货币薪金缴费基尼系数的
变化趋势图(2007—2016年)

资料来源:笔者利用2007—2016年上市公司数据计算并测绘。

---

[1] 要素密集度行业分类方法又称资源集约度行业分类方法,即根据不同的行业在生产过程中对资源依赖程度的差异对行业进行划分。本文依据《上市公司行业分类指引》(2001年修订)的行业分类标准,将所有上市公司大致划分为劳动密集型企业、资本密集型企业以及技术密集型企业三类。

二、经理人平均货币薪金缴费基数基尼系数变化趋势的行业差异

《国民经济行业分类》是我国的基准活动分类。1984,年国家统计局首次发布实施了国民经济行业分类的国家标准。其后,随着国民经济的快速发展、经济产业转型,我国的产业结构发生了较大的调整,相应地,我国的行业划分标准也经历了三次较大的具体修订及比较。

目前,国内外以行业特征为控制变量,研究行业间某个群体的收入差距及变化趋势的文献均集中于行业门类层面,一方面是受到客观数据可得性限制,另一方面也在于过于细分的数据通常会弱化收入的行业特征[1],并不适合于研究目的的需要。[2]只有极少数文献采用(或兼用)了行业大类层次的数据(史先诚,2007;管晓明、李云娥,2007;潘胜文,2008)。但即使采用了行业大类层次数据的文献,也均只测算了个别年份的结果,没有进行时间趋势的分析。鉴于此,本文根据中国证监会颁布的《上市公司行业分类指引(2012年修订)》将所有的上市公司分为19个行业门类,考虑到各行业上市公司数量问题,不再细分为行业大类,并以行业门类为基础展开连续时间序列的测算。

样本上市公司数据显示:①上市公司间经理人货币薪金缴费基尼系数最高的是金融业0.6(2007),最低是科学和技术服务业0.1(2008);大部分行业集中于(0.3,0.4)。②就单个行业而言,房地产业在整个10年中有8年的上市公司间经理人货币薪金缴费基尼系数为0.5,其次是金融业和采矿业(2年);住宿和餐饮业在7年中基尼系数为0.2,其次是教育业(5年)。③就所有行业的上市公司间经理人货币薪金缴费基尼系数在连续不同年份比较,1年中出现基尼系数为0.5的省份最多的是2009年的采矿业、金融业、房地产业、文体和娱乐业等,其次是2008年的金融业、房地产业、卫生和社会工作等。

---

① 用过于细分的数据来测算行业收入基尼系数,其结果会非常趋近于居民整体收入基尼系数;任何一个行业的收入变化对于总体行业收入基尼系数边际作用的影响微乎其微,即使是多个行业的收入出现同时增加和同时减少的情况,影响亦相对较小,也就是说,细分数据测度的行业收入基尼系数变化将相对更为迟钝。武鹏. 中国行业收入差距研究述评[J]. 上海经济研究,2010(8):60-70+121.
② 武鹏,周云波. 行业收入差距细分与演进轨迹:1990—2008[J]. 改革,2011(1):52-59.

　　行业上市公司间经理人货币薪金缴费差距的扩大,既有市场因素,也有非市场因素(张华荣,2017)。房地产和金融业是资本密集型产业,且资产专用性较高,资产与经理人在一定程度上形成"路径依赖"的程度更高,为了维持资产和经理人"路径契合"的稳定状态,企业将支付更高的经理人货币薪金,以期与经理人建立起稳固的关系(张华荣,2017);同时,房地产业内部大多数企业规模比较大,进入门槛较高,经理人面临的管理越复杂,而出于对经理人努力的补偿和管理能力租金的分担,行业内部的不同房地产企业实行较大的经理人薪金差距策略,导致房地产业经理人货币薪金缴费基尼系数较高(张华荣,2017)。但是,也有一些非市场因素,如行业企业产权单一、具有一定垄断特性(张华荣,2017)。垄断性行业经理人获取高收入,并不都是因为他们付出了多大的努力,或者对社会贡献有多大,其中很大一部分原因得益于行政垄断(如进入限制或价格控制)的结果、不尽合理的行业政策以及行业不正之风("收入分配研究"课题组、姜玮,2010;张华荣,2017)。如房地产业带有垄断性质的产品价格连年攀升并远超普通民众的购买力时("收入分配研究"课题组、姜玮,2010),政府规制改革迟缓,行业管理上出现"越位"和"缺位"并存的现象(刘立云,2011),使得房地产业轻松获取暴利,行业内部不同企业间经理人薪金差距较大,经理人货币薪金缴费基尼系数较高。我们认为按贡献分配真正实现的前提是存在充分竞争且比较规范有序的市场,让努力工作程度高、工作目标实现多的经理人获取高额薪金,而不是单纯依据行业的高垄断性(张华荣,2017)。

　　住宿和餐饮业等行业,其产品'服务'市场竞争激烈,经理人所面对的经营风险和失去职位的风险相对较高,这迫使经理人克制代理行为,勤勉工作,不断提高经营效率,改善企业业绩,而随着企业绩效的改善和代理行为的减少,薪金契约的激励作用和重要性相应下降,从利益最大化的角度来看,股东支付经理人薪金的意愿偏弱,支付给经理人的薪金相应减少,即产品市场竞争对经理人薪金契约具有替代效应;同时,在信息不对称及契约不完全的情况下,股东难以将经理人对企业盈利的贡献分离出来,同一行业内部的经理人货币薪金分配较平均,其货币薪金缴费基尼系数较小(张华荣,2017)。

劳动资本投入、所有制垄断程度、经营绩效等因素也都显著地影响着行业内部上市公司间经理人的薪金回报,如卫生和社会工作行业资本密度较低,所有制垄断程度较高;科学研究和技术服务业行业资本密度较高,所有制垄断程度较高(张华荣,2017);而所有制垄断程度与行业收入水平之间存在着倒 U 曲线关系,由此导致这两个行业间经理人货币薪金分配较平均,其货币薪金缴费基尼系数较小(张华荣,2017)。根据锦标赛理论,适度的经理人薪金差距策略能够激励经理人努力工作,实现公司的目标(张华荣,2017)。科学研究和技术服务业作为国家创新政策的重要驱动力,卫生和社会工作行业作为公共福利的重要组成部分,均关系着国计民生,需要实行适度的经理人薪金差距策略,激励经理人薪金中生产性"活劳动"投入贡献(张华荣,2017)。

三、经理人平均货币薪金缴费基数基尼系数变化趋势的区域差异

地区差距一直是制约养老保险统筹层次提高的主要原因,Li 和 Wu(2012)发现地区的竞争性会影响企业缴纳养老保险的水平。根据中国区域经济与社会发展状况,中国统计局将全国划分为 23 个省、4 个直辖市、5 个自治区、2 个特别行政区和台湾省。由于本文的数据样本是我国所有 A 股上市公司,不涵盖 2 个特别行政区和台湾省,并在此基础上测度基于区域差异的企业间经理人货币薪金缴费基尼系数变动趋势。

样本上市公司数据显示。①上市公司间经理人货币薪金缴费基尼系数最高的是河北 0.6(2011),最低的是贵州 0.2(2007)、宁夏(2011、2014、2015)、青海(2013、2016)、陕西(2009)、西藏(2007、2008、2010);大部分地区的基尼系数集中于(0.3,0.4)。②就单个地区而言,广西在整个 10 年中有 4 年上市公司间经理人人均货币薪金基尼系数为 0.5,其次是广东、河北、吉林等(2 年);宁夏、西藏在 3 年中的基尼系数为 0.2。③就所有地区的上市公司间经理人货币薪金缴费基尼系数在连续不同年份比较,1年中出现基尼系数为 0.5 的省份最多的是 2007 年的北京、福建、广东、广西、河南等,其次是 2007 年的广西、海南、河北、湖北等,2009 年的广东、广西、吉林、重庆等,2010 年的福建、广东、广西、吉林;而 2014 年所有地区的

基尼系数基本都在(0.3,0.4)。总之,中国东部①和西部地区内部上市公司间经理人货币薪金差异很大。

究其原因,可能在于中国东部地区自然环境、经济基础较好,城市化进程较快,享受较多的国家政策优惠,中西部地区则缺乏这些优势。②特别是沿海地区的天然地理位置和对外开放程度导致地区内部企业高管薪酬差距较大。如沿海地区由于天然地理位置,受益于对外开放的国家政策,经济发达,人们的思想观念比较开放,受传统平均主义的影响小,对扩大薪酬差距的承受能力要优于内陆地区,再加上企业市场化程度高,薪酬制定受到的行政参与少于内陆地区,因此,处于沿海地区的企业高管薪酬差距要大于非沿海地域(孙烨、高倩,2010)。东北老工业基地,上市公司大多是钢铁、化工、机械、电力、石油等传统产业,国有经济比例比较大,收入分配难以摆脱平均主义影响;同时,东北地区不具有完善的经理人市场,高管薪酬社会化和市场化进程较慢,导致东北地区内部高管平均薪金差距要大于东中西部地区。

四、经理人平均货币薪金缴费基数基尼系数的总体演变趋势

根据证监会2001年修订的《证券公司年度报告内容与格式准则》,上市公司披露的经理人(现任董事、监事和高级管理人员)年度货币薪金总额包括基本工资、各项奖金、福利、补贴、住房津贴及其他津贴等(张华荣,2017)。因此,本文以经理人的年度货币薪金作为研究对象,借助中国上市公司统计年报及CSMAR数据库,描述企业间经理人货币薪金缴费基尼系数的总体演变趋势,如图4-6所示。

图4-6描述了2007—2016年上市公司间经理人货币薪金缴费基尼系数的变化情况。经理人平均货币薪金差距在2008年和2010—2014年期间都呈急剧缩小趋势,而在2007年和2009年出现了差距急剧扩大,2015—2016年又呈现缓慢上升的趋势。其中的基尼系数从2007年的

---

① 东部10省(市)包括北京、天津、河北、上海、江苏、浙江、福建、山东、广东和海南;中部6省,包括山西、安徽、江西、河南、湖北和湖南;西部12省(区、市)包括内蒙古、广西、重庆、四川、贵州、云南、西藏、陕西、甘肃、青海、宁夏和新疆;东北3省包括辽宁、吉林和黑龙江。刘聪. 中国农业化肥面源污染的成因及负外部性研究[D]. 浙江大学,2018.
② 孙敬水,于思源. 行业收入差距影响因素及其贡献率研究:基于全国19个行业4085份问卷调查数据分析[J]. 山西财经大学学报,2014,36(2):16-26.

0.47下降到2008年的0.43,而2009年上升到0.47;从2010年的0.43下降到2014年的0.39,而2015年回升到0.40,后又下降到2016年的0.39。

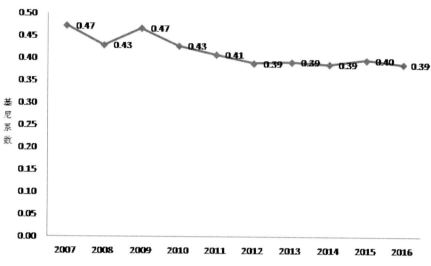

图4-6 样本上市公司间经理人货币薪金缴费基尼系数总体变化趋势图
（2007—2016年）

资料来源:笔者利用2007—2016年上市公司数据计算并测绘。

第三节 养老保险基金收入情况

养老保险基金收入受多种因素制约。杨胜刚和朱琦(2011)利用VAR模型实证分析得出社会养老保险基金收入增长率与老少比和居民可支配收入增长率存在着长期关系;陈曦(2017)定量分析了降低养老保险缴费率可以提高覆盖率、遵缴率和工资增长率,进而提高短期基金收入;丛春霞、靳文惠(2017)基于CHIP项目测算得出,高收入群体缴费基数"最低为社会平均工资60%和最高为社会平均工资300%"的设定间接引致基本养老保险基金收入减少,高收入群体规模扩大及工资增长率提高进一步增强养老保险基金收入的减少程度,对基金总量产生负向溢出效应。宋晓梧(2018)指出"社会保障基金是由缴费率和缴费基数相乘得出的,所以不仅要比较法定缴费率,还要研究缴费基数。跟国外相比,我们的缴费基数低得多,这就导致我们社保基金实际收入较低"。①同时,根据企业社保代理公司"51社保"的调查数据显示,2016年有74.89%的企业未按照职工实际工资核定,其中36.06%的企业统一按最低基数缴费,只有25.1%的企业按全部工资缴费,这一比例比2015年下降13.2个百分点(宋晓梧,2017;2018)。综上所述,制约养老保险基金收入提高的两个主要因素是缴费率的增加或减少和缴费基数的结构变化。根据第二章第二小节的假定,本文在以20%的养老保险缴费率作为年度缴费率的前提下,具体分析缴费基数对养老保险基金收入的整体贡献所具有的现实意义。

一、"上年度职工平均工资300%"缴费基数与养老基金收入测算

《职工基本养老保险个人账户管理暂行办法》(劳办发〔1997〕116号)文件规定了城镇职工基本养老保险缴费基数是以"社会平均工资"为基础的,规定了缴费基数的"上下限",下限即为当地在岗职工平均工资的60%,上限即为当地在岗职工平均工资的300%(吴连霞,2012;黄少滨、杨艳歌、吕天阳,2013;肖严华,2016;丛春霞、靳文惠,2017;张向达、方群,2017)。本文基于企业职工养老保险统筹账户基金收入模型和现行缴费基数测算政策,测算出了2008—2016年以"上年度在岗职工平均工资300%"作为制度缴费基数的养老保险基金收入。

表4-2和图4-7描绘了世界性金融危机以来,以"上年度在岗职工平均工资300%"作为制度缴费基数的养老保险基金收入变化趋势。由图4-7看出,2008—2016年以"上年度在岗职工平均工资300%"作为制度缴费基数的养老保险基金收入呈现出年平均84.48%的递增趋势,且"上年度在岗职工平均工资300%"制度缴费基数与其养老保险基金收入呈现出大致相同的变化趋势。但是,2008—2015年养老保险基金收入明显低于"上年度在岗职工平均工资300%"制度缴费基数,且在2015年重合,2016年又开始高于"上年度在岗职工平均工资300%"制度缴费基数。

---

① 2018年8月20日,宋晓梧出席由中国发展研究基金会主办的博智宏观论坛第三十一次月度例会,并做主题演讲"完善社保制度与提升消费水平"。宋晓梧.完善社保制度与提升消费水平[N].21世纪经济报道,2018-09-06.

表4-2 以"上年度在岗职工平均工资300%"为缴费基数的养老保险基金收入
（单位：千万元）

年份	在岗职工平均工资300%缴费基数	经理人人数	养老保险基金收入
2007		16649	
2008	0.020	17894	73.191
2009	0.024	19676	93.436
2010	0.024	24404	116.975
2011	0.027	29810	158.562
2012	0.030	33979	203.508
2013	0.033	33462	218.992
2014	0.033	34798	230.762
2015	0.038	39954	306.815
2016	0.038	42144	320.693

资料来源：根据2007—2016年中国上市公司数据计算而得。

注：表4-2中养老保险基金收入表示以"上年度在岗职工平均工资300%"为缴费基数的养老保险基金收入。

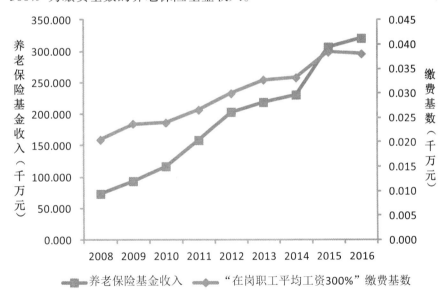

图4-7 以"上年度在岗职工平均工资300%"为缴费基数的养老保险
基金收入变化趋势图

二、"经理人平均货币薪金"缴费基数与养老保险基金收入测算

由于我国股权激励计划实施较晚,持股比例低、零持股的现象较为普遍(李增泉,2000;魏刚,2000;曾义,2009;李金金,2012)),同时,由于财务报表信息披露不完整,目前上市公司经理人薪金的披露仅包括货币报酬和持股数,对于基本薪金和奖金则没有加以细化披露。本文基于企业职工养老保险统筹账户基金收入模型和现行缴费基数测算政策,在不考虑经理人货币薪金增长率较高的条件下,测算出了2007—2016年以"经理人平均货币薪金"作为模拟缴费基数的养老保险基金收入。

表4-3和图4-8描绘了世界性金融危机以来,以"经理人平均货币薪金"作为模拟缴费基数的养老保险基金收入变化趋势。由图4-8看出,2008—2016年以"经理人平均货币薪金"作为模拟缴费基数的养老保险基金收入呈现出年平均18.32%的递增趋势,且"经理人平均货币薪金"模拟缴费基数与其养老保险基金收入呈现出大致相同的变化趋势,其中"经理人平均货币薪金"模拟缴费基数更平滑。但是2008—2016年,养老保险基金收入明显低于"上年度在岗职工平均工资300%"制度缴费基数,且在2016年重合。

表4-3　以"经理人平均货币薪金"为缴费基数的养老保险基金收入(单位:千万元)

年份	平均货币薪金缴费基数	经理人人数	养老保险基金收入
2007	0.016	16649	53.001
2008	0.017	17894	60.663
2009	0.019	19676	74.817
2010	0.021	24404	101.327
2011	0.023	29810	135.898
2012	0.025	33979	167.807
2013	0.027	33462	179.428
2014	0.029	34798	200.085
2015	0.031	39954	246.594
2016	0.033	42144	275.689

资料来源:根据2007—2016年中国上市公司数据计算而得。

注:表4-3中养老保险基金收入表示以"经理人平均货币薪金"为缴费基数的养老保险基金收入。

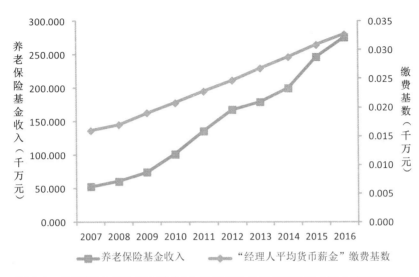

图4-8　以"经理人平均货币薪金"为缴费基数的养老保险基金收入变化趋势图

三、"经理人平均薪金"缴费基数与养老保险基金收入测算

人力资本是财富创造和经济发展中的重要因素（Becker，1962；Becker and Murphy，1992），特别是具有高水平经营管理才能的经理人是企业最重要的价值创造者之一。代理理论认为，薪酬制度的实施需要解决"减少道德风险和提供有效激励"的问题（Jensen and Meckling，1976；雷霆、周嘉南，2014）。股票和股票期权作为经理人的长期激励薪酬方式，可以促进经理人与股东利益共享，风险共担，从而缓解委托代理问题（Jensen and Mekling，1976）。2005 年 12 月 31 日,《上市公司股权激励管理办法（试行）》颁布，试图改善我国企业长期以来对经理人激励不足的状况（雷霆、周嘉南，2014）；而 2012 年 8 月 4 日证监会发布的《上市公司员工持股计划管理暂行办法（征求意见稿）》则是对股权激励计划的肯定以及对上市公司员工持有本公司股票的提倡和鼓励（雷霆、周嘉南，2014；雷霆，2016）。股权激励制度的推行，创造了一种长期激励机制，实质上是经理人投入生产性"活劳动"长期绩效的报偿[①]，使得经理人薪酬由单一货

①由于笔者参与完成了中南财经政法大学李波教授的国家社会科学基金项目：企业预算劳动报酬的指导性依据（编号：11BGL032），所以转引了《企业预算劳动报酬的指导性依据：研究报告》中的部分观点，在此表示感谢。

币薪金逐步向包括股权薪金等内容多元的薪酬结构发展。根据上市公司统计年报数据,经理人股权薪金一般以持股数量表示,但可以根据当年期末收盘价进行折算。本文基于企业职工养老保险统筹账户基金收入模型和现行缴费基数测算政策,在不考虑经理人薪金增长率较高的条件下,测算出了2007—2016年以"经理人平均薪金"作为模拟缴费基数的养老保险基金收入。

表4-4和图4-9描绘了世界性金融危机以来,以"经理人平均薪金"作为模拟缴费基数的养老保险基金收入变化趋势。由图4-9看出,2008—2016年以"经理人平均薪金"作为模拟缴费基数的养老保险基金收入呈现出年平均34.41%的递增趋势,且"经理人平均薪金"模拟缴费基数与其养老保险基金收入呈现出大致相同的变化趋势。但是2008—2014年,养老保险基金收入明显低于"经理人平均薪金"模拟缴费基数,且在2014年重合后,2015—2016年又明显高于"经理人平均薪金"模拟缴费基数。

表4-4　以"经理人平均薪金"为缴费基数的养老保险基金收入(单位:千万元)

年份	平均薪金缴费基数	经理人人数	养老保险基金收入
2007	0.042	16649	138.363
2008	0.029	17894	104.520
2009	0.052	19676	204.822
2010	0.089	24404	434.245
2011	0.074	29810	438.781
2012	0.073	33979	495.879
2013	0.096	33462	641.544
2014	0.118	34798	820.066
2015	0.202	39954	1612.480
2016	0.178	42144	1496.803

资料来源:根据2007—2016年中国上市公司数据计算而得。

注:表4-4中养老保险基金收入表示以"经理人平均薪金"为缴费基数的养老保险基金收入。

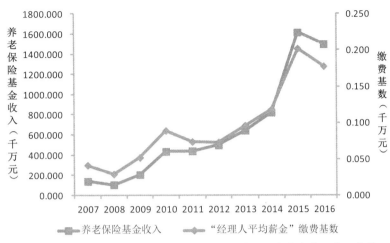

图4-9　以"经理人平均薪金"为缴费基数的养老保险基金收入变化趋势

四、缴费基数三种计算口径与养老保险基金收入测算比较分析

前面测算出了2008—2016年以"上年度在岗职工平均工资300%"作为制度缴费基数和以"经理人平均货币薪金""经理人平均薪金"作为模拟缴费基数缴费的养老保险基金收入。

由表4-5和图4-10可知,2008—2016年,养老保险基金收入1和养老保险基金收入2的变化曲线基本处于重合状态,其中,养老保险基金收入1的年度趋势线要略高于养老保险基金收入2的年度趋势线,说明以"经理人平均货币薪金"为模拟缴费基数的养老保险基金收入要略高于以"上年度在岗职工平均工资300%"为缴费基数的养老保险基金收入。

但是,养老保险基金收入3的年度趋势线明显高于养老保险基金收入1的年度趋势线。众所周知,在企业经营实践中,工资、奖金等货币薪金是企业普通员工收入的主要来源;但对于企业高级管理人员,除货币薪金外,通常还存在大量的非货币薪金,特别是通过实施股权激励制度产生的股权薪金是经理人获取非货币薪金的重要渠道之一。[1]我国从2006年开始实施《上市公司股权激励管理办法》之后,真正意义上的股权激励模式也得以广泛采用;时至今日股权激励制度的效果已经日渐显

---

①龚永洪,何凡.高管层权力、股权薪酬差距与企业绩效研究:基于《上市公司股权激励管理办法》实施后的面板数据[J].南京农业大学学报(社会科学版),2013,13(1):113-120.

现,其在薪酬差距的形成中扮演了越来越重要的角色。①社会保障缴费基数没有真正体现"劳动公平"的原则,企业缴费基数远远低于实际的工资总额(苏中兴,2016)。表4-5和图4-10也证明了这一点。

表4-5　经理人缴费基数三种计算口径下的养老保险基金收入(单位:千万元)

年份	养老保险基金收入1 以"上年度在岗职工平均工资300%"	养老保险基金收入2 以"经理人平均货币薪金"	养老保险基金收入3 以"经理人平均薪金"
2007		53.001	138.363
2008	73.191	60.663	104.520
2009	93.436	74.817	204.822
2010	116.975	101.327	434.245
2011	158.562	135.898	438.781
2012	203.508	167.807	495.879
2013	218.992	179.428	641.544
2014	230.762	200.085	820.066
2015	306.815	246.594	1612.480
2016	320.693	275.689	1496.803

资料来源:根据2007—2016年中国上市公司数据计算而得。

注:表4-5中养老保险基金收入1表示以"上年度在岗职工平均工资300%"为缴费基数的养老保险基金收入,养老保险基金收入2表示以"经理人平均货币薪金"为缴费基数的养老保险基金收入,养老保险基金收入3表示以"经理人平均薪金"为缴费基数的养老保险基金收入。

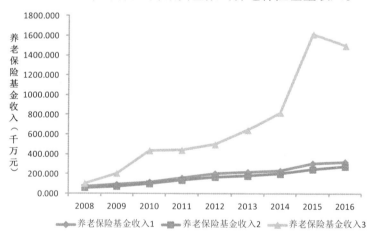

图4-10　经理人缴费基数三种计算口径下的养老保险基金收入变化趋势图

①龚永洪,何凡.高管层权力、股权薪酬差距与企业绩效研究:基于《上市公司股权激励管理办法》实施后的面板数据[J].南京农业大学学报(社会科学版),2013,13(1):113-120.

第五章 区域间经理人缴费基数调整对养老保险基金收入的影响

　　我国在岗职工的工资分布情况并不是左右对称或者渐进对称的(何文炯、蔡青、张畅玲,2004),受极端值(极大值和极小值)的影响较大。如果继续以"在岗职工平均工资"及其"上下限"作为养老保险缴费基数,就高收入人群来说,会减少养老保险基金收入;就低收入人群来说,因不堪重负选择逃避缴费,最终会减少养老保险基金收入。

　　目前,对经理人薪金差异影响因素研究视角较为分散或单一,缺乏系统性、针对性的研究,结论差异性很大(王素娟,2014)。国外的研究大多植根于发达国家成熟的市场环境,缺乏对差异化的制度细节的考量,所以很难有效适用于中国的制度情境(王素娟,2014)。本文将股权薪金加入研究范围,试图探究地理位置等对经理人薪金差异的影响,继而为分析经理人缴费基数差异奠定基础。由此,本文提出三个假设:上年度在岗职工最高缴费基数,即在岗职工平均工资×300%;经理人平均货币薪金缴费基数,即经理人平均货币薪金=经理人货币薪金总额/经理人人数;经理人平均薪金缴费基数,即经理人平均薪金=(经理人股权薪金总额+经理人货币薪金总额)/经理人人数。而三个假设存在的基础即在岗职工平均工资、经理人平均货币薪金和经理人平均薪金。本章将从经理人薪金结构变化引起的经理人薪金水平差异入手,实证分析地理位置对经理人薪金水平差异的影响,深入分析不同区域经理人缴费基数差异是否对养老保险基金收入存在影响。

第一节　经理人平均(货币)薪金缴费基数的区域特征分析

　　上市公司所处的地理位置,会影响到公司所面临的交易成本、沟通成本、社会网络等各种问题,并最终影响到这家公司的财务决策和财务行为(薛胜昔、李培功,2017)。有研究发现地理位置对股票投资的收益(Coval and Moskowitz,2001)、股票流动性(Loughran and Schultz,2005)、股利政策(John 等,2011;蔡庆丰、江逸舟,2013)、公司高管薪酬(Bouwman,2012)、风险资本投资(黄福广、彭涛、邵艳,2014)等都具有显著的影响。其中,公司高管薪酬是经常引起社会关注的话题,也是财务管理和人力资源管理领域研究的重要内容。Kedia and Rajgopal(2009)发现,在控制了行业特征和企业特征后,普通员工期权受公司总部地理位置的影响;而公司高管由于可以更方便地在全国劳动市场上流动,故不受地理位置的影响。Francis 等(2012)发现在控制了生活成本等因素后,位于中心大城市的企业 CEO 可以获得更高的薪酬,且城市规模越大,薪酬越高。Bouwman(2012)在控制公司规模、成长机会和业绩表现等情况下,发现高管间薪酬存在"互相攀比"效应。沈艺峰、陈旋(2016)发现,我国上市公司高管薪酬存在显著的"互相看齐"效应,即出现向地理上的"中间距离"看齐的现象。

综上所述,目前对地理位置和高管薪酬间关系的研究,大多以"发达国家"为样本,鲜有以"发展中国家"为对象的研究。通常来说,发展中国家由于区域经济发展不平衡,政治法律等制度不完善,交通、信息沟通不便利等因素,使其很可能成为地理位置影响最显著的地方。由此,本文对地理位置和经理人薪金之间关系的研究在我国有特别的意义。由于社会历史原因,我国各地区经济发展不平衡,东中西部地区居民收入水平存在相当程度的差别;同时,由于市场化进程滞后,缺乏完善的、全国统一的经理人市场,而经理人市场会更多受到地理因素的影响(薛胜昔、李培功,2017)。这些都可能使得地理位置成为影响经理人薪金的重要因素。

一、理论依据与研究假设

各类组织及高素质人才集聚于中心大城市,提高了各类人才的人力资本,即呈现"知识溢出"效应,同时对企业商业信用的发展具有显著的促进作用(王永进、盛丹,2013)。Bacolod 等(2009)研究发现,集聚在大城市的公司,可以给技术含量高的工人带来更高的工资。杨仁发(2013)发现,技术水平较低的制造业集聚减少了地区工资水平,而技术含量较高的服务业集聚则提高了地区工资水平。赵伟和隋月红(2015)发现,多样性的地区集聚产业,有利于促成工资增长的长效机制。作为在中心大城市工作的经理人,可以更方便地和各行各业的精英交往,获取丰富的社交网络资源,进而获得企业生存发展需要的资源。而这样的工作经历给经理人带来更高的人力资本,支付给经理人的(股权)薪金更高(Francis等,2012)。Christoffersen and Sarkissian(2009)发现,城市规模的大小和这个城市基金公司的回报呈显著的正相关关系。朱方明、林雨杰(2011)实证研究发现北京、广东和上海的高管平均薪酬分别为46.36万元、39.08万元、34.87万元,在中国31个省、市、自治区(不含港澳台)高管薪酬的平均水平中依次排名第一位、第三位和第四位。这说明中心城市得天独厚的信息资源和社交网络使得具有中心城市工作经验的企业经理人人力成本迅速增加,为了激励经理人的长期绩效,公司会提供更多的股权薪金,相对较少的货币薪金。故假设以下几点。

假设1:控制其他影响因素后,中心城市企业经理人可以获得更高的薪金,相对较少的货币薪金。

我国区域经济发展不平衡,东部和西部之间、东南沿海和西北内陆的经济发展存在着很大差异。有研究表明,高管人员的现金报酬水平存在明显的地区差异(魏刚,2000;李增泉,2000),且东部地区高管薪酬水平较高(张琦,2003)。王培欣、田英辰、李锐(2006)实证研究发现,我国上市公司高管人均薪酬与所处地区的经济水平存在一定的关系,华南、华东、华北地区高管人均薪酬水平较高,西北、东北、华中地区高管人均薪酬水平较低。张恩众和张文彬(2007)基于城市经济发展水平将全国划分为五大区域,实证研究发现京、津、沪、粤、浙地区的上市公司高管薪酬明显高于其他地区(闽、苏、鲁、辽地区,黑、吉、新、琼、鄂、冀地区,皖、蜀、桂、渝、湘、赣、蒙、豫、晋、滇、藏地区以及注册地位于上述四类地区以外的地区)。朱方明、林雨杰(2011)实证研究了中国31个省、市、自治区(不含港澳台)高管薪酬的平均水平,发现沿海经济发达地区的高管平均薪酬明显高于其他地区,西部等经济欠发达地区上市公司高管薪酬排名靠后。诚然,我国地域辽阔,各地区的经济社会发展水平存在显著差异,由此造成上市公司高管的薪酬差异(朱方明、林雨杰,2011;姜月,2016)。受到当地的生活指数影响,经济发达地区的高管薪酬要高于欠发达地区。当经济发达地区人力资本的竞争更为激烈时,上市公司需要留住人才(朱方明、林雨杰,2011;姜月,2016),必须辅以高薪,以股权薪金对高管进行长期激励,为地方经济持续发展做贡献。我国东强西弱的经济和产业格局决定了上市公司主要集中于东部沿海经济发达地区(朱方明、林雨杰,2011;姜月,2016)。

假设2:控制其他影响因素后,东部地带上市公司经理人可以获得更高的货币薪金和薪金。

员工从薪酬中获得的效用,不但取决于绝对薪酬的大小,还取决于和周围人比较的相对薪酬的大小,即"不患寡而患不均"(薛胜昔、李培功,2017)。就经理人而言,在和地理位置相近的其他企业经理人的交往中,会以周围企业经理人的平均薪金作为参照点,当发现其他企业经理人薪金较高时,也会要求更高的薪金,即所谓的"攀比效应"(bandwagon effect)。Bouwman(2012)发现在控制公司规模、成长机会和业绩表现等情况下,高管间薪酬存在"互相攀比"效应。高管薪酬之间的传染性(Gabaix & Landier,2008),即参照国际同行的薪酬基准决策(李维安等,2010),还会受到同行业、本地区上市公司高管薪酬均值的影响;但是,当高管薪酬和外部标准差异较大时,可能会影响到高管的在职消费和主动离职(徐细雄、谭瑾,2014)。同时,高管之间的羡慕和嫉妒也容易引发购并浪潮(Goel & Thakor,2010)。

假设3:周围企业经理人平均货币薪金和平均薪金,对该企业经理人货币薪金和薪金都有显著正向效应。

二、区域特征对经理人平均(货币)薪金缴费基数影响的模型设定

(一)主要变量

1.被解释变量

在我国高级管理者薪金结构的传统实证研究中,最常见的薪金结构主要包括基本薪金、绩效薪金、长期激励薪金。Aggarwal and Samwick(1999)提出了高管中短期薪酬主要包括基薪、奖金和其他津贴。在我国,根据证监会2001年修订的《年报准则》①,上市公司年报中需披露董

---

①上市公司披露的现任董事、监事和高级管理人员的年度报酬总额包括的内容为基本工资、各项奖金、福利、补贴、住房津贴及其他津贴等。

事、监事、高管等的年度货币薪酬(包括基本工资、各项奖金、福利、补贴、住房津贴及其他津贴)(张华荣,2017);同时,中国证监会于2005年底发布并于2006年初开始实施《上市公司股权激励管理办法》使得真正意义上的股权激励模式得以广泛采用(何凡,2010)。但是由于我国股权激励计划实施较晚,高管持股比例低,零持股的现象较为普遍(李增泉,2000;魏刚,2000;曾义,2009;陈震、李艳辉,2011;李金金,2012;王会娟、张然,2012;李志军、仲欣、刘正军,2012;唐松、孙铮,2014;李华荣,2016;张华荣,2017;米雪、冯国忠,2018),而且根据公开数据很难识别高管持有的股票中有多少来自自购,有多少又来自公司奖励(方军雄,2009;2012;唐松、孙铮,2014;李华荣,2016;张华荣,2017;米雪、冯国忠,2018),因此,传统的股权激励衡量方法,如期权数量占总股数的比例,无法准确地反映高管的股权薪酬(李华荣,2017)。鉴于此,本文参考李华荣(2017)对Bergstresser and Philippon(2003)模型的借鉴,选择中国上市公司"所有董事、监事、高管"总数作为"经理人",来衡量其股权薪金(式5-1)。

$$Equity_{i,t}=1\%\times price_{i,t}\times(shares_{i,t}+options_{i,t}) \tag{5-1}$$

其中,$price_{i,t}$为i公司t年末最后一个交易日的收盘价,$shares_{i,t}$和$options_{i,t}$分别为经理人持有的股票和期权。

经理人货币薪金为上市公司统计年报中披露的年度货币薪金,包括基本工资、奖金和其他津贴,用Cash表示。

经理人年度总薪金 Total 由年度货币薪金和年度股权薪金相加计算得出,如下所示(式5-2)

$$Total_{i,t}=1\%\times price_{i,t}\times(shares_{i,t}+options_{i,t})+Cash_{i,t} \tag{5-2}$$

本文在做回归分析时,均需对经理人货币薪金和总薪金取自然对数。

2.解释变量

Central:是否位于中心城市,如果位于非中心城市则取1,否则取0。

中华人民共和国住房和城乡建设部城镇体系规划课题组于2010年2月编制的《全国城镇体系规划(2010—2020年)(草案)》中提出了五大国家中心城市,即北京、天津、上海、重庆和广州;六大国家区域中心城市,即沈阳(东北区域)、南京(华东区域)、武汉(华中区域)、深圳(华南区域)、成都(西南区域)和西安(西北区域)等。本文借鉴上述草案的概述,将五大国家中心城市和六大国家区域中心城市都定义于本文的中心城市;年度样本数为13142个,其中公司注册地位于中心城市的有5652家,位于非中心城市的有7490家。借鉴何威风、刘启亮(2010)哑变量的赋值方法,一家公司的注册地所在城市为非中心城市,则取值为1,否则为0。

East:是否位于东部地区,如果位于东部地带则取1,非东部地带取0。

根据中国区域经济与社会发展状况,中国统计局将全国划分为东部地带、中部地带和西部地带等三大经济地带(不含港澳台地区)。东部地带包括北京市、天津市、上海市、江苏省等11省市;中部地带包括山西省、吉林省、安徽省、江西省等8省;西部地带包括内蒙古自治区、广西壮族自治区、重庆市等12省、自治区、直辖市。①本文年度样本数为13142个,其中公司注册地位于东部地带的有9142家,位于非东部地带的有4000家。借鉴何威风、刘启亮(2010)哑变量的赋值方法,一家企业的注册地所在的城市为东部地带,则取值为1,否则为0。

Bandcash and Bandtotal:同一省份的上市公司经理人平均(货币)薪金的自然对数。

Bouwman(2012)发现一家企业高管薪酬与其总部周围100千米或250千米以内的公司上一年高管平均薪酬之间存在显著的正相关关系。②但本文认为,无论是100千米还是250千米,都是基于主观臆测的方法,缺乏客观性。薛胜昔和李培功(2017)认为中国同一个省份通常具有历史演进的地缘性、社会生态的稳定性、经济发展的同步性以及地方政府政策的一致性,具有相对的客观性。因此,本文借鉴薛胜昔和李培功(2017)的观点,以同一省份来衡量公司在地理位置上的相近性。

3.控制变量

根据文献(Care et al.,1999;Hwang and Kim,2009),影响高管薪酬的其他变量大致上分为经济因素和公司治理因素两大类(汪恺文,2018),本文在模型中加入了这些控制变量,以下具体说明。

(1)经济因素方面

Size:公司的规模,以公司营业收入(Shrieves,1978;魏成龙,1998;Jefferson等,2004;史修松、刘军,2014)的自然对数表示。从组织理论视角

---

① 具体划分方式参见中华人民共和国国家统计局网站。
②薛胜昔,李培功.地理位置与公司高管薪酬:来自中国上市公司的经验证据[J].中央财经大学学报,2017(1):87-95.

来看,随着公司规模的增大,公司的复杂程度增加,涉及的管理问题也就越复杂,经理人为此需要付出的努力越多(张华荣,2017),公司的经理人货币薪金和薪金相应也越高,因此,本文预期其系数为正。并将企业总资产(Hamberg,1964;谌新民、刘善敏,2003;江若尘,2006;程华等,2008;葛伟、高明华,2013;李实;2015)作为企业规模另一衡量指标进行稳健性检验。

Roa:公司的经营业绩,等于当年的净利润除以平均总资产。根据薪酬合约理论,为了激励经理人努力工作,公司通常将经理人的薪金与经营业绩相联系(唐松、孙铮,2014)。公司的经营绩效越好,则经理人的薪金越高(唐松、孙铮,2014)。因此,本文预测 Roa 的系数为正,并将净资产收益率(Roe)作为公司经营业绩的另一指标进行稳健性检验。

Tobinq:公司的市场业绩,等于市场价值与期末总资产的比值。如果股票市场具有充分的有效性,能准确地反映公司未来的经营绩效,经理人的薪酬就应该与之正相关(唐松、孙铮,2014)。

(2)公司治理因素方面

借鉴方芳、李实(2015)的观点,采用第一大股东占比、董事会规模、独立董事占比等相关变量来衡量。

Top1:第一大股东的持股比例。第一大股东的持股比例越高,其对公司经理人的监督能力越强,从而经理人自定薪酬的能力就越弱,即股权集中度与经理人薪金负相关,[①]因此,预期Top1的系数为负。

Indpt:公司独立董事占董事会人数的比例。一般而言,独立董事的比例越高,董事会越独立(唐松、孙铮,2014),因此 Indpt 的回归系数符号为正。但刘慧龙等(2010)的研究却发现,Indpt 与经理人薪金正相关[②]。因此,本文对此变量的系数不做预测。

Boards:董事会的规模,以董事会人数的自然对数表示。董事会规模越大,对经理人的监督越弱,经理人获得更高薪金的可能性越大(唐松、孙铮,2014),因此,我们预期 Boards 的系数为正。

另外,公司注册地所在城市的人均GDP、公司注册地所在省份的城市居民消费物价指数等指标对经理人(货币)薪金存在一定影响。此外,由

---

① 唐松,孙铮. 政治关联、高管薪酬与企业未来经营绩效[J]. 管理世界,2014(5):93-105+187-188.
②在他们的论文中,并未对此做出解释。

于不同行业、不同年份之间可能因为经济环境的不同而产生薪金的波动,因此,本文借鉴薛胜昔、李培功(2017)的观点在模型中加入了年度、行业的固定效应,用以控制不同年份、不同行业之间的差异导致的经理人(货币)薪金差异。表5-1列出文章使用的变量及其说明。

表5-1 变量描述与说明

变量性质	变量名称	变量符号	变量说明
被解释变量	经理人平均货币薪金	Cash	(经理人货币薪金/经理人人数)的自然对数
	经理人平均薪金	Total	(经理人货币薪金+经理人股权薪)/经理人人数,再取自然对数
解释变量	中心城市	Central	公司注册地如果位于非中心城市,则取1,否则取0
	东部地带	East	公司注册地如果位于东部地带,则取1,否则取0
	攀比效应	Bandcash	公司注册地所在省份上市公司经理人平均货币薪金的自然对数
		Bandtotal	公司注册地所在省份上市公司经理人平均薪金的自然对数
控制变量	公司规模	Size	公司总资产的自然对数
		Sales	公司营业收入的自然对数
	公司的经营业绩	Roa	总资产净利润率,即净利润与总资产余额的比值
		Roe	净资产收益率,即净利润与股东权益余额的比值
	公司的市场业绩	Tobin Q	市场价值与期末总资产的比值
	公司治理结构	Top1	第一大股东占比
		Boards	董事会人数的对数
		Indpt	公司独立董事占董事会人数的比例
	当地人均GDP	GDP	公司注册地所在城市的人均GDP的自然对数
	消费物价指数	CPI	公司注册地所在省份的城市居民消费物价指数
	行业	Industry	按照中国证监会颁布的《上市公司行业分类指引(2012年修订)》的行业分类标准,划分为19个行业大类
	年份	Year	2007—2016年的年份哑变量

(二)数据处理

本章中涉及的公司规模、公司的经营业绩、公司的市场业绩等指标从CSMAR的《中国上市公司财务报表数据库》中提取,第一大股东占比指标从CSMAR的《中国上市公司股权性质数据库》中提取,在岗职工工资指标来自CSMAR的《中国上市公司财务报表数据库》的现金流量表中"支付给职工以及为职工支付的现金",在岗职工人数、经理人人数、经理人货币薪金、经理人持股数等指标从CSMAR的《中国上市公司治理结构研究数据库》和《中国股票市场交易数据库》中合并整理而来,公司注册地所在城市的人均地区生产总值和公司注册地所在省份的城市居民CPI指数则来自国务院发展研究中心信息网的区域经济数据。在进行数据的处理与分析时,主要运用stata 14.0和Excel软件进行,其中,运用Excel软件进行基本数据的处理和分析,数据的描述性统计、相关性检验、回归分析等使用了stata 14.0软件。

为后续计算养老保险基金收入做准备,本文首先剔除了经理人零持股的样本数,保留同一年度既获取货币薪金又获取股权薪金的样本公司;其次,将区域特征变量与第三章得到的15341个上市公司样本进行一对一匹配;最后,共获取13142家上市公司的样本数,其中2007年样本数为714个,2008年样本数为795个,2009年样本数为881个,2010年样本数为1093年,2011年样本数为1332个,2012年样本数为1544个,2013年样本数为1499年,2014年样本数为1537个,2015年样本数为1796个,2016年样本数为1951个。

(三)检验模型

基于前文提出的三个假设,本文提出了三个检验模型。

对假设1,我国上市公司经理人(货币)薪金是否受到中心城市的影响,本文建立自变量相同的多元回归模型,以方便中心城市对经理人(货币)薪金影响程度的比较,模型如下(式5-3)。

$$\text{Cash(Total)}_{i,t}=\alpha+\beta_1\text{Central}_{i,t}+\text{Control variables} \tag{5-3}$$

其中:$\text{Cash}_{i,t}$为上市公司经理人平均货币薪金的自然对数,$\text{Total}_{i,t}$为上市公司经理人平均薪金的自然对数。$\text{Central}_{i,t}$为中心城市的衡量指标,主要关注$\text{Central}_{i,t}$的系数是否显著大于零;Control variables为控制变量。

对假设2,我国上市公司经理人(货币)薪金是否受到东部地带的影响,本文建立自变量相同的多元回归模型,以方便中心城市对经理人(货币)薪金影响程度的比较,模型如下(式5-4)。

$$\text{Cash(Total)}_{i,t}=\alpha+\beta_1\text{East}_{i,t}+\text{Control variables} \tag{5-4}$$

其中:$\text{Cash}_{i,t}$为上市公司经理人平均货币薪金的自然对数;$\text{Total}_{i,t}$为上市公司经理人平均薪金的自然对数。$\text{East}_{i,t}$为东部地带的衡量指标,主要关注$\text{East}_{i,t}$的系数是否显著大于零;Control variables为控制变量。

对假设3,我国上市公司经理人(货币)薪金与地理位置之间的关系是否存在"攀比效应",本文建立自变量相同的多元回归模型,以方便中心城市对经理人(货币)薪金影响程度的比较,模型如下(式5-5)。

$$Cash(Total)_{i,t} = \alpha + \beta_1 Bandcash(Bandtotal)_{i,t} + Control\ variables \quad (5-5)$$

其中:$Cash_{i,t}$为上市公司经理人平均货币薪金的自然对数;$Total_{i,t}$为上市公司经理人平均薪金的自然对数。主要关注$Bandcash_{i,t}$和$Bandtotal_{i,t}$的系数是否显著大于零;Control variables为控制变量。

三、实证分析与结果

(一)描述性统计

基于上文的分析,本文整理出年度上市公司注册地所在的五大国家中心城市和六大国家区域中心城市,即年度样本中心城市上市公司分布情况,如表5-2所示。

从表5-2可以看出,在全部样本中,以上市公司注册地所在中心城市为标准,上海、北京、深圳三个中心城市的样本最多,分别占21.922%,21.849%和20.960%;西安和沈阳的样本最少,分别占2.561%和2.179%。这反映了中国区域经济发展的差异性和不平衡性。

表5-2　年度样本中心城市上市公司分布情况(单位:个)

年份	上海	北京	南京	天津	广州	成都	武汉	沈阳	深圳	西安	重庆	合计
2007	82	46	21	17	22	13	21	7	55	7	13	304
2008	87	53	23	18	25	18	20	6	62	8	12	332
2009	94	66	27	18	26	23	19	10	70	8	15	376
2010	102	92	27	19	33	25	21	10	100	14	15	458
2011	127	116	29	25	39	26	26	11	121	15	19	554
2012	143	145	34	28	49	30	25	13	134	19	20	640
2013	132	145	32	26	49	31	25	12	133	16	22	623
2014	130	159	37	30	48	31	26	14	136	14	23	648
2015	149	187	40	29	53	44	29	18	160	20	25	754
2016	161	194	40	32	59	47	33	19	183	20	29	817
总样本	1207	1203	310	242	403	288	245	120	1154	141	193	5506

表5-3呈现了经理人平均(货币)薪金的分年度描述性统计结果。从

表5-3可以发现,2007—2016年我国上市公司经理人平均货币薪金的中位数为21.761万元,均值为28.497万元;经理人平均薪金的中位数为54.467万元,均值为257.412万元。

从分年度描述性统计结果看,样本上市公司经理人平均货币薪金的中位数呈现逐年增长态势,以中位数计算的平均年度增长率约为7.738%;经理人平均薪金的中位数急剧扩大,以中位数计算的平均年度增长率约为24.976%。总体说来,至少从样本上市公司的数据看,经理人平均薪金要远远高于同期GDP增长速度。

表5-3　经理人人均年度(货币)薪金的分年度描述性统计(单位:万元)

年份	变量	样本数	平均值	标准差	最小值	中位数	最大值
2007	Cash	714	16.968	16.919	1.095	13.21	263.333
	Total	714	68.819	220.664	1.397	16.51	4039.41
2008	Cash	795	18.546	15.832	1.063	14.484	175.126
	Total	795	48.39	119.34	1.074	18.331	2026.883
2009	Cash	881	20.436	17.431	1.073	16.138	188.829
	Total	881	110.458	255.332	1.091	23.431	3548.762
2010	Cash	1093	23.341	20.257	0.563	17.978	279.105
	Total	1093	207.778	410.36	0.778	39.25	4550.978
2011	Cash	1332	25.736	23.517	0.832	19.906	324.4
	Total	1332	162.798	312.076	0.854	51.737	5818.995
2012	Cash	1544	27.495	26.147	1.96	21.512	558.368
	Total	1544	156.175	297.073	1.987	55.767	4753.371
2013	Cash	1499	30.132	26.396	2.636	23.403	279.04
	Total	1499	218.068	484.454	2.673	61.953	8395.262
2014	Cash	1537	32.171	27.767	3.83	24.941	344.54
	Total	1537	268.061	549.26	3.88	81.959	9762.789
2015	Cash	1796	34.682	30.907	2.8	26.476	342.93
	Total	1796	517.315	1013.924	2.826	125.586	12781.358
2016	Cash	1951	36.133	31.511	3.553	27.836	417.715
	Total	1951	433.067	716.084	3.576	153.467	10080.521
Total	Cash	13142	28.497	26.556	0.563	21.761	558.368
	Total	13142	257.412	585.632	0.778	54.467	12781.358

表5-4列出了其他主要变量的描述性统计分析结果。在13142个观测值中,同一省份上市公司经理人平均货币薪金的均值为29.577万元,中位数为29.889万元;平均薪金的均值为257.117万元,中位数为213.913万元,即同一省份上市公司经理人平均(货币)薪金呈现不均匀态势,其中平均薪金均值明显高于中位数,样本分布明显右偏。上市公司注册地所在中心城市的均值为0.581,表明大多数上市公司位于中心城市;上市公司注册地所在东部地区的均值为0.696,表明大多数上市公司位于东部地

区。在控制变量方面,第一大股东持股比例平均为33.912%,说明上市公司第一大股东持股比例较高;独立董事占董事会人数比例平均为37.1%,这与我国证监会要求上市公司保持的独立董事比例相吻合;上市公司所在城市人均GDP均值为7.636万元,说明上市公司所在地的人均GDP高于全国水平;上市公司经营业绩的均值为7.5%,说明上市公司短期盈利水平较强;上市公司市场业绩的均值为271.1%,说明上市公司长期盈利水平较强。

表5-4 其他主要变量的描述性统计

变量	样本数	平均值	标准差	最小值	中位数	最大值
Central	13142	0.581	0.493	0	1	1
East	13142	0.696	0.460	0	1	1
Bandcash	13142	29.577	9.097	7.938	29.889	54.173
Bandtotal	13142	257.117	186.262	8.117	213.913	992.472
Sales	13142	802.505	6133.513	0.001	140.672	283000
Size	13142	1123.844	5405.503	0.496	271.115	217000
Roa	13142	0.051	0.954	-2.746	0.041	108.366
Roe	13142	0.075	2.463	-141.763	0.074	204.690
Tobinq	13142	2.711	9.778	0.083	1.847	982.982
Boards	13142	8.792	1.765	4	9	18
Indpt	13142	0.371	0.055	0.091	0.333	0.800
Top1	13142	33.912	14.727	0.290	31.840	89.990
GDP	13142	7.636	3.550	0.440	7.594	21.549
CPI	13142	102.671	1.642	97.623	102.400	108.898

从表5-5单变量分析结果看,无论是位于中心城市,还是东部地区,经理人平均(货币)薪金都存在显著性差异。位于中心城市的经理人平均货币薪金均值(中位数)33.368万元(25.764万元)显著高于位于非中心城市的经理人平均货币薪金均值(中位数)24.985万元(19.091万元);经理人平均薪金也呈现出类似特点。位于东部地区的经理人平均货币薪金均值(中位数)31.02万元(23.755万元)显著高于位于非东部地区的经理人平均货币薪金均值(中位数)22.731万元(17.606万元);经理人平均薪金也呈现出类似特点。这说明地区的差异对经理人平均(货币)薪金有影响,一是由不同地区的收入水平、生活成本的不同所导致的货币薪金差异,二是不同地区市场化水平、经济发展阶段不同所导致的薪酬对

绩效的挂钩程度不同而导致的薪金差异。[1]

表5-5　单变量分析结果

PanelA	（中心城市样本数=5506；非中心城市样本数=7636）					
变量	中心城市样本		非中心城市样本		差异检验	
	均值	中位数	均值	中位数	t值	χ^2值
Cash	33.368	25.764	24.985	19.091	8.383***	442.643***
Total	304.985	61.478	223.109	49.708	81.876***	26.288***
Bandcash	34.045	35.548	26.355	26.215	7.690***	2480.146***
Bandtotal	302.623	246.285	224.304	190.203	78.318***	236.872***
Size	1653.17	277.442	742.168	266.623	911.002***	3.512*
Sales	1230.957	141.65	493.567	140.181	737.391***	0.151
Roa	0.066	0.043	0.04	0.039	0.026	19.536***
Roe	0.108	0.078	0.052	0.07	0.056	40.962***
Tobinq	3.044	1.955	2.471	1.774	0.573***	30.428***
Boards	8.794	9	8.791	9	0.003	5.484**
Indpt	0.373	0.333	0.37	0.333	0.003***	7.102***
Top1	34.951	32.51	33.162	31.35	1.788***	7.689***
GDP	9.582	9.321	6.232	5.83	3.350***	2510.071***
CPI	102.695	102.419	102.653	102.3	0.041	170.267***

PanelB	（东部地区样本数=9142；非东部地区样本数=4000）					
变量	东部地区样本		非东部地区样本		差异检验	
	均值	中位数	均值	中位数	t值	χ^2值
Cash	31.02	23.755	22.731	17.606	-8.288***	347.977***
Total	293.528	76.49	174.869	29.218	-118.659***	512.353***
Bandcash	32.362	32.653	23.212	22.519	-9.150***	2262.414***
Bandtotal	293.209	243.94	174.628	127.424	-118.581***	522.312***
Size	1258.103	265.868	816.993	282.075	-441.110***	4.508**
Sales	921.651	138.539	530.198	145.024	-391.453***	1.863
Roa	0.058	0.044	0.035	0.031	-0.023	141.736***
Roe	0.091	0.077	0.04	0.064	-0.05	78.714***
Tobinq	2.736	1.928	2.655	1.668	-0.081	53.547***
Boards	8.679	9	9.051	9	0.372***	87.205***
Indpt	0.372	0.333	0.369	0.333	-0.004***	0.952
Top1	34.261	32.22	33.112	30.73	-1.149***	10.312***
GDP	8.747	8.748	5.095	4.847	-3.653***	2905.144***
CPI	102.629	102.399	102.767	102.408	0.138***	19.534***

　　注：变量Cash和Total表示经理人平均（货币）薪金数额，单位为人民币万元。其余变量的定义见正文。表中的t值表示中心城市样本和非中心城市样本、东部地区和非东部地区等的均值检验统计值，χ^2值表示四个样本的中位数Chi-square卡方检验统计值；*表示10%的显著性水平，**

[1]李晓创,高文书.高管薪酬影响因素的实证分析：兼论资本密集度的薪酬效应[J].云南财经大学学报,2013,29(2):96-105.

表示5%的显著性水平,***表示1%的显著性水平。

(二)相关性分析

表5-6报告的相关系数显示,经理人平均货币薪金和平均薪金跟上市公司注册地所处的东部地带、同一省份经理人平均货币薪金和平均薪金等都呈现显著的正相关关系。这表明,我国上市公司在确定经理人货币薪金水平时确实存在"地域效应"和"攀比效应"。同时,本文还发现,上市公司注册地所在的中心城市和经理人平均货币薪金呈现显著的负相关关系,和经理人平均薪金呈现显著的正相关关系。

表5-6　回归变量相关系数表

	Cash	Total	Central	East	Bandcash	Bandtotal	Size	Sales
Cash	1	0.334***	-0.220***	0.205***	0.413***	0.340***	0.499***	0.471***
Total	0.333***	1	-0.097***	0.243***	0.431***	0.481***	-0.073***	-0.087***
Central	-0.218***	-0.096***	1	-0.271***	-0.430***	-0.186***	-0.027***	-0.009
East	0.211***	0.229***	-0.271***	1	0.465***	0.326***	-0.026***	-0.012
Bandcash	0.448***	0.435***	-0.385***	0.469***	1	0.751***	0.094***	0.037***
Bandtotal	0.368***	0.487***	-0.190***	0.350***	0.783***	1	0.095***	0.038***
Size	0.506***	-0.053***	-0.051***	-0.014	0.115***	0.097***	1	0.861***
Sales	0.479***	-0.057***	-0.029***	-0.002	0.061***	0.053***	0.875***	1
Roa	-0.004	0.004	-0.014	0.011	0.016*	0.011	-0.044***	-0.021**
Roe	0.014	0.01	-0.011	0.009	0.015*	0.009	-0.019**	-0.006
Tobinq	-0.039***	0.061***	-0.029***	0.004	0.046***	0.069***	-0.194***	-0.168***
Boards	0.044***	-0.218***	0.01	-0.095***	-0.136***	-0.145***	0.267***	0.262***
Indpt	0.040***	0.119***	-0.031***	0.032***	0.106***	0.103***	0.029***	0.013
Top1	0.050***	-0.058***	-0.060***	0.036***	0.021**	-0.006	0.221***	0.239***
GDP	0.384***	0.357***	-0.455***	0.486***	0.639***	0.557***	0.109***	0.070***
CPI	-0.126***	-0.153***	-0.012	-0.039***	-0.257***	-0.368***	-0.072***	-0.032***

	Roa	Roe	Tobinq	Boards	Indpt	Top1	GDP	CPI
Cash	0.180***	0.272***	-0.143***	0.043***	0.038***	0.043***	0.373***	-0.141***
Total	0.370***	0.244***	0.358***	-0.212***	0.115***	-0.049***	0.372***	-0.188***
Central	-0.044***	-0.056***	-0.042***	0.014	-0.024***	-0.059***	-0.474***	-0.073***
East	0.116***	0.081***	0.075***	-0.098***	0.027***	0.040***	0.496***	0.007
Bandcash	0.080***	0.033***	0.161***	-0.140***	0.099***	0.016*	0.648***	-0.254***
Bandtotal	0.081***	0.018**	0.272***	-0.156***	0.093***	-0.012	0.564***	-0.439***
Size	-0.128***	0.111***	-0.607***	0.251***	0.006	0.160***	0.080***	-0.104***
Sales	-0.037***	0.210***	-0.555***	0.254***	-0.011	0.191***	0.040***	-0.049***
Roa	1	0.854***	0.427***	-0.040***	-0.008	0.095***	0.080***	0.054***
Roe	0.394***	1	0.185***	0.031***	-0.014	0.130***	0.048***	0.066***
Tobinq	0.177***	0.065***	1	-0.235***	0.039***	-0.077***	0.102***	-0.201***
Boards	-0.011	-0.009	-0.074***	1	-0.470***	-0.027***	-0.126***	0.078***
Indpt	0.009	0	0.021**	-0.456***	1	0.048***	0.086***	-0.034***
Top1	-0.013	-0.013	-0.043***	-0.011	0.065***	1	0.036***	0.020**
GDP	0.017*	0.018**	0.020**	-0.109***	0.080***	0.039***	1	-0.189***
CPI	0	0.009	-0.052***	0.056***	-0.027***	0.009	-0.175***	1

注:表左下部分为Pearson相关系数,右上部分为Spearman相关系数;*表示10%的显著性水平,**表示5%的显著性水平,***表示1%的显著性水平。

(三)假设检验

对假设1和假设2,见表5-7。

由表5-7可知,在控制了行业和年份虚拟变量的情况下,是否为中心城市与上市公司经理人平均薪金之间的参数估计值在统计上相当显著,t值为2.967,其中,中心城市指标的哑变量在1%的统计水平上显著为正,表明位于中心城市的上市公司,其经理人平均薪金水平要比地理位置不在中心城市上市公司经理人平均薪金水平高。但是,是否为中心城市与上市公司经理人平均货币薪金之间的参数估计值在统计上显著为负,t值为-3.849;检验结果验证了假设1。这表明中心城市得天独厚的信息资源和社交网络使得具有中心城市工作经验的企业经理人人力成本迅速增加,为了激励经理人的长期绩效,公司会提供更多的股权薪金,相对较少的货币薪金,从而经理人平均薪金越高。

同时,在控制了行业和年份的虚拟变量的情况下,是否处于东部地带与上市公司经理人平均货币薪金和平均薪金之间的参数估计值在统计上相当显著,t值分别为3.693、2.962;其中,中心城市指标的哑变量在5%的统计水平上显著为正,表明位于东部地带的上市公司,其经理人平均(货币)薪金要比地理位置不在东部地带的上市公司经理人平均(货币)薪金水平高。这个检验结果验证了假设2。这表明东部地带先天的地缘优势,经济基础较好;受益于对外开放的国家政策,经济发达;企业市场化程度高,薪酬制定受到的行政参与少于非东部地带等;可以给经理人带来更高的货币薪金和薪金。

表5-7 经理人平均(货币)薪金与地理位置的回归结果

	Model1		Model 2	
	Cash	Total	Cash	Total
Central	-0.097***	0.200***		
	(-3.849)	(2.967)		
East			0.111***	0.230***
			(3.693)	(2.962)
Size	0.181***	-0.072	0.187***	-0.062
	(9.140)	(-1.587)	(9.563)	(-1.378)
Sales	0.104***	0.03	0.100***	0.026
	(6.011)	(0.723)	(5.841)	(0.642)
Roa	-0.004	-0.023	-0.004	-0.023
	(-0.426)	(-0.770)	(-0.434)	(-0.790)
Roe	0.004***	0.003	0.004***	0.003
	(2.620)	(0.385)	(2.838)	(0.381)
Tobinq	0.003*	0.005	0.003*	0.005
	(1.723)	(0.796)	(1.801)	(0.793)
Boards	-0.274***	-1.197***	-0.252***	-1.201***
	(-4.633)	(-7.659)	(-4.312)	(-7.719)
Indpt	-0.378*	0.703	-0.342*	0.723
	(-1.895)	(1.419)	(-1.726)	(1.467)
Top1	-0.004***	-0.007***	-0.004***	-0.007***
	(-5.409)	(-3.406)	(-5.331)	(-3.679)
GDP	0.376***	1.005***	0.371***	0.826***
	(16.104)	(17.492)	(14.963)	(13.410)
CPI	-0.017***	-0.077***	-0.015***	-0.085***
	(-6.354)	(-12.300)	(-5.885)	(-13.874)
Year	Controlled	Controlled	Controlled	Controlled
Industry	Controlled	Controlled	Controlled	Controlled
_cons	4.607***	13.583***	4.270***	16.268***
	(8.869)	(10.712)	(8.518)	(13.534)
N	13142	13142	13142	13142
R-squared	0.390	0.178	0.391	0.178
F-value	164.071	118.587	163.539	119.132

注:*表示10%的显著性水平,**表示5%的显著性水平,***表示1%的显著性水平;括号中为t值(标准误采用聚类稳健标准误)。

对假设3的检验,见表5-8。

表5-8给出"攀比效应"(envy effect)的检验结果。以同一省份来衡量上市公司在地理位置上的相邻程度,上市公司经理人平均(货币)薪金与位于同一省份的其他样本上市公司经理人平均(货币)薪金之间的参数估计值在1%的统计水平上显著为正,t值分别为17.408和24.357,说明位于相近地理位置的上市公司经理人平均(货币)薪金之间存在显著的

相关关系。这与 Bouwman(2012)的研究结果相同,也证实地理位置相近的公司经理人在薪金决定上存在"互相攀比"的现象。

表5-8 经理人平均(货币)薪金与"攀比效应"的回归结果

	Model 3	
	Cash	Total
Bandcash	0.643***	
	(17.408)	
Bandtotal		0.741***
		(24.357)
Size	0.159***	-0.117***
	(8.526)	(-2.851)
Sales	0.114***	0.045
	(7.068)	(1.217)
Roa	-0.004	-0.02
	(-0.493)	(-0.767)
Roe	0.004**	0.003
	(2.378)	(0.352)
Tobinq	0.002*	0.002
	(1.696)	(0.362)
Boards	-0.187***	-0.965***
	(-3.346)	(-6.512)
Indpt	-0.453**	0.454
	(-2.420)	(0.974)
Top1	-0.004***	-0.005***
	(-5.227)	(-2.957)
GDP	0.177***	0.354***
	(6.787)	(6.040)
CPI	0.005**	0.022***
	(2.100)	(4.097)
Year	Controlled	Controlled
Industry	Controlled	Controlled
_cons	-3.448***	0.281
	(-6.497)	(0.288)
N	13142	13142
R-squared	0.441	0.277
F-value	206.105	213.002

第二节 统筹地区间养老保险基金收入统计描述

基本养老保险基金是基本养老保险动态平衡和可持续发展的物质保证,受"摸着石头过河"年代的思维定式、"渐进改革"策略的路径依赖、制度转轨成本等多种因素的影响,社会保险制度特别是其中的养老保险制度迄今仍处于地区分割统筹状态。郑功成(2010)曾指出城镇职工基本养老保险当前存在的最大问题是地区分割、统筹层次低。而一些政策文件,如2011年7月1日实施的《中华人民共和国社会保险法》中规定"基本养老保险基金逐步实行全国统筹";2013年11月12日,十八届三中全会通过的《中共中央关于全面深化改革若干重大问题的决定》重申了"实现基础养老金全国统筹"的改革决定,已经逐步认识到提高养老保险统筹层次的重要性,但是到目前为止,这一政策还停留在制度操作层面。造成这一困境的原因在于,不同地区间的工资水平差异很大,地方政府在综合考量当地基金收支情况和制度覆盖率的基础上,会对缴费基数政策进行一定调整,缴费基数政策的不统一和不规范,影响了国家对制度运行情况判断的精确度,削弱了基本养老保险全国统筹的基础。基于上一节的实证分析结果,经理人薪金水平呈现明显的区域特征,本小节以统筹地区区域特征为基础,测算经理人缴费基数三种方案下养老保险基金收入,分析其差值的演变趋势。

一、统筹地区间经理人缴费基数三种计算口径与养老保险缴费差值

根据我国区域经济与社会发展状况,我国统计局将全国划分为23个省、4个直辖市、5个自治区、2个特别行政区及台湾省。由于本文的数据样本是我国所有A股上市公司,故不涵盖2个特别行政区,并基于企业职工养老保险统筹账户基金收入模型和现行缴费基数测算政策,在不考虑经理人货币薪金增长率较高的条件下,本文测算出了2008—2016年统筹地区间以"经理人平均货币薪金""经理人平均薪金"作为模拟缴费基数和以"在岗职工上年度平均工资300%"作为制度缴费基数所需缴纳的养老保险费差值,结果如图5-1、表5-9和图5-2所示。

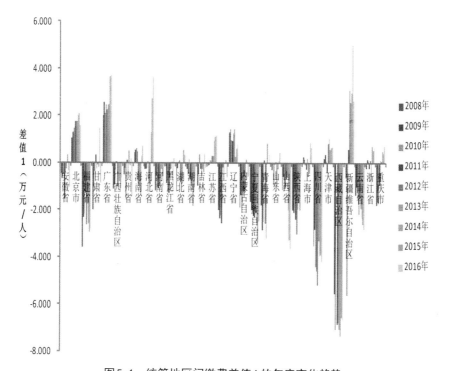

图5-1　统筹地区间缴费差值1的年度变化趋势

表5-9　统筹地区间"在岗职工平均工资300%"缴费与"经理人平均货币薪金"

缴费的差值(单位:万元/人)

省份	2008年			2009年			2010年		
	"在岗职工平均工资300%"缴费	"经理人平均薪金"缴费	差值2	"在岗职工平均工资300%"缴费	"经理人平均薪金"缴费	差值2	"在岗职工平均工资300%"缴费	"经理人平均薪金"缴费	差值2
安徽省	15.097	18.513	0.683	16.249	27.498	2.250	17.170	45.862	5.738
北京市	16.406	38.543	4.427	16.074	75.071	11.800	18.535	146.546	25.602
福建省	28.426	17.035	-2.278	27.797	50.748	4.590	32.810	120.128	17.464
甘肃省	16.910	7.079	-1.966	14.472	17.569	0.619	12.831	25.452	2.524
广东省	13.456	39.279	5.165	13.522	80.415	13.379	16.166	123.253	21.417
广西壮族自治区	20.770	17.984	-0.557	21.367	31.998	2.126	21.005	44.935	4.786
贵州省	16.406	21.297	0.978	20.818	40.889	4.014	22.303	39.556	3.451
海南省	13.158	15.602	0.489	14.501	17.584	0.617	14.881	22.680	1.560
河北省	12.043	13.078	0.207	13.350	30.607	3.451	15.318	60.364	9.009
河南省	17.967	25.219	1.450	16.866	44.565	5.540	20.691	92.382	14.338
黑龙江省	13.444	12.703	-0.148	16.388	12.251	-0.827	17.548	57.570	8.004
湖北省	17.247	23.178	1.186	15.490	48.022	6.506	16.315	47.902	6.317
湖南省	14.770	21.694	1.385	14.623	34.256	3.927	16.713	67.381	10.134
吉林省	14.706	19.178	0.894	14.533	52.221	7.538	17.828	51.100	6.654
江苏省	13.781	38.592	4.962	14.519	72.287	11.554	17.382	100.329	16.589
江西省	23.679	16.066	-1.523	22.984	16.310	-1.335	26.297	36.697	2.080
辽宁省	11.536	25.928	2.878	11.967	34.349	4.476	15.145	58.769	8.725
内蒙古自治区	21.449	13.106	-1.669	18.697	15.570	-0.625	24.153	20.578	-0.715
宁夏回族自治区	18.089	9.751	-1.668	20.452	10.540	-1.982	21.121	11.695	-1.885
青海省	18.060	9.095	-1.793	21.722	7.392	-2.866	24.744	12.158	-2.517
山东省	12.928	21.915	1.797	15.034	45.212	6.036	20.604	85.248	12.929
山西省	13.075	7.243	-1.166	13.741	10.808	-0.587	16.512	23.505	1.399
陕西省	17.651	7.618	-2.007	19.630	21.498	0.373	23.008	36.393	2.677
上海市	16.007	22.610	1.320	17.981	36.895	3.783	22.081	55.461	6.676
四川省	29.209	18.642	-2.114	27.001	36.489	1.898	39.176	76.585	7.482
天津市	15.133	16.313	0.236	15.504	25.812	2.062	17.701	53.827	7.225
西藏自治区	36.270	9.405	-5.373	41.874	8.987	-6.577			
新疆维吾尔自治区	9.408	10.776	0.274	11.770	11.564	-0.041	39.819	14.579	-5.048
云南省	17.398	20.550	0.630	19.371	24.542	1.034	22.395	80.930	11.707
浙江省	18.675	39.346	4.134	19.661	69.633	9.994	21.633	114.285	18.530
重庆市	18.189	12.291	-1.180	18.425	24.238	1.163	21.321	105.653	16.866

续表

省份	2011年			2012年			2013年		
	"在岗职工平均工资300%"缴费	"经理人平均薪金"缴费	差值2	"在岗职工平均工资300%"缴费	"经理人平均薪金"缴费	差值2	"在岗职工平均工资300%"缴费	"经理人平均薪金"缴费	差值2
安徽省	24.599	48.497	4.780	21.514	46.505	4.998	22.834	60.873	7.608
北京市	20.895	104.071	16.635	21.800	109.690	17.578	24.529	167.469	28.588
福建省	30.244	93.582	12.667	39.781	69.888	6.021	34.517	83.211	9.739
甘肃省	15.859	27.252	2.279	17.675	28.122	2.090	19.541	39.698	4.031
广东省	17.189	104.152	17.393	18.999	98.098	15.820	22.850	136.132	22.656
广西壮族自治区	21.777	38.329	3.311	23.971	39.079	3.021	25.582	41.526	3.189
贵州省	21.473	105.305	16.766	22.259	89.043	13.357	24.090	177.052	30.592
海南省	17.186	27.133	1.989	20.398	24.262	0.773	23.611	26.997	0.677
河北省	17.075	90.215	14.628	23.125	72.396	9.854	25.465	87.395	12.386
河南省	21.276	85.173	12.779	21.428	69.972	9.709	24.111	77.131	10.604
黑龙江省	19.322	28.575	1.851	18.374	33.689	3.063	19.567	51.660	6.418
湖北省	18.154	37.579	3.885	23.641	41.115	3.495	26.402	57.036	6.127
湖南省	20.571	55.687	7.023	24.289	57.897	6.722	24.718	70.966	9.249
吉林省	20.899	45.066	4.833	24.713	53.649	5.787	23.243	51.534	5.658
江苏省	18.597	82.785	12.837	20.882	79.989	11.821	21.714	100.584	15.774
江西省	29.348	35.415	1.213	28.549	41.491	2.589	33.382	48.866	3.097
辽宁省	17.090	53.278	7.238	19.030	60.256	8.245	20.997	72.387	10.278
内蒙古自治区	23.427	46.797	4.674	26.681	62.486	7.161	29.299	101.097	14.360
宁夏回族自治区	22.855	11.684	-2.234	24.187	12.858	-2.266	26.076	15.513	-2.113
青海省	14.412	15.018	0.121	31.753	18.801	-2.590	37.233	21.281	-3.190
山东省	17.328	70.019	10.538	17.889	65.458	9.514	24.974	95.507	14.107
山西省	19.457	26.552	1.419	20.786	30.379	1.919	24.439	31.693	1.451
陕西省	27.643	32.127	0.897	31.803	42.540	2.147	28.870	53.093	4.844
上海市	24.630	54.847	6.043	24.645	52.646	5.600	30.721	69.509	7.758
四川省	42.510	58.263	3.151	47.223	71.008	4.757	40.338	69.906	5.914
天津市	21.082	41.809	4.146	18.515	46.148	5.527	21.095	60.674	7.916
西藏自治区	46.112	123.014	15.380	47.726	74.597	5.374	50.092	85.789	7.139
新疆维吾尔自治区	11.346	23.725	2.476	13.488	41.485	5.599	27.475	38.598	2.224
云南省	29.571	50.220	4.130	27.228	42.032	2.961	27.417	38.598	2.224
浙江省	25.697	83.856	11.632	23.824	85.433	12.322	32.159	113.444	16.257
重庆市	26.471	97.568	14.220	25.479	103.713	15.647	28.403	127.313	19.782

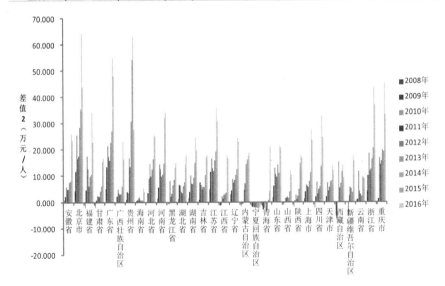

图5-2　统筹地区间缴费差值2的年度变化趋势图

随着上市公司职工工资水平的增长,在岗职工最高缴费基数、经理人平均货币薪金、经理人平均薪金水平呈增长趋势,相应地,以模拟缴费基数和制度缴费基数为基础养老保险缴费绝对差值在不同统筹地区呈现不同的变化趋势。首先,以"上年度在岗职工平均工资300%"作为制度缴费基数规定下,北京市、广东省、辽宁省等3个省市的经理人养老保险缴费在整个9年(2008—2016年)间都低于以"经理人平均货币薪金"作为模拟缴费基数的养老保险缴费。这说明由于最高缴费基数规定,这3个省市经理人养老保险费差值依次少缴4.301万元/人(2008)、5.278万元/人(2009)、4.556万元/人(2010)、5.130万元/人(2011)、5.236万元/人(2012)、5.620万元/人(2013)、4.760万元/人(2014)、6.299万元/人(2015)、6.039万元/人(2016),数量呈现年平均3.8%的递增趋势;其次,就地区而言,广东省经理人养老保险缴费差值要明显高于同年其他省份,呈现出年平均7.01%的递增趋势。

2008—2016年,全国31个省市自治区(不含港澳台地区)以"上年度在岗职工平均工资300%"作为制度缴费基数,缴费基本低于以"经理人平均薪金"作为模拟缴费基数的养老保险缴费,说明由于最高缴费基数规定,经理人养老保险费依次少缴32.824万元/人(2008)、108.729万元/人(2009)、249.884万元/人(2010)、220.933万元/人(2011)、203.470万元/人(2012)、293.493万元/人(2013)、400.615万元/人(2014)、767.228万元/人(2015)、654.369万元/人(2016)。其次,分地区而言,除了宁夏回族自治区外,其他30个省市自治区的经理人养老保险缴费在整个9年(2008—2016年)、8年(2009—2016年)或者7年(2010—2016年)间都低于以"经理人平均薪金"作为模拟缴费基数的养老保险缴费;再次,2008—2016年,经理人养老保险费少缴量排名最高的五个省市依次是北京市(248.521万元/人)、广东省(225.934万元/人)、贵州省(213.912万元/人)、浙江省(173.801万元/人)、重庆市(164.026万元/人),这5个省市中,除了贵州省外,其他四个省市都处于我国中心城市或者东部地带范畴。

综上所述,由于我国养老保险缴费没有采用"累进缴费制",养老保险最高缴费基数为上年度在岗职工平均工资300%的缴费机制增强了制度的"累退性",特别是东部地带或者中心城市的基本养老保险基金收入"负向溢出"效应更明显。

二、统筹地区间经理人规模变化与养老保险基金收入测算

随着我国经济社会的发展,经济结构的不断完善,我国形成了高、中、低三个主要收入群体,且我国高收入群体的规模和工资增长速度都

在不断地提高。1999—2013 年我国城镇高收入群体的年平均工资增长率为 16.42%,比中等收入和低收入群体分别高出 3.70 个百分点和 3.02 个百分点(丛春霞、靳文惠,2017)。另据我国国家统计局公布的 2003—2015 年全国居民收入基尼系数,除了 2014 年和 2015 年这一系数接近 0.47 外,其他各年份都在 0.47 以上,超过了世界银行基尼系数的警戒线(0.45)。如果我国现行的基本养老保险缴费制度保持不变,那么,养老保险制度的互济功能和"累进"功能将消失殆尽,更不可能实现制度的公平性和可持续性。本文以中国上市公司经理人数据为样本,测算出随着经理人规模的变化,经理人缴费基数三种计算口径方案下统筹地区养老保险基金收入,并比较分析其变化趋势。

由表 5-10 和图 5-3 可知:统筹地区间经理人规模基本呈现年度递增的变化趋势。这说明,2005 年 12 月 31 日颁布并于 2006 年 1 月 1 日开始实施的《上市公司股权激励管理办法》对经理人薪金结构多元化产生了"正向"推动作用,既领取货币薪金又领取股权薪金的经理人人数在逐年递增。其中,经理人规模年度增长最高的是广东省,其次是北京市、江苏省、上海市、浙江省,而这些省市基本上位于中心城市和东部地带范畴。基于"经理人规模变化、缴费基数调整与养老保险基金收入测算"显示一些地区以"上年度在岗职工平均工资 300%"作为制度缴费基数低于"经理人平均货币薪金"和"经理人平均薪金"的模拟缴费基数的缴费,而随着经理人规模的扩大,基本养老保险基金收入将进一步减少,对基金总量产生"负向溢出"效应。

同时由表 5-11 可知,以"经理人平均货币薪金"作为模拟缴费基数缴费而言,由于最高缴费基数规定,北京市、广东省、辽宁省等 3 个省市自治区的养老保险基金收入在连续 9 年(2008—2016 年)间依次少征收 662.849 亿元(2008)、927.251 亿元(2009)、1114.947 亿元(2010)、836.110 亿元(2011)、895.975 亿元(2012)、1315.062 亿元(2013)、838.553 亿元(2014)、1271.606 亿元(2015)、1708.058 亿元(2016),在数量上呈现年均 11.09% 的递增趋势。其次,就地区而言,广东省经理人规模明显高于其他省市自治区,其养老保险基金收入少缴量也呈现出年平均 12.14% 的递增趋势。

以"经理人平均薪金"作为模拟缴费基数缴费而言,由于最高缴费基数规定,2008—2016年间养老保险基金收入少缴量排名前5的省市依次为广东省(68679.268亿元)、北京市(36657.738亿元)、浙江省(27570.818亿元)、江苏省(17309.555亿元)、上海市(17259.456亿元),这些省市都处于我国中心城市或者东部地带范畴。其次,除了宁夏回族自治区在整个9年时间的养老保险基金收入差值都保持负值外,其他30个省市自治区(不含港澳台地区)的经理人养老保险基金收入在整个9年(2008—2016年)、8年(2009—2016年)或者7年(2010—2016年)间都呈现"负向溢出"效应,即少缴1853.144亿元(2008)、10761.072亿元(2009)、27546.470亿元(2010)、15059.195亿元(2011)、15967.968亿元(2012)、29412.207亿元(2013)、25807.453亿元(2014)、58429.440亿元(2015)、62842.309亿元(2016)。

表5-10　基于上市公司统计年报测算的统筹地区间经理人人数所占比

地区	2008年		2009年		2010年	
	经理人规模(人)	经理人数占比(%)	经理人规模(人)	经理人数占比(%)	经理人规模(人)	经理人数占比(%)
安徽省	537	0.003	630	0.004	678	0.004
北京市	1087	0.001	1339	0.001	1829	0.001
福建省	448	0.009	554	0.007	691	0.005
甘肃省	207	0.008	206	0.006	225	0.007
广东省	2445	0.005	2640	0.005	3725	0.005
广西壮族自治区	253	0.010	295	0.008	312	0.007
贵州省	170	0.006	140	0.006	174	0.006
海南省	157	0.008	162	0.008	174	0.004
河北省	360	0.003	311	0.003	474	0.004
河南省	275	0.004	389	0.004	538	0.004
黑龙江省	245	0.006	267	0.005	277	0.005
湖北省	657	0.004	640	0.003	695	0.004
湖南省	486	0.004	529	0.004	726	0.004
吉林省	316	0.006	336	0.006	342	0.006
江苏省	854	0.009	1058	0.009	1251	0.009
江西省	287	0.004	310	0.004	353	0.004
辽宁省	480	0.004	557	0.003	602	0.003
内蒙古自治区	152	0.005	152	0.005	152	0.003
宁夏回族自治区	133	0.003	131	0.003	150	0.003
青海省	61	0.005	57	0.004	35	0.004
山东省	956	0.004	1065	0.004	1284	0.004
山西省	271	0.003	288	0.002	352	0.001
陕西省	192	0.006	228	0.007	315	0.006
上海市	1679	0.004	1833	0.004	1947	0.004
四川省	568	0.004	657	0.004	834	0.003
天津市	351	0.008	349	0.008	367	0.008
西藏自治区	88	0.016	63	0.028		
新疆维吾尔自治区	197	0.010	216	0.013	215	0.010
云南省	172	0.006	139	0.006	202	0.005
浙江省	1249	0.007	1373	0.007	1953	0.008
重庆市	277	0.008	308	0.006	322	0.006

续表

地区	2011年		2012年		2013年	
	经理人规模（人）	经理人数占比（%）	经理人规模（人）	经理人数占比（%）	经理人规模（人）	经理人数占比（%）
安徽省	812	0.004	1009	0.004	1076	0.004
北京市	2320	0.002	2886	0.001	2887	0.002
福建省	916	0.005	1001	0.005	971	0.004
甘肃省	260	0.006	280	0.006	260	0.006
广东省	4469	0.004	5080	0.004	4951	0.003
广西壮族自治区	350	0.006	362	0.007	372	0.007
贵州省	114	0.004	197	0.006	181	0.006
海南省	246	0.009	241	0.015	228	0.015
河北省	514	0.003	612	0.003	564	0.003
河南省	647	0.005	739	0.003	724	0.003
黑龙江省	293	0.005	324	0.005	276	0.004
湖北省	913	0.004	961	0.004	885	0.003
湖南省	874	0.004	1023	0.005	969	0.005
吉林省	420	0.006	406	0.006	433	0.005
江苏省	1656	0.009	2120	0.008	2024	0.008
江西省	348	0.004	443	0.004	426	0.004
辽宁省	746	0.004	848	0.004	754	0.004
内蒙古自治区	187	0.003	260	0.002	282	0.003
宁夏回族自治区	123	0.006	153	0.003	139	0.003
青海省	53	0.003	80	0.003	90	0.004
山东省	1536	0.004	1722	0.003	1687	0.004
山西省	382	0.002	388	0.002	332	0.002
陕西省	339	0.005	410	0.004	354	0.004
上海市	2358	0.004	2631	0.003	2453	0.003
四川省	921	0.003	1026	0.003	1068	0.003
天津市	470	0.008	540	0.005	501	0.004
西藏自治区	88	0.006	104	0.007	102	0.007
新疆维吾尔自治区	237	0.010	255	0.006	259	0.005
云南省	184	0.006	253	0.004	267	0.004
浙江省	2372	0.008	2729	0.007	2630	0.006
重庆市	420	0.005	447	0.004	481	0.004

地区	2014年		2015年		2016年	
	经理人规模（人）	经理人数占比（%）	经理人规模（人）	经理人数占比（%）	经理人规模（人）	经理人数占比（%）
安徽省	955	0.004	1048	0.004	1026	0.003
北京市	3154	0.002	3616	0.002	3698	0.002
福建省	932	0.004	1066	0.004	1210	0.006
甘肃省	211	0.005	243	0.006	314	0.007
广东省	5085	0.003	5862	0.003	6452	0.003
广西壮族自治区	355	0.008	437	0.007	430	0.005
贵州省	184	0.007	221	0.005	214	0.005
海南省	169	0.010	236	0.003	283	0.004
河北省	564	0.003	612	0.003	579	0.003
河南省	722	0.003	811	0.004	794	0.003
黑龙江省	271	0.005	445	0.004	433	0.004
湖北省	917	0.003	1079	0.003	1147	0.003
湖南省	960	0.005	1058	0.003	1119	0.003
吉林省	436	0.006	419	0.006	387	0.006
江苏省	2263	0.007	2587	0.006	3063	0.006
江西省	390	0.004	468	0.003	455	0.003
辽宁省	823	0.004	1036	0.003	935	0.004
内蒙古自治区	242	0.002	269	0.002	300	0.002
宁夏回族自治区	101	0.004	97	0.006	116	0.007
青海省	89	0.004	86	0.004	89	0.006
山东省	1588	0.003	1822	0.004	1962	0.003
山西省	341	0.003	421	0.003	418	0.003
陕西省	305	0.005	464	0.003	471	0.003
上海市	2375	0.003	2696	0.003	2825	0.003
四川省	1075	0.003	1322	0.004	1383	0.003
天津市	557	0.003	530	0.003	608	0.006
西藏自治区	87	0.007	103	0.007	153	0.009
新疆维吾尔自治区	291	0.005	326	0.005	407	0.007
云南省	289	0.003	332	0.003	303	0.004
浙江省	2788	0.006	3132	0.006	3542	0.006
重庆市	492	0.004	497	0.004	568	0.004

资料来源：根据中国区域经济与社会发展状况，中国统计局将全国划分为23个省、4个直辖市、5个自治区、2个特别行政区。由于本文的数据样本是中国所有A股上市公司，不涵盖2个特别行政区及台湾省。

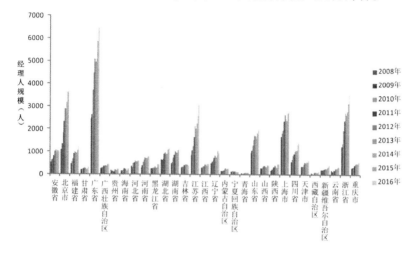

图5-3　统筹地区间经理人规模的年度变化趋势图

表5-11　统筹地区间经理人规模与养老保险基金收入

地区	2008年			2009年			2010年		
	经理人规模（人）	养老保险基金收入差值1（亿元）	养老保险基金收入差值2（亿元）	经理人规模（人）	养老保险基金收入差值1（亿元）	养老保险基金收入差值2（亿元）	经理人规模（人）	养老保险基金收入差值1（亿元）	养老保险基金收入差值2（亿元）
安徽省	537	-26.841	36.686	630	-43.549	141.737	678	-34.891	389.063
北京市	1087	111.017	481.259	1339	173.201	1579.956	1829	269.974	4682.631
福建省	448	-161.322	-102.062	554	-128.608	254.299	691	-150.689	1206.732
甘肃省	207	-41.720	-40.700	206	-21.941	12.758	225	-8.575	56.795
广东省	2445	490.729	1262.750	2640	674.369	3531.929	3725	786.736	7978.016
广西壮族自治区	253	-28.177	-14.096	295	-28.022	62.723	312	-9.977	149.322
贵州省	170	-8.764	16.629	140	-3.363	56.198	174	-26.492	60.039
海南省	157	6.773	7.676	162	8.544	9.991	174	10.703	27.139
河北省	360	-10.358	7.454	311	-8.189	107.340	474	-10.548	427.036
河南省	275	-32.397	39.882	389	-21.797	215.499	538	-56.447	771.388
黑龙江省	245	-3.749	-3.628	267	-23.652	-22.081	277	-35.398	221.717
湖北省	657	-81.224	77.923	640	-16.292	416.403	695	4.036	439.057
湖南省	486	-12.605	67.299	529	-24.861	207.717	726	10.127	735.700
吉林省	316	-31.066	28.262	336	-15.984	253.268	342	12.259	227.583
江苏省	854	-11.038	423.760	1058	-11.290	1222.382	1251	14.582	2075.327
江西省	287	-57.618	-43.699	310	-73.623	-41.380	353	-78.232	73.424
辽宁省	480	61.103	138.168	557	79.680	249.338	602	58.237	525.225
内蒙古自治区	152	-28.745	-25.364	152	-20.684	-9.505	152	-27.196	-10.869
宁夏回族自治区	133	-22.204	-22.179	131	-26.368	-25.970	150	-28.717	-28.277
青海省	61	-10.943	-10.938	57	-16.344	-16.337	35	-8.815	-8.810
山东省	956	-30.857	171.831	1065	-6.861	642.701	1284	-123.693	1660.068
山西省	271	-31.773	-31.609	288	-17.349	-16.896	352	-38.478	49.231
陕西省	192	-38.577	-38.527	228	-48.116	8.518	315	-34.702	84.326
上海市	1679	40.926	221.702	1833	28.467	693.367	1947	-17.203	1299.823
四川省	568	-200.086	-120.047	657	-185.299	124.674	834	-368.974	623.983
天津市	351	7.144	8.282	349	12.839	71.954	367	3.399	265.161
西藏自治区	88	-48.800	-47.283	63	-44.666	-41.437			
新疆维吾尔自治区	197	-0.205	5.391	216	-13.518	-0.889	215	-121.134	-108.532
云南省	172	-23.304	10.844	139	-13.990	14.374	202	-30.914	236.480
浙江省	1249	-28.391	516.371	1373	20.727	1372.242	1953	16.590	3618.981
重庆市	277	-49.692	-32.674	308	-51.014	35.806	322	-55.951	543.097

地区	2011年			2012年			2013年		
	经理人规模(人)	养老保险基金收入差值1(亿元)	养老保险基金收入差值2(亿元)	经理人规模(人)	养老保险基金收入差值1(亿元)	养老保险基金收入差值2(亿元)	经理人规模(人)	养老保险基金收入差值1(亿元)	养老保险基金收入差值2(亿元)
安徽省	537	-82.950	256.661	630	-25.730	314.883	678	-18.260	515.813
北京市	1087	190.064	1808.244	1339	232.434	2353.682	1829	319.677	5228.770
福建省	448	-57.573	567.501	554	-146.087	333.585	691	-121.627	672.950
甘肃省	207	7.062	47.168	206	-5.600	43.044	225	-2.558	90.705
广东省	2445	601.902	4252.496	2640	593.873	4176.437	3725	909.230	8439.539
广西壮族自治区	253	0.630	83.757	295	-30.019	89.134	312	-29.604	99.494
贵州省	170	1.912	285.050	140	-6.915	186.995	174	9.011	532.307
海南省	157	7.609	31.232	162	-14.178	12.521	174	-17.341	11.784
河北省	360	0.451	526.606	311	-27.024	306.464	474	-42.573	587.095
河南省	275	-29.987	351.433	389	-34.011	377.676	538	-55.861	570.492
黑龙江省	245	-31.987	45.343	267	-8.967	81.786	277	-7.342	177.791
湖北省	657	6.571	255.240	640	-54.203	223.669	695	-62.346	425.814
湖南省	486	-33.220	341.327	529	-46.310	355.574	726	-73.232	671.510
吉林省	316	-8.982	152.734	336	-26.294	194.452	342	-9.490	193.508
江苏省	854	1.559	1096.319	1058	32.349	1250.709	1251	35.568	1973.328
江西省	287	-73.895	34.822	310	-6.065	80.244	353	-15.580	109.321
辽宁省	480	44.143	347.401	557	69.668	459.261	602	86.155	618.733
内蒙古自治区	152	-19.893	71.046	152	-18.941	108.849	152	-19.081	218.269
宁夏回族自治区	133	-29.981	-29.713	131	-29.842	-29.682	150	-31.826	-31.690
青海省	61	0.736	0.739	57	-14.767	-14.766	35	-11.255	-11.166
山东省	956	-5.811	1007.451	1065	4.750	1013.215	1284	-126.619	1811.309
山西省	271	-27.356	38.454	288	-19.451	55.258	352	-22.409	51.074
陕西省	192	-45.950	17.219	228	-68.867	48.959	315	-61.641	152.600
上海市	1679	-43.290	1014.662	1833	33.273	1026.511	1947	-116.958	1510.420
四川省	568	-260.213	178.948	657	-342.003	312.531	834	-277.214	493.198
天津市	351	-14.509	145.510	349	28.753	192.883	367	37.653	290.514
西藏自治区	88	-60.275	135.346	63	-42.664	33.856			
新疆维吾尔自治区	197	11.290	48.774	216	66.530	120.949	215	54.983	108.982
云南省	172	-37.657	71.029	139	-19.950	41.155	202	-39.283	44.934
浙江省	1249	-30.354	1452.823	1373	15.965	1691.769	1953	-235.452	3174.976
重庆市	277	-25.755	393.880	308	3.976	481.917	322	2.093	636.977

地区	2014年			2015年			2016年		
	经理人规模(人)	养老保险基金收入差值1(亿元)	养老保险基金收入差值2(亿元)	经理人规模(人)	养老保险基金收入差值1(亿元)	养老保险基金收入差值2(亿元)	经理人规模(人)	养老保险基金收入差值1(亿元)	养老保险基金收入差值2(亿元)
安徽省	537	18.149	437.574	630	-22.340	1649.504	678	-72.539	1597.005
北京市	1087	218.157	3864.138	1339	274.897	8626.339	1829	284.350	8032.719
福建省	448	-117.031	469.851	554	-163.596	1896.410	691	-194.600	1577.335
甘肃省	207	-4.188	127.969	206	30.214	315.585	225	-19.440	371.251
广东省	2445	607.528	6637.099	2640	963.476	14480.535	3725	1376.158	17920.466
广西壮族自治区	253	-20.388	151.209	295	-32.005	680.885	312	-20.183	512.007
贵州省	170	-2.179	923.310	140	2.685	880.138	174	-25.036	479.781
海南省	157	-21.608	11.980	162	4.678	87.370	174	12.555	65.985
河北省	360	45.831	590.782	311	85.519	796.784	474	171.886	1187.310
河南省	275	-7.785	399.900	389	-22.754	1247.456	538	-55.635	1841.017
黑龙江省	245	0.887	206.685	267	-30.409	351.652	277	5.189	414.574
湖北省	657	-57.715	498.816	640	33.580	925.151	695	23.429	1239.244
湖南省	486	-89.038	726.970	529	-56.540	1294.124	726	-48.301	1440.610
吉林省	316	-13.186	320.275	336	12.191	576.195	342	-6.909	609.267
江苏省	854	80.284	1636.913	1058	116.961	3785.567	1251	141.704	3845.250
江西省	287	-1.362	105.762	310	3.231	548.423	353	-22.572	588.025
辽宁省	480	12.868	596.870	557	33.233	1359.507	602	47.550	1374.650
内蒙古自治区	152	2.035	246.147	152	0.350	268.117	152	-9.015	286.702
宁夏回族自治区	133	-33.879	-32.719	131	-44.875	-42.436	150	-37.143	-33.007
青海省	61	4.975	5.124	57	-0.020	23.883	35	1.326	74.493
山东省	956	-25.505	1038.928	1065	7.207	2273.996	1284	56.756	2658.614
山西省	271	-54.310	107.980	288	-94.959	346.106	352	-128.392	361.383
陕西省	192	-32.124	278.712	228	-46.115	405.107	315	-17.154	532.900
上海市	1679	-75.718	1897.245	1833	159.607	5052.268	1947	124.533	4543.460
四川省	568	-223.767	781.573	657	-257.665	2151.616	834	-351.856	2053.155
天津市	351	19.972	282.681	349	22.354	480.152	367	24.503	437.518
西藏自治区	88	-64.781	103.617	63	-41.504	88.464			
新疆维吾尔自治区	197	58.680	74.069	216	108.157	379.230	215	56.456	339.671
云南省	172	-40.219	164.681	139	-36.491	126.953	202	-56.987	176.535
浙江省	1249	89.514	2583.858	1373	73.580	5945.961	1953	127.126	7213.837
重庆市	277	14.340	536.732	308	11.861	1185.962	322	22.931	1067.546

资料来源:根据我国区域经济与社会发展状况,中国统计局将全国划分为23个省、4个直辖市、5个自治区、2个特别行政区。由于本文的数据样本是中国所有A股上市公司,不涵盖2个特别行政区。

三、统筹地区间养老保险基金收入比较分析

前文测算出了 2008—2016 年统筹地区间以"经理人平均货币薪金"和"经理人平均薪金"作为模拟缴费基数和以"在岗职工平均工资 300%"作为制度缴费基数下的统筹地区间养老保险基金收入年度变化情况。由上文分析可知,我国养老保险缴费没有采用"累进缴费制",养老保险最高缴费基数为"上年度在岗职工平均工资 300%"的缴费机制增强了制度的累退性,对基本养老保险基金收入产生"负向溢出"效应,并且随着经理人规模的扩大,基本养老保险基金收入将进一步减少,对基金总量的负向溢出效应更加明显。

由图 5-4 可知,31 个省市自治区(不含港澳台地区)以"经理人平均薪金"为缴费基数的养老保险基金收入 2 在 9 年间(2008—2016 年)都明显高于以"经理人平均货币薪金"为缴费基数的养老保险基金收入 1,且差值呈现年均 47.17% 的增长趋势。我国于 2005 年 12 月 31 日颁布并于 2006 年 1 月 1 日开始实施的《上市公司股权激励管理办法》对经理人薪金结构多元化产生了"正向"推动作用,经理人货币薪金在整个薪金中所占比例逐渐下降,而股权薪金的相对比例不断加大,经理人的长期激励薪酬方式正在逐渐增加,这种薪金结构的变化将对养老保险基金收入产生极大的影响。但是我国税务部门对股票期权所得单独课征个人所得税,却完全没有将股票期权所得纳入社保缴费基数文件,导致企业缴费基数远远低于实际的工资总额(苏中兴,2016),而当高收入人群养老保险缴费基数低于其实际工资水平时,基本养老保险基金收入就将进一步减少,对基金总量产生负向溢出效应(丛春霞、靳文惠,2017)。如果按照"经理人平均货币薪金"为缴费基数缴费,养老保险基金收入依次少缴 3.292 亿元(2008)、10.978 亿元(2009)、28.351 亿元(2010)、26.178 亿元(2011)、28.760 亿元(2012)、40.710 亿元(2013)、51.767 亿元(2014)、119.380 亿元(2015)、106.594 亿元(2016)。

2008—2016 年以"经理人平均薪金"为缴费基数的养老保险基金收入 2 和以"经理人平均货币薪金"为缴费基数的养老保险基金收入 1 之间的差值最高的地区是广东省,最低的地区依次是青海省(2008—2012 年)、宁夏回族自治区(2013—2016 年),即最高与最低的区域相差依次为 0.772 亿元(2008)、2.858 亿元(2009)、7.191 亿元(2010)、6.673 亿元

（2011）、6.894亿元（2012）、10.009亿元（2013）、12.539亿元（2014）、30.012亿元（2015）、28.653亿元（2016），大致呈现逐年递增的趋势。

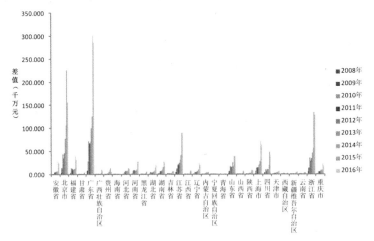

图5-4　统筹地区差异：养老保险基金收入差值变化趋势图（2008—2016年）

第三节　区域间养老保险基金收入的弹性分析

弹性原是一个物理名词，指某一物质对外界力量的反应性。后来弹性概念被广泛应用于经济学中，表示因变量对自变量变化的反应的敏感程度，鉴于此，本文运用弹性分析经理人缴费基数调整对城镇职工养老保险基金收入的影响。基于上一节的分析结果，结合中国区域经济与社会发展状况，分别测算统筹地区之间、中心城市与非中心城市间、东部地区与非东部地区间等经理人缴费基数三种计算口径下养老保险基金收入的弹性及其变化趋势。

一、统筹地区间养老保险基金收入的弹性分析

表5-12描绘了世界性金融危机以来统筹地区间养老保险基金收入弹性的变化趋势。

由表5-12可知，2008—2016年，除天津市、吉林省、浙江省、江西省、宁夏回族自治区、福建省6省市自治区外，其他25省市自治区的养老保险基金收入弹性1处于正值，说明这些统筹地区的"经理人平均货币薪

金"缴费基数对养老保险基金收入的拉动效应大。其中广东省的养老保险基金收入弹性1(5.725)最高,对养老保险基金收入的拉动效应相对于其他统筹地区最高;黑龙江省的养老保险基金收入弹性1(0.208)最低,趋近于0,说明黑龙江省的"经理人平均货币薪金"缴费基数对养老保险基金收入增长几乎没有拉动作用。

此外,2008—2016年间,天津市、吉林省、浙江省、江西省、宁夏回族自治区、福建省6省市自治区的平均养老保险基金收入弹性1处于负值。说明这些地区经理人的平均货币薪金对养老保险基金收入不但没有拉动作用,还存在一定程度的"挤出"效应,并且依次增大。

表5-12   统筹地区间的养老保险基金收入弹性1

省份	2008	2009	2010	2011	2012	2013	2014	2015	2016	平均养老保险基金收入弹性1
广东省	2.116	1.748	26.433	3.126	6.523	0.815	1.490	3.724	5.552	5.725
陕西省	1.565	2.155	1.793	0.345	4.418	-0.093	6.325	25.315	1.137	4.773
北京市	1.867	6.081	3.810	3.138	9.826	1.004	4.320	4.084	1.329	3.940
广西壮族自治区	3.539	2.948	1.401	2.069	0.785	1.295	0.559	21.804	0.880	3.920
安徽省	3.110	12.390	1.616	2.464	2.819	1.708	-0.287	2.767	8.446	3.893
辽宁省	0.955	3.516	2.871	4.041	1.962	-0.088	-0.052	20.548	0.011	3.752
海南省	0.419	1.299	2.623	5.911	1.091	0.614	-0.468	2.580	18.652	3.636
江苏省	1.762	4.929	1.823	9.363	2.687	-0.444	2.286	2.853	3.983	3.249
云南省	1.232	0.260	17.518	0.572	6.269	0.573	-3.706	5.656	0.657	3.226
河南省	-0.293	3.934	5.283	9.474	2.968	0.794	0.967	1.864	0.855	2.872
四川省	1.920	2.551	2.106	1.802	2.518	1.385	8.223	3.838	1.300	2.849
山东省	4.037	1.494	4.019	3.702	3.014	0.789	0.355	2.536	1.916	2.429
西藏自治区	3.304	1.862			2.260	0.639	0.447	2.069	5.626	2.315
内蒙古自治区	20.990	1.000	1.000	3.319	3.238	1.757	0.488	-10.807	-3.263	1.969
湖北省	0.631	0.883	1.598	3.856	2.356	0.309	1.296	3.049	2.400	1.820
河北省	0.975	-0.146	4.428	1.493	3.180	0.250	1.000	2.939	0.638	1.640
上海市	1.481	2.123	1.467	3.894	2.338	0.134	0.799	2.221	-0.018	1.604
青海省	0.570	1.284	0.016	3.696	3.531	2.123	0.735	1.149	1.202	1.590
山西省	-0.581	1.191	8.729	1.365	1.091	0.202	0.615	-0.802	1.715	1.503
重庆市	-3.216	2.228	1.231	1.723	1.390	1.839	1.153	1.235	2.321	1.100
新疆维吾尔自治区	1.756	-0.166	0.982	1.567	1.149	0.058	1.727	1.505	0.171	0.972
湖南省	1.555	0.095	2.262	-12.616	2.231	5.391	1.298	1.555	3.370	0.571
甘肃省	1.727	0.981	1.567	1.412	-0.005	0.490	-3.299	1.487	-0.576	0.420
贵州省	1.765	0.402	0.276	-0.035	-5.415	0.686	0.669	2.516	1.094	0.218
黑龙江省	1.280	-0.488	0.476	1.452	1.453	-0.746	0.893	-3.317	0.869	0.208
天津市	1.532	0.917	2.140	7.277	1.931	0.473	-29.657	0.311	3.049	-1.336
吉林省	0.562	1.325	1.047	-30.323	0.476	2.376	1.126	0.685	2.221	-2.278
浙江省	2.561	1.704	6.674	3.167	-47.214	0.451	2.212	2.303	3.823	-2.702
江西省	7.022	0.648	1.514	0.815	1.678	0.668	0.375	-53.513	1.394	-4.378
宁夏回族自治区	3.471	0.758	2.444	-57.890	3.573	0.470	3.757	-0.445	1.868	-4.666
福建省	-0.203	1.664	1.948	5.056	1.889	1.876	0.555	-85.971	2.692	-7.833

资料来源:根据2007—2016年中国上市公司数据计算而得。

注：表5-12中养老保险基金收入弹性1表示"经理人平均货币薪金"缴费基数对养老保险基金收入的弹性。

表5-13描绘了世界性金融危机以来统筹地区间养老保险基金收入弹性2的变化趋势。2008—2016年，除贵州省、上海市、湖北省、云南省4个省市外，其他27个省市的平均养老保险基金收入弹性2处于正值，说明这些统筹地区的"经理人平均薪金"缴费基数对养老保险基金收入的拉动效应大。其中宁夏回族自治区的养老保险基金收入弹性2（23.756）最高，对养老保险基金收入的拉动效应相对于其他省市最高；江苏省的养老保险基金收入弹性2（0.003）最低，趋近于0，说明江苏省的"经理人平均薪金"缴费基数对养老保险基金收入增长几乎没有拉动作用。

此外，2008—2016年间，贵州省、上海市、湖北省、云南省4个省市的平均养老保险基金收入弹性2处于负值。这一数据说明4个省市的"经理人平均薪金"缴费基数为正增长但养老保险基金收入却减少，即对养老保险基金收入形成"挤出"效应。这些省份养老保险基金收入弹性2绝对值越大说明其对养老保险基金收入"挤出"效应就越大，养老保险基金收入弹性2绝对值越小说明其对养老保险基金收入"挤出"效应就越小。由此可知，贵州省、上海市、湖北省、云南省等4省市经理人的平均薪金对养老保险基金收入"挤出"效应依次增大。

表5-13　统筹地区间的养老保险基金收入弹性2

省份	2008	2009	2010	2011	2012	2013	2014	2015	2016	平均养老保险基金收入弹性1
宁夏回族自治区	3.520	0.799	2.469	195.775	3.672	0.465	4.946	0.316	1.842	23.756
四川省	12.678	1.320	1.515	0.668	1.635	-1.597	1.017	1.496	0.766	2.166
西藏自治区	3.991	7.121			0.720	0.853	0.430	3.015	-1.472	2.094
浙江省	0.527	1.228	2.081	0.409	9.157	0.853	1.550	1.258	0.098	1.907
甘肃省	1.688	0.992	1.298	3.355	3.486	0.755	0.192	1.321	3.488	1.842
江西省	-0.065	6.358	1.250	1.391	2.864	0.746	0.210	1.358	1.875	1.776
北京市	0.346	1.476	1.750	0.342	5.762	1.001	1.542	1.349	0.942	1.612
青海省	0.568	1.285	0.015	3.701	3.532	2.073	0.733	0.922	1.050	1.542
内蒙古自治区	1.524	1.000	1.000	1.411	2.555	1.222	-0.440	2.784	2.763	1.535
陕西省	1.587	1.290	1.932	0.426	1.856	0.313	0.703	4.340	0.824	1.475
河北省	0.995	0.762	2.063	1.255	0.225	0.543	1.000	1.306	4.597	1.416
辽宁省	0.935	1.654	1.194	-1.321	2.181	0.339	1.553	1.642	3.279	1.273
湖南省	-1.037	1.241	1.758	0.029	5.467	0.713	0.970	1.321	0.703	1.241
重庆市	1.205	1.227	1.059	-2.673	2.085	1.410	4.907	1.020	0.491	1.192
天津市	1.728	0.985	1.099	0.024	2.584	0.698	3.468	0.849	-0.783	1.184
海南省	0.451	1.283	1.330	3.521	1.172	0.468	-0.365	1.986	0.070	1.102
黑龙江省	1.282	-1.434	1.048	0.943	1.697	0.574	0.906	3.180	0.639	0.982

河南省	1.640	1.955	1.740	-1.394	0.345	0.781	0.985	1.249	0.749	0.895
广西壮族自治区	-2.358	1.379	1.200	0.293	2.788	1.469	0.833	1.382	1.056	0.894
福建省	0.809	1.356	1.428	-0.148	0.726	0.813	0.643	1.256	0.612	0.833
广东省	0.786	1.156	2.182	-0.089	-1.215	0.909	1.179	1.334	0.201	0.716
山东省	3.230	1.221	1.438	0.098	-0.738	0.935	1.256	1.363	-2.424	0.709
山西省	-0.479	1.190	1.411	1.743	1.125	-2.480	1.075	1.498	1.086	0.685
新疆维吾尔自治区	1.628	2.415	0.978	1.265	1.177	-0.254	-0.662	1.186	-2.442	0.588
安徽省	-0.175	1.530	1.190	4.639	-4.664	1.281	-3.084	1.162	1.322	0.356
吉林省	1.186	1.100	0.186	-0.703	0.792	-0.620	1.022	0.875	-0.907	0.326
江苏省	0.810	1.512	1.653	-0.528	-7.016	0.779	1.859	1.341	-0.387	0.003
贵州省	0.513	0.632	-6.207	0.448	-2.986	0.837	1.041	2.529	1.030	-0.240
上海市	-0.305	1.237	1.186	-17.851	-1.769	0.721	0.868	1.292	0.671	-1.550
湖北省	1.141	0.950	-33.337	-0.142	1.611	0.717	1.237	1.578	1.383	-2.762
云南省	1.306	-0.180	1.650	1.146	-0.925	0.378	1.165	-57.578	0.385	-5.936

资料来源:根据2007—2016年中国上市公司数据计算而得。

注:表5-13中养老保险基金收入弹性2表示"经理人平均薪金"缴费基数对养老保险基金收入的弹性。

表5-14描绘了世界性金融危机以来省级间养老保险基金收入弹性3的变化趋势。由表5-14表可知,2009—2016年,除海南省、贵州省、西藏自治区、福建省、湖南省、辽宁省、湖北省、北京市、陕西省9省市自治区外,其他22省市的平均养老保险基金收入弹性3处于正值,说明这些统筹地区的"上年度在岗职工平均工资300%"的制度缴费基数对养老保险基金收入的拉动效应大。其中宁夏回族自治区的养老保险基金收入弹性3(22.988)最高,对养老保险基金收入的拉动效应相对于其他省市最高;河北省的养老保险基金收入弹性2(0.093)最低,趋近于0,说明河北省"上年度在岗职工平均工资300%"的制度缴费基数对养老保险基金收入增长几乎没有拉动作用。

此外,2009—2016年间,海南省、贵州省、西藏自治区、福建省、湖南省、辽宁省、湖北省、北京市、陕西省9省市自治区的平均养老保险基金收入弹性3处于负值。这一数据说明9省市自治区的"上年度在岗职工平均工资300%"的制度缴费基数为正增长但养老保险基金收入却减少,即对养老保险基金收入形成"挤出"效应。而这些统筹地区养老保险基金收入弹性3绝对值越大,说明其对养老保险基金收入"挤出"效应就越大,养老保险基金收入弹性3绝对值越小,说明其对养老保险基金收入"挤出"效应就越小。由此可知,海南省、贵州省、西藏自治区、福建省、湖南省、辽宁省、湖北省、北京市、陕西省9省市自治区"上年度在岗职工平均工资300%"的制度缴费基数对养老保险基金收入"挤出"效应依次增大。

表5-14　统筹地区间的养老保险基金收入弹性3

省份	2008	2009	2010	2011	2012	2013	2014	2015	2016	平均养老保险基金收入弹性1
宁夏回族自治区		0.174	1.090	-0.636	-0.593	0.003	-0.706	0.244	184.331	22.988
甘肃省		0.506	93.804	1.945	11.558	-1.305	-0.278	2.550	-5.975	12.851
浙江省		4.786	50.578	1.986	1.146	1.049	1.177	1.862	3.555	8.267
天津市		0.125	0.836	-6.953	1.283	2.982	5.814	-0.390	47.728	6.428
内蒙古自治区		-0.012	-0.064	17.533	6.623	5.383	-0.434	19.140	0.587	6.094
新疆维吾尔自治区		24.818	-0.711	3.113	0.976	-13.433	11.567	5.777	9.260	5.171
山东省		20.421	11.144	1.407	1.171	0.620	0.237	1.178	1.366	4.693
四川省		8.263	16.839	3.246	1.469	-1.030	0.907	2.224	1.987	4.238
广东省		0.703	20.158	-12.968	6.930	-0.006	2.833	3.323	2.735	2.963
江苏省		31.129	-8.825	4.861	2.859	-5.319	0.911	2.969	-11.541	2.131
河南省		1.947	2.790	4.522	1.684	-1.141	1.634	1.993	1.019	1.806
黑龙江省		1.020	0.212	-0.241	2.376	0.369	0.624	8.723	0.963	1.756
云南省		-5.716	18.203	-0.632	3.923	-1.869	-0.119	-0.503	-0.362	1.616
吉林省		-0.109	4.925	4.981	-0.577	1.131	1.456	-0.387	0.860	1.535
江西省		0.981	-1.942	1.319	2.946	5.369	0.340	2.285	0.594	1.486
上海市		1.455	-2.072	0.881	2.392	0.186	-0.345	4.530	3.867	1.362
安徽省		15.087	-4.579	2.394	3.429	5.317	-0.165	-14.500	0.592	0.947
广西壮族自治区		1.099	0.581	4.346	-4.493	-3.114	0.645	4.595	-0.057	0.450
重庆市		1.813	2.648	1.443	-6.686	4.700	-2.909	0.847	1.480	0.417
青海省		0.228	-3.076	4.026	-5.441	12.599	0.285	-0.136	-5.464	0.377
山西省		-0.628	7.297	0.682	1.613	0.224	-2.755	-2.328	-1.520	0.323
河北省		-1.116	-11.900	1.235	15.447	1.389	0.933	-5.194	-0.047	0.093
海南省		1.913	1.860	3.265	0.609	-0.641	-1.366	-4.567	-2.126	-0.132
贵州省		1.124	7.479	-19.394	10.279	-0.936	2.352	0.577	-4.565	-0.385
西藏自治区		-0.784			-32.835	0.774	-0.624	2.582	27.221	-0.611
福建省		-1.832	-6.505	-7.000	0.798	0.726	-0.681	3.830	4.475	-0.774
湖南省		20.725	-21.201	3.122	0.889	0.545	0.354	0.813	-11.770	-0.815
辽宁省		0.996	-1.203	1.011	-7.778	0.263	2.195	2.474	-10.391	-1.554
湖北省		0.629	-39.587	3.738	0.790	-0.232	9.614	2.388	9.503	-1.645
北京市		0.631	-19.495	2.541	-5.404	0.091	-1.454	0.908	1.838	-2.543
陕西省		0.268	5.265	4.714	0.723	-136.695	-0.062	3.332	-0.523	-15.372

资料来源：根据中国区域经济与社会发展状况，中国统计局将全国划分为23个省、4个直辖市、5个自治区、2个特别行政区。由于本文的数据样本是中国所有A股上市公司，不涵盖2个特别行政区及台湾省。

注：表5-14中养老保险基金收入弹性3表示"上年度在岗职工平均工资300%"的制度缴费基数对养老保险基金收入的弹性。

二、中心城市与非中心城市间养老保险基金收入的弹性分析

中华人民共和国住房和城乡建设部城镇体系规划课题组于2010年2月编制的《全国城镇体系规划(2010—2020年)》中提出了五大国家中心

城市,即北京、天津、上海、重庆和广州;六大国家区域中心城市,即沈阳(东北区域)、南京(华东区域)、武汉(华中区域)、深圳(华南区域)、成都(西南区域)和西安(西北区域)等。本文借鉴上述规划的概述,将五大国家中心城市和六大国家区域中心城市都定义于本文的中心城市;年度样本数为13142个,其中公司注册地位于中心城市的为5652家,位于非中心城市的为7490家。表5-15和图5-5、图5-6、图5-7描绘了世界性金融危机以来中心城市和非中心城市养老保险基金收入的弹性。

第一,中心城市和非中心城市的以"经理人平均货币薪金"为缴费基数、"经理人平均薪金"为缴费基数和"在岗职工平均工资300%"为缴费基数的养老保险基金收入的弹性年度变化趋势存在较大差别。由图5-5可知,2008—2011年非中心城市养老保险基金收入弹性1高于中心城市,而2012—2016年中心城市养老保险基金收入弹性1高于非中心城市;图5-6显示,除了2010年外,2008—2016年中心城市养老保险基金收入弹性2基本上高于非中心城市,这些数字说明中心城市的"经理人平均薪金"缴费基数增长对养老保险基金收入的拉动作用略高于非中心城市;图5-7显示,中心城市养老保险基金收入弹性3波动比较大,且2009—2012年和2014—2015年非中心城市养老保险基金收入弹性3高于中心城市,这说明大多数年份非中心城市的"在岗职工平均工资300%"缴费基数对养老保险基金收入的拉动作用高于中心城市。

第二,非中心城市和中心城市的平均养老保险基金收入的弹性存在较大区别。2008—2016年间,中心城市平均养老保险基金收入弹性1为2.362,非中心城市为2.180,这些数字说明中心城市的"经理人平均货币薪金"缴费基数增长对养老保险基金收入的拉动作用略高于非中心城市;2008—2016年间,中心城市平均养老保险基金收入弹性2为1.915,非中心城市为0.246,这些数字说明中心城市的"经理人平均薪金"缴费基数增长对养老保险基金收入的拉动作用要远远高于非中心城市;2008—2016年间,中心城市的平均养老保险基金收入弹性3为−0.579,非中心城市为3.821,这些数字说明非中心城市的"在岗职工平均工资300%"缴费基数增长对养老保险基金收入的拉动作用要远远高于中心城市。

第三,综合比较,就中心城市而言,平均养老保险基金收入弹性1系数和平均养老保险基金收入弹性2系数都大于1,同时都高于平均养老保险基金收入弹性3,这说明中心城市养老保险基金收入对"经理人平均货币薪金"缴费基数和"经理人平均薪金"缴费基数的增长敏感程度都高于"在岗职工平均工资300%"缴费基数增长;同时,平均养老保险基金收入弹性3系数绝对值小于1,这说明平均养老保险基金收入对于"在岗职工平均工资300%"缴费基数变动的反应欠敏感。而非中心城市呈现出相反的变化,平均养老保险基金收入弹性1系数和平均养老保险基金收入弹性3系数都大于1,同时都高于平均养老保险基金收入弹性2,这说明非中心城市养老保险基金收入对"经理人平均货币薪金"缴费基数和"在岗职工平均工资300%"缴费基数的增长敏感程度都高于"经理人平均薪金"缴费基数增长;同时,平均养老保险基金收入弹性2系数绝对值小于1,这说明平均养老保险基金收入对于"经理人平均薪金"缴费基数变动的反应欠敏感。综上说明,中心城市"在岗职工平均工资300%"缴费基数增长对养老保险基金收入的拉动效应正在逐渐减弱,而非中心城市"经理人平均薪金"缴费基数的增长对养老保险基金收入的拉动效应正在逐渐减弱。

表5-15 中心城市与非中心城市的养老保险基金收入弹性

年份	中心城市			非中心城市		
	养老保险基金收入弹性1	养老保险基金收入弹性2	养老保险基金收入弹性3	养老保险基金收入弹性1	养老保险基金收入弹性2	养老保险基金收入弹性3
2007						
2008	1.801	0.788		2.046	-0.275	
2009	1.957	1.241	1.450	1.982	1.203	1.749
2010	2.458	1.513	-6.785	2.867	1.535	17.002
2011	2.822	0.009	2.310	3.156	-0.275	2.663
2012	3.598	9.673	-10.109	2.774	-3.658	2.373
2013	0.760	0.907	0.848	0.536	0.850	0.425
2014	1.404	1.148	0.740	1.043	1.023	1.040
2015	3.214	1.341	2.177	3.022	1.337	3.264
2016	3.245	0.615	4.738	2.196	0.475	2.056

资料来源:根据中国区域经济与社会发展状况,中国统计局将全国划分为23个省、4个直辖市、5个自治区、2个特别行政区。由于本文的数据样本是中国所有A股上市公司,不涵盖2个特别行政区及台湾省。

注:表5-15中养老保险基金收入弹性1表示"经理人平均货币薪金"缴费基数对养老保险基金收入的弹性;养老保险基金收入弹性2表示"经理人平均薪金"缴费基数对养老保险基金收入的弹性;养老保险基金收入弹性3表示"上年度在岗职工平均工资300%"缴费基数对养老保险基金收入的弹性。

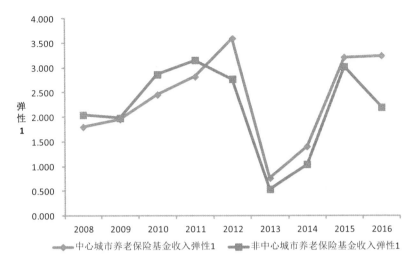

图5-5 中心城市与非中心城市的养老保险基金收入弹性1趋势图

资料来源:根据中国区域经济与社会发展状况,中国统计局将全国划分为23个省、4个直辖市、5个自治区、2个特别行政区。由于本文的数据样本是中国所有A股上市公司,不涵盖2个特别行政区及台湾省。

注:图5-5中养老保险基金收入弹性1表示"经理人平均货币薪金"缴费基数对养老保险基金收入的弹性。

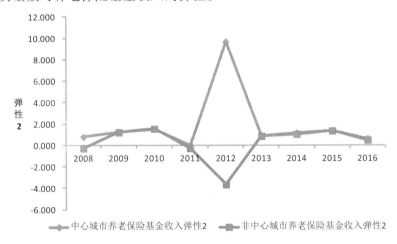

图5-6 中心城市与非中心城市的养老保险基金收入弹性2趋势图

资料来源:根据中国区域经济与社会发展状况,中国统计局将全国划分为23个省、4个直辖市、5个自治区、2个特别行政区。由于本文的数据样本是中国所有A股上市公司,不涵盖2个特别行政区及台湾省。

注:图5-6中养老保险基金收入弹性2表示"经理人平均薪金"缴费基数对养老保险基金收入的弹性。

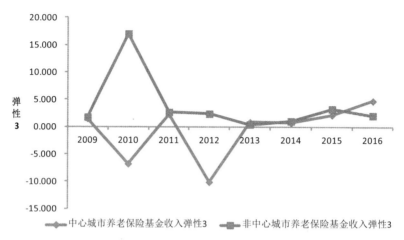

图5-7　中心城市与非中心城市的养老保险基金收入弹性3趋势图

资料来源:根据中国区域经济与社会发展状况,中国统计局将全国划分为23个省、4个直辖市、5个自治区、2个特别行政区。由于本文的数据样本是中国所有A股上市公司,不涵盖2个特别行政区及台湾省。

注:图5-7中养老保险基金收入弹性3表示"上年度在岗职工平均工资300%"缴费基数对养老保险基金收入的弹性。

三、东部地区与非东部地区间养老保险基金收入的弹性分析

据我国区域经济与社会发展状况,中国统计局将全国(不含港澳台地区)划分为东部地带、中部地带和西部地带等三大经济地带。东部地带包括北京市、天津市、上海市、江苏省等11省市;中部地带包括山西省、吉林省、安徽省、江西省等8省;西部地带包括内蒙古自治区、广西壮族自治区、重庆市等12省、自治区、直辖市。[①]本文年度样本数为13142个,其中公司注册地处于东部地带的为9142家,处于非东部地带的为4000家。

表5-16和图5-8、图5-9、图5-10描绘了世界性金融危机以来东部地区和非东部地区养老保险基金收入的弹性。

---

① 具体划分方式参见中华人民共和国国家统计局网站。

表5-16　东部地区与非东部地区的养老保险基金收入弹性

年份	东部地区			非东部地区		
	养老保险基金收入弹性1	养老保险基金收入弹性2	养老保险基金收入弹性3	养老保险基金收入弹性1	养老保险基金收入弹性2	养老保险基金收入弹性3
2007						
2008	1.847	0.696		2.053	-1.022	
2009	2.051	1.243	1.439	1.858	1.182	1.625
2010	3.636	1.650	-8.718	1.777	1.335	3.858
2011	3.552	-0.053	2.769	2.279	-0.774	2.069
2012	3.850	-4.460	10.633	2.178	3.823	2.305
2013	0.600	0.865	0.772	0.829	0.913	0.697
2014	1.459	1.228	0.490	0.626	0.881	0.512
2015	3.067	1.321	2.260	3.161	1.395	4.282
2016	3.095	0.529	3.572	1.705	0.581	1.715

资料来源:根据中国区域经济与社会发展状况,中国统计局将全国划分为23个省、4个直辖市、5个自治区、2个特别行政区。由于本文的数据样本是中国所有A股上市公司,不涵盖2个特别行政区及台湾省。

注:表5-16中养老保险基金收入弹性1表示"经理人平均货币薪金"缴费基数对养老保险基金收入的弹性;养老保险基金收入弹性2表示"经理人平均薪金"缴费基数对养老保险基金收入的弹性;养老保险基金收入弹性3表示"上年度在岗职工平均工资300%"缴费基数对养老保险基金收入的弹性。

第一,东部地区和非东部地区的以"经理人平均货币薪金"为缴费基数、"经理人平均薪金"为缴费基数和"在岗职工平均工资300%"为缴费基数的养老保险基金收入弹性年度变化趋势存在较大差别。由表5-16可知,2009—2012年、2014年、2016年东部地区养老保险基金收入弹性1高于非东部地区,只有2008年、2013年和2015年非东部地区养老保险基金收入弹性1高于东部地区,这说明近三分之二的年份,东部地区"经理人平均货币薪金"缴费基数增长对养老保险基金收入的拉动作用高于非东部地区;图5-8显示,2008—2011年、2014年东部地区养老保险基金收入弹性2高于非东部地区,其中2012年东部地区的养老保险基金收入弹性2出现负值,说明2012年"经理人平均薪金"缴费基数为负增长(-0.028),而养老保险基金收入增加(0.127),此时的养老保险基金收入弹性2绝对值越大,对养老保险基金收入的"吸入"效应就越大,而"吸入"效应不是一种正常的经济现象,这种现象有悖于经济发展的一般规律(张车伟,2002);图 5-9 显示,东部地区养老保险基金收入弹性 3 波动比较大,且 2011—2013 年、2016 年东部地区养老保险基金收入弹性 3 高于非东部地区,其中 2010 年东部地区的养老保险基金收入弹性 3 出现负值,说明 2010 年东部地区"在岗职工平均工资 300%"缴费基数为负增长(-0.027),而养老保险基金收入增加(0.237),此时的养老保险基金收入弹性 3 绝对值越大,对养老保险基金收入的"吸入"效应就越大,而"吸入"效应不是一种正常的经济现象,这种现象有悖于经济发展的一般规律(张车伟,2002)。

第二,非东部地区和东部地区的平均养老保险基金收入的弹性存在较大区别。2008—2016 年间,东部地区平均养老保险基金收入弹性 1 系数都高于非东部地区,且弹性系数都处于$(1,+\infty)$,这说明东部地区"经理人平均货币薪金"缴费基数增长对养老保险基金收入的影响相比于非东部地区更敏感;而非东部地区平均养老保险基金收入弹性 2 系数、弹性 3 系数都高于东部地区,这说明非东部地区"经理人平均薪金"缴费基数增长和"在岗职工平均工资 300%"缴费基数增长对养老保险基金收入的拉动作用要高于东部地区。

第三,综合比较,就东部地区而言,平均养老保险基金收入弹性 1 系数和平均养老保险基金收入弹性 3 系数都大于 1,同时都高于平均养老保险基金收入弹性 2,这说明东部地区养老保险基金收入对"经理人平均货币薪金"缴费基数和"在岗职工平均工资 300%"缴费基数的增长敏感程度都高于"经理人平均薪金"缴费基数增长;同时,平均养老保险基金收入弹性 2 系数绝对值小于 1,这说明,东部地区平均养老保险基金收入对于"经理人平均薪金"缴费基数变动的反应欠敏感。而非东部地区呈现出相反的变化,平均养老保险基金收入弹性 3 系数和平均养老保险基金收入弹性 1 系数都大于 1,同时都高于平均养老保险基金收入弹性 2,这说明非东部地区养老保险基金收入对"在岗职工平均工资 300%"缴费基数和"经理人平均货币薪金"缴费基数的增长敏感程度都高于"经理人平均薪金"缴费基数增长;同时,平均养老保险基金收入弹性 2 系数绝对值小于 1,这说明非东部地区平均养老保险基金收入对于"经理人平均薪金"缴费基数变动的反应欠敏感。综上所述,无论是东部地区,还是非东部地区,"经理人平均薪金"缴费基数增长对养老保险基金收入的拉动效应正在逐渐减弱。

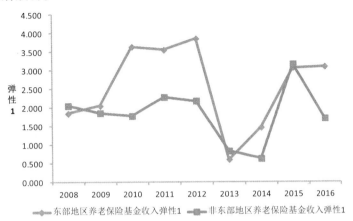

图5-8　东部地区与非东部地区的养老保险基金收入弹性1趋势图

资料来源:根据中国区域经济与社会发展状况,中国统计局将全国划分为23个省、4个直辖市、5个自治区、2个特别行政区。由于本文的数据样本是中国所有A股上市公司,不涵盖2个特别行政区及台湾省。

注:图5-8中养老保险基金收入弹性1表示"经理人平均货币薪金"缴费基数对养老保险基金收入的弹性。

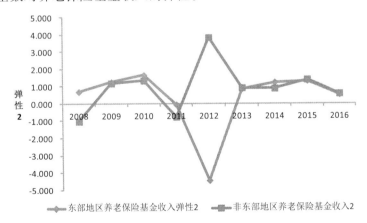

图5-9　东部地区与非东部地区的养老保险基金收入弹性2趋势图

资料来源:根据中国区域经济与社会发展状况,中国统计局将全国划分为23个省、4个直辖市、5个自治区、2个特别行政区。由于本文的数据样本是中国所有A股上市公司,不涵盖2个特别行政区及台湾省。

注:图5-9中养老保险基金收入弹性2表示"经理人平均薪金"缴费基数对养老保险基金收入的弹性。

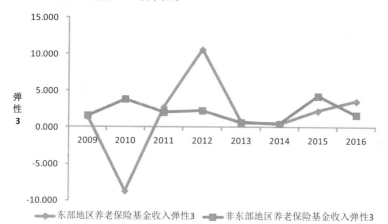

图5-10　东部地区与非东部地区的养老保险基金收入弹性3趋势图

资料来源:根据中国区域经济与社会发展状况,中国统计局将全国划分为23个省、4个直辖市、5个自治区、2个特别行政区。由于本文的数据样本是中国所有A股上市公司,不涵盖2个特别行政区及台湾省。

注:图5-10中养老保险基金收入弹性3表示"在岗职工平均工资300%"缴费基数对养老保险基金收入的弹性。

第六章 企业间经理人缴费基数调整对养老保险基金收入的影响

公司运营离不开整体经济环境(薛爽,2008)。整体经济环境包括整个国家层面的宏观环境、行业层面的中观环境以及公司层面的微观环境。企业规模、企业要素密集度、企业产权性质等企业特征变量都可能对经理人薪金水平和薪金结构产生影响,本章挖掘企业特征变量对经理人薪金水平的影响,为接下去研究企业间差异对养老保险基金收入的影响奠定基础。

第一节 经理人平均(货币)薪金缴费基数的企业特征分析

一、理论依据与研究假设

早期,受数据采集的局限,一些学者利用境外如中国香港上市公司的数据,发现高管薪酬和奖金与企业规模之间存在显著的正相关关系(Firth等,1999);还有一些学者利用国外数据库信息资源,发现公司规模与激励性薪酬(如股票期权奖励)的比例呈正相关关系(Jensen and Meeklin,1976),特别是面临流动性限制的公司,有动机用权益性报酬代替现金报酬的(Yermark,1995);而 Murphy(1985)、Hansen(1989)、Bathala(1996)、Himmelberg(1999)等的研究表明,公司规模与高管股权激励之间呈负相关关系。本文认为随着企业规模的增大,企业的复杂程度增加,面临的风险程度越高,涉及的管理问题就越复杂,对高管的行为约束越弱,就更需要加大薪酬契约中的风险薪酬比例(Mille et al.,2002);同时,为了激励经理人长期努力服务于公司的持续发展,更倾向于加大经理人长期激励薪酬即股权薪金的比例。故假设以下几点。

假设1:控制其他影响因素后,企业规模与经理人(货币)薪金具有正相关关系。

目前,我国多数产品定价已经实现了市场化,但市场经济在我国要素分配领域迟迟得不到确立。我国要素市场发育的不完全,使得不同要素密集度企业劳动力价格存在较大差异。基于新古典分析框架,生产要素应按其边际产出获得报酬,然而现实发展却与理想相悖(单德朋,2013),而异质性企业理论的发展(Melitz,2003;Bernard 等,2003)将微观企业工资收益方面的研究推向深入(童雨,2015)。实证研究发现,发展中国家的异质性企业存在"工资溢价"(CalVerhoogen,2008;Frias 等,2009;Helpman 等,2012)。如相对于资本和技术密集型企业而言,劳动密集型企业具有行业准入门槛低、产品技术含量低、资本有机构成低,及员工自身素质低、劳动技术含量不高等特征(王灿等,2013),在面临较强的市场竞争时,可能间接或直接拉低其工资收入(王灿等,2013);相反,技术密集度较高的企业对工资的提升具有显著的正效应(Munch and Skaksen,2008)。李晓创与高文书(2013)实证研究发现,高管薪酬与企业的资本密集度正相关,即资本密集度高的企业,资金实力雄厚,给高层管理人员派发的货币薪酬更多。而杨忠诚等(2008)实证研究发现,劳动密集型企业的高管持股比例均高于技术密集型和资本密集型企业,但高管年度收入低于技术密集型企业和资本密集型企业,说明在技术密集型企业和资本密集型企业中,高管人员的报酬以货币性报酬为主,股权性报酬较低,没有发挥应有的激励作用。本文认为要素禀赋的差异会导致企业对资本市场反应的不同,即资本密集型企业在股市上涨时融资能力、获得资本收益的能力等都强于劳动密集型企业,对经理人的激励也超过劳动密集型企业。①

假设2:控制其他影响因素后,经理人货币薪金与资本密集型企业负相关,与劳动密集型企业正相关;经理人薪金与资本密集型企业正相关,与劳动密集型企业负相关。产权性质决定了企业的资源配置、股权结构、委托代理模式、决策机制等一系列公司治理问题(Jensen and Meckling,1976),产权性质差异会导致企业的行为、目标和所处环境也存在差异(刘和旺等,2015)。②在中国市场上,产权性质不同的企业在获得政府各项优惠政策、获取关键要素资源以及面临市场进入壁垒方面存在显著

①李晓创,高文书. 高管薪酬影响因素的实证分析:兼论资本密集度的薪酬效应[J]. 云南财经大学学报,2013,29(2):96-105.
②张玉娟,汤湘希. 股权结构、高管激励与企业创新:基于不同产权性质A股上市公司的数据[J]. 山西财经大学学报,2018,40(9):76-93.

差异(张杰、刘元春、郑文平,2013),这很有可能会影响到企业间经理人年度(货币)薪金差异。管理层持股作为一种内在的激励机制可以解决代理问题,降低代理成本,提高公司价值,作为激励经理人的股权激励机制可以让管理层通过努力工作使得股票升值,从而获得更多的报酬,使得管理层把自身的利益与公司长期利益相联系(沈小燕、王跃堂,2015)。现有研究表明,政府干预程度作为制度环境的一个重要组成部分,对经理人薪酬有显著影响,产权性质不同的企业,薪金结构不同,其公司激励机制也存在差异。有研究表明,国有企业比民营企业更偏好于货币薪酬激励机制(傅颀、汪祥耀,2013),特别是地方国有企业更偏好显性的货币性收益(权小锋等,2010)。众所周知,国有企业实际控制人是国家,作为国家代理者的企业经理人,对其实施股权激励可以使其更加努力工作,更好地服务于公司绩效;特别是中央控制的国有企业,其优越的外部融资环境,能够获得更多的经济资源、政策优惠,能够获得更优良的公司绩效。但是,受国有企业经理人"双重身份"的限制,其管理积极性不够;而非国有企业"单一身份"的优势使其需要通过更多的个人努力实现良好的公司业绩,股权激励机制更多表现为对公司高管努力工作的嘉奖。

假设3:控制其他影响因素后,经理人货币薪金与国有企业正相关,与非国有企业负相关;经理人薪金与国有企业负相关,与非国有企业正相关。

二、企业特征对经理人平均(货币)薪金缴费基数影响的模型设定

(一)主要变量

公司要素密集度(Density):Ldensity表示劳动密集度,Kdensity表示资本密集度。

王凤荣、李靖(2005),李善民、叶会(2007)按要素密集度对企业进行分类,不过此分类依据是基于经验观察,缺乏严格的分类依据。李晓创、高文书(2013)用资产总额和员工人数比值的自然对数表示资本密集度。盛艳燕、李铁斌(2015)用资本存量与就业者人数之比来表示资本密集度。鲁桐、党印(2014)运用聚类分析方法,提出了要素密集度的分类指标,即为固定资产比重和研发支出比重,计算公式为:固定资产比重=固定资产净值/总资产(式6-1);研发支出比重=研发支出/应付职工

薪酬(式6-2)。(式6-1)区分固定资产在生产要素中的重要程度,比值越大表明资本要素越重要,则属于资本密集型企业;(式6-2)区分研发支出在生产要素中的重要性,如果研发支出远多于职工薪酬,表明技术要素比劳动要素更重要,则属于技术密集型企业;剩余为劳动密集型企业。李艳虹、刘栩(2015)以人均资产来衡量劳动密集度。廖冠民、陈燕(2014)借鉴Kim(2011)等文献,提出了可以按照员工人数度量的劳动密集度,按照10000×员工人数/销售收入,在回归模型中使用各年度的平均值;也可以按照员工薪酬度量的劳动密集度,按照全部员工薪酬/销售收入,员工薪酬数据取自现金流量表中"支付给职工以及为职工支付的现金",在回归模型中使用各年度的平均值。卢闯、唐斯圆、廖冠民(2015)在参考Selling(2013)、廖冠民、陈燕(2014),也分别基于员工薪酬("支付给职工以及为职工支付的现金"/销售收入)和员工人数(员工人数对数/销售收入对数)来度量劳动密集度。倪晓然、朱玉杰(2016)在参照廖冠民、陈燕(2014)和卢闯等(2015)以员工薪酬对数值与销售收入对数值之比来度量劳动密集度外,又引入了若干其他劳动密集度的衡量指标,如雇员人数对数值/销售收入对数值、1−(固定资产/总资产)、企业在样本中各年度员工薪酬对数值与销售收入对数值之比指标的平均值等进行稳健性检验。本文借鉴李晓创、高文书(2013)以资产总额与营业收入比值的自然对数来衡量资本密集度;倪晓然、朱玉杰(2016)用员工薪酬对数值/销售收入对数值和员工人数对数值/销售收入对数值等度量劳动密集度。

公司产权性质(Nature):如果实际控制人类型为国有企业,取值为1;如果实际控制人类型为非国有企业,则取值为0。

有的学者认为按照企业注册资本比重[①]划分企业产权的方法比单纯根据企业登记注册性质划分更为可靠准确(Guariglia等,2011)。更多学者依据实际控制人类型划分企业产权性质,如按照产权性质的不同,我国企业主要分为国有企业、民营企业和外资企业三类(张玉娟、汤湘希,2018)。参照《股份有限公司国有股股东行使股权行为规范意见》可将上市公司划分为国有绝对控股公司、国有强相对控股公司、国有弱相对控股公司、国有参股公司和无国有股份公司五种类型(高明华、赵峰、杜雯翠,

---

① 按照企业注册投资资本所占比重(≥50%)来区分国有、集体、独立法人、私有、港澳台和非港澳台外资这6种所有制性质。

2011);将企业实际控制人为国家层面的国有机构以及此类机构控制的企业再控制的企业判断为中央政府控制的企业,实际控制人为省、地区、市、县及县级以下政府控制以及受其控制的企业再控制的企业判断为地方政府控制的企业,将实际控制人为民营企业,以及自然人的判断为非政府控制的企业(南星恒、赵辰,2017)。鉴于数据的可得性和上市公司这个特殊企业群体特点,本文借鉴了大多数学者对上市公司产权性质的划分标准,将CSMAR披露的上市公司产权性质中有两种或两种以上类型的,则按照国企、民营、外资的顺序优先确定企业产权性质。具体划分方式见表6-1。

表6-1　上市公司产权性质的划分依据[①]

产权性质	拥有上市公司股权的实际控制人性质			
国有企业	国有企业	行政机关、事业单位	中央机构	地方机构
民营企业	民营企业	自然人	国内自然人	
外资企业	港、澳、台资企业	外国企业	港、澳、台自然人	国外自然人
其他	企业经营单位	集体所有制企业	社会团体	其他

公司规模(Sales):上市公司销售收入的自然对数。

理论界对企业规模的衡量指标可以是定性指标,如企业自主经营程度、所有权集中程度、管理方式及在本产业中所处的地位(石建中,2014);也可以是定量指标,如职工人数(陈凌、李宏彬、熊艳艳、周黎安,2010;Abel-Kocl,2013)、企业总资产(Hamberg,1964;谌新民、刘善敏,2003;江若尘,2006;程华等,2008;葛伟、高明华,2013)、投资额(张会清、王剑,2011)、产品产量、产值、利润总额(张福明、孟宪忠,2010)、销售收入(Shrieves,1978;魏成龙,1998;Jefferson等,2004;史修松、刘军,2014)、主营业务收入(叶林,2014)、企业增加值占产业增加值的比重(Philips,1966)等。定性指标虽在一定程度上反映了企业经营的主体特征,但它缺乏直观性,不便于统计;定量指标易于比较和统计的特性,使其在理论和实证研究中被广泛使用。学者们最常用到的定量指标是企业总资产、销售收入、全职职工人数,三个指标各有其优势和局限性(Scherer,1965;Hart、Oulton,1996)。从组织理论视角来看,随着公司规模的增大,公司的

---

① 张玉娟,汤湘希. 股权结构、高管激励与企业创新:基于不同产权性质A股上市公司的数据[J]. 山西财经大学学报,2018,40(9):76-93.

复杂程度增加,涉及的管理问题也就越复杂,经理人为此需要付出的努力就越多,公司的经理人货币薪金和薪金相应就越高,因此,本文预期其系数为正;并将企业总资产(Hamberg,1964;谌新民、刘善敏,2003;江若尘,2006;程华等,2008;葛伟、高明华,2013;李实;2015)作为企业规模的另一衡量指标进行稳健性检验。同时,本文继续沿用第四章第一节的被解释变量,将公司治理结构、宏观经济变量作为本章的控制变量。同时,在薪酬的研究中,将地区作为一个重要的控制变量纳入(方军雄,2011;权小锋、吴世农、文芳,2010),为此,本文在三个模型中控制了企业所在省份的固定效应,用以控制分年度不同区域之间差异导致的经理人(货币)薪金差异。表6-2列出本章使用的变量及其说明。

表6-2 变量描述与说明

变量性质	变量名称	变量符号	变量说明
被解释变量	经理人平均货币薪金	Cash	(经理人货币薪金 / 经理人人数) 的自然对数
	经理人平均薪金	Total	(经理人货币薪金+经理人股权薪) / 经理人人数,再取自然对数
解释变量	公司要素密集度	Ldensity1	劳动密集度1,即员工薪酬对数值 / 销售收入对数值
		Ldensity2	劳动密集度2,即员工人数对数值 / 销售收入对数值
		Kdensity	资本密集度,即资产总额与营业收入比值的自然对数
	公司产权性质	Nature	如果是国有企业,则取1;如果是非国有企业,则取0
	公司规模	Size	公司总资产的自然对数
		Sales	公司销售收入的自然对数
控制变量	公司的经营业绩	Roa	总资产净利润率,即净利润与总资产余额的比值
		Roe	净资产收益率,即净利润与股东权益余额的比值
	公司的市场业绩	Tobinq	市场价值与期末总资产的比值
	公司治理结构	Top1	第一大股东占比
		Boards	董事会人数的对数
		Indpt	公司独立董事占董事会人数的比例
	当地人均GDP	GDP	公司注册地所在城市的人均GDP的自然对数
	消费物价指数	CPI	公司注册地所在省份的城市居民消费物价指数
	年份	Year	2007年—2016年的年份哑变量
	地区	Region	根据中国区域经济与社会发展状况,中国统计局将全国划分为23个省、4个直辖市、5个自治区、2个特别行政区。由于本文的数据样本是中国所有A股上市公司,故不涵盖2个特别行政区及台湾省
	行业	Industry	按照中国证监会颁布的《上市公司行业分类指引(2012年修订)》的行业分类标准,划分为19个行业大类

(二)数据处理

本章中涉及的公司规模、公司要素密集度相关指标、公司的经营业绩、公司的市场业绩等指标从CSMAR的《中国上市公司财务报表数据库》中提取,第一大股东占比指标和公司产权性质指标从CSMAR的《中国上市公司股权性质数据库》中提取,在岗职工工资指标来自CSMAR的《中国上市公司财务报表数据库》的现金流量表中"支付给职工以及为职工支付的现金",在岗职工人数、经理人人数、经理人货币薪金、经理人持股数、董事会人数、公司独立董事占董事会人数的比例等指标从CSMAR的《中国上市公司治理结构研究数据库》和《中国股票市场交易数据库》中合并整理而来,公司注册地所在城市的人均地区生产总值和公司注册地所在省份的城市居民CPI指数则来自国务院发展研究中心信息网的区域经济数据。在进行数据的处理与分析时,主要运用stata 14.0和Excel软件,其中,运用Excel软件进行基本数据的处理和分析,数据的描述性统计、相关性检验、回归分析等使用了stata 14.0软件。

为后续计算养老保险基金收入做准备,本文剔除了经理人零持股的样本数,保留同一年度既获取货币薪金又获取股权薪金的样本公司;其次,将企业特征变量与第三章得到的15341个上市公司样本进行一对一匹配;最后,共获取12967家上市公司样本数据。其中2007年样本数为713个,2008年样本数为793个,2009年样本数为878个,2010年样本数为1088年,2011年样本数为1327个,2012年样本数为1529个,2013年样本数为1476年,2014年样本数为1504个,2015年样本数为1754个,2016年样本数为1905个。

(三)检验模型

基于前文提出的三个假设,本文提出了三个检验模型。

对假设1,我国上市公司经理人(货币)薪金是否受到公司要素密集度的影响,本文建立自变量相同的多元回归模型,以方便公司要素密集度差异对经理人(货币)薪金影响程度的比较,模型如下(式6-1、6-2)。

$$\text{Cash (Total)}_{i,t} = \alpha + \beta_1 \text{Kdensity}_{i,t} + \text{Control variables} \tag{6-1}$$

$$\text{Cash (Total)}_{i,t} = \alpha + \beta_1 \text{Ldensity1}_{i,t} (\text{Ldensity2}_{i,t}) + \text{Control variables} \tag{6-2}$$

其中：Cash$_{i,t}$为上市公司经理人平均货币薪金的自然对数；Total$_{i,t}$为上市公司经理人平均薪金的自然对数。Density$_{i,t}$为上市公司要素密集度的衡量指标，包括劳动密集度（Ldensity1$_{i,t}$或Ldensity2$_{i,t}$）、资本密集度（Kdensity$_{i,t}$），主要关注Density$_{i,t}$的系数是否显著大于零；Control variables为控制变量。

对假设2，我国上市公司经理人（货币）薪金是否受到公司产权性质的影响，本文建立自变量相同的多元回归模型，以方便公司产权性质差异对经理人（货币）薪金影响程度的比较，模型如下（式6-3）。

$$Cash(Total)_{i,t}=\alpha+\beta_1 Nature_{i,t}+Control\ variables \qquad (6-3)$$

其中：Cash$_{i,t}$为上市公司经理人平均货币薪金的自然对数；Total$_{i,t}$为上市公司经理人平均薪金的自然对数。Nature$_{i,t}$为上市公司所有制的衡量指标，主要关注Nature$_{i,t}$的系数是否显著大于零；Control variables为控制变量。

对假设3，我国上市公司经理人（货币）薪金是否受到企业规模的影响，本文建立自变量相同的多元回归模型，以方便公司规模差异对经理人（货币）薪金影响程度的比较，模型如下（式6-4）。

$$Cash(Total)_{i,t}=\alpha+\beta_1 Size_{i,t}(Sales_{i,t})+Control\ variables \qquad (6-4)$$

其中：Cash$_{i,t}$为上市公司经理人平均货币薪金的自然对数；Total$_{i,t}$，为上市公司经理人平均薪金的自然对数。公司规模可以采用公司总资产（Size）或者公司销售收入（Sales）来衡量，主要关注公司总资产（Size）或者公司销售收入（Sales）的系数是否显著大于零；Control variables为控制变量。

三、实证分析与结果

（一）描述性统计

表6-3报告了主要变量的描述性统计结果。从表6-3可以发现，2007—2016年中国上市公司经理人平均货币薪金的中位数为21.611万元，均值为28.047万元；经理人平均薪金的中位数为53.346万元，均值为256.539万元。

从分年度描述性统计结果看，样本上市公司经理人平均货币薪金的中位数呈现逐年增长态势，以中位数计算的平均年度增长率约为

7.629%；经理人平均薪金的中位数急剧扩大，以中位数计算的平均年度增长率约为24.732%。总体说来，至少从样本上市公司的数据看，经理人平均薪金要远远高于同期GDP增长速度。

表6-3　经理人平均（货币）薪金的描述性统计（单位：万元）

年份	变量	样本数	平均值	标准差	最小值	中位数	最大值
2007	Cash	713	16.975	16.929	1.095	13.222	263.333
	Total	713	68.897	220.809	1.397	16.609	4039.41
2008	Cash	793	18.553	15.851	1.063	14.484	175.126
	Total	793	48.472	119.48	1.074	18.36	2026.883
2009	Cash	878	20.409	17.409	1.073	16.135	188.829
	Total	878	109.933	255.241	1.091	23.409	3548.762
2010	Cash	1088	23.213	20.071	0.563	17.976	279.105
	Total	1088	207.884	411.237	0.778	38.683	4550.978
2011	Cash	1327	25.63	23.345	0.832	19.898	324.4
	Total	1327	162.871	312.647	0.854	51.396	5818.995
2012	Cash	1529	27.146	25.628	1.96	21.414	558.368
	Total	1529	155.969	298.239	1.987	55.32	4753.371
2013	Cash	1476	29.712	25.821	2.636	23.328	279.04
	Total	1476	217.658	486.396	2.673	61.672	8395.262
2014	Cash	1504	31.565	26.951	3.83	24.758	344.54
	Total	1504	268.316	552.206	3.88	80.779	9762.789
2015	Cash	1754	33.875	28.886	2.8	26.259	304.688
	Total	1754	518.972	1021.446	2.826	123.336	12781.358
2016	Cash	1905	35.394	30.334	3.553	27.58	417.715
	Total	1905	433.905	720.074	3.576	151.404	10080.521
Total	Cash	12967	28.047	25.683	0.563	21.611	558.368
	Total	12967	256.539	586.966	0.778	53.346	12781.358

表6-4列出了主要变量的描述性统计分析结果。在样本年度，资本密集度企业均值为68.2%，标准差为72.7%，说明资本密集度企业占比较高；以员工薪酬表示的劳动密集度企业均值为88.9%，标准差为3.5%；以员工人数表示的劳动密集度企业均值为35.4%，标准差为4.5%，说明劳动密集型上市公司占比较高；以上市公司总资产表示的上市公司规模均值为1112.082万元，高于中位数的270.405万元，说明上市公司规模总体较大；而以上市公司销售收入表示的上市公司规模也呈现出相同特点。在控制变量方面，总资产报酬率均值为4.3%，标准差为12.8%，表明上市公司之间的会计业绩波动较大；而托宾Q值的均值为2.683，标准差为9.651，表明上市公司之间的市场业绩波动也比较大；上市公司第一大股东持股比例平均为34.172%，说明上市公司第一大股东持股比例较高；上市公司独立董事占董事会人数平均比例为37.1%，这与我国证监会要求上市公司保持的独立董事比例相吻合；上市公司所在城市人均GDP均值

为7.612万元,标准差为353.8%,说明上市公司所在地的人均GDP高于全国水平。由于将经理人持股的收益也作为经理人的薪金构成,所以计算出来的薪酬差距最大。

表6-4 其他主要变量的描述性统计

变量	样本数	平均值	标准差	最小值	中位数	最大值
Kdensity	12967	0.682	0.727	-2.435	0.655	7.475
Ldensity1	12967	0.889	0.035	0.714	0.891	1.72
Ldensity2	12967	0.354	0.045	0.141	0.357	0.556
Nature	12967	0.395	0.489	0	0	1
Size	12967	1112.082	5404.49	0.496	270.405	217000
Sales	12967	797.902	6167.734	0.001	140.89	283000
Roa	12967	0.043	0.128	-2.746	0.041	10.401
Roe	12967	0.069	2.348	-141.763	0.074	204.69
Tobinq	12967	2.683	9.651	0.083	1.845	982.982
Boards	12967	8.789	1.761	4	9	18
Indpt	12967	0.371	0.055	0.091	0.333	0.8
Top1	12967	34.172	14.631	2.197	32.12	89.99
GDP	12967	7.612	3.538	0.44	7.594	21.549
CPI	12967	102.677	1.648	97.623	102.4	108.898

从表6-5单变量分析结果看,无论是国有企业与否,经理人平均(货币)薪金都存在显著性差异。国有企业的经理人平均货币薪金均值(中位数)31.1万元(24.128万元)显著高于非国有企业的经理人平均货币薪金均值(中位数)26.049万元(20.185万元);而经理人平均薪金呈现相反的特点,即非国有企业的经理人平均货币薪金均值(中位数)393.03万元(171.29万元)显著高于国有企业的经理人平均货币薪金均值(中位数)47.898万元(25.859万元)。说明地区的差异对经理人平均(货币)薪金有影响,一是由不同地区的收入水平、生活成本的不同所导致的货币薪金差异;二是不同地区市场化水平、经济发展阶段不同所导致的薪酬对绩效的挂钩程度不同,而导致的薪金差异。

表6-5　单变量分析结果

变量	国有企业样本			非国有企业样本			差异检验	
	样本量	均值	中位数	样本量	均值	中位数	t值	χ^2值
Cash	5128	31.1	24.128	7839	26.049	20.185	-5.051***	145.841***
Total	5128	47.898	25.859	7839	393.025	171.293	345.126***	3516.260***
Kdensity	5128	0.586	0.525	7839	0.744	0.722	0.158***	191.058***
Ldensity1	5128	0.887	0.888	7839	0.89	0.892	0.003***	43.591***
Ldensity2	5128	0.364	0.369	7839	0.348	0.35	-0.016***	412.184***
Size	5128	2101.27	481.694	7839	464.988	193.973	-1.6e+03***	1212.036***
Sales	5128	1587.14	273.619	7839	281.613	95.484	-1.3e+03***	1222.061***
Roa	5128	0.03	0.029	7839	0.051	0.049	0.020***	486.125***
Roe	5128	0.039	0.069	7839	0.088	0.076	0.049	28.955***
Tobinq	5128	1.714	1.189	7839	3.317	2.343	1.603***	1292.372***
Boards	5128	9.41	9	7839	8.383	9	-1.028***	805.178***
Indpt	5128	0.365	0.333	7839	0.375	0.333	0.009***	19.425***
Top1	5128	36.864	35.49	7839	32.411	30.13	-4.453***	197.251***
GDP	5128	6.965	6.983	7839	8.035	7.965	1.070***	153.772***
CPI	5128	102.808	102.602	7839	102.591	102.359	-0.216***	234.986***

注:变量 Cash 和 Total 表示经理人人均年度(货币)薪金数额,单位为人民币万元。其余变量的定义见正文。t值表示国有企业样本和非国有企业样本的均值检验统计值,χ^2值表示两个样本的中位数 Chi-square 卡方检验统计值;*表示10%的显著性水平,**表示5%的显著性水平,***表示1%的显著性水平。

(二)相关性分析

表6-6列示的是研究变量的 Pearson 和 Spearman 相关系数矩阵。可以看出,经理人平均货币薪金与公司劳动密集度、公司产权性质、公司规模等显著正相关,经理人平均薪金与公司劳动密集度、公司资本密集度显著正相关,而与公司产权性质、公司规模显著负相关。在控制变量方面,经理人平均货币薪金与公司的会计业绩、公司独立董事占董事会人数的比例、董事会人数、第一大股东持股比例、当地人均 GDP 等显著正相关,而与公司的市场业绩、消费物价指数 CPI 显著负相关;经理人平均薪金与公司的会计业绩、公司的市场业绩、公司独立董事占董事会人数的比例、当地人均 GDP 等显著正相关,而与董事会人数、第一大股东持股比例、消费物价指数 CPI 等显著负相关。

表6-6　回归变量相关系数表

	Cash	Total	Kdensity	Ldensity1	Ldensity2	Nature1	Size	Sales
Cash	1	0.332***	-0.092***	0.137***	0.196***	0.110***	0.498***	0.472***
Total	0.329***	1	0.062***	0.145***	-0.093***	-0.533***	-0.076***	-0.089***
Kdensity	-0.093***	0.026***	1	0.309***	-0.235***	-0.127***	-0.056***	-0.503***
Ldensity1	0.108***	0.116***	0.385***	1	0.380***	-0.058***	-0.142***	-0.281***
Ldensity2	0.196***	-0.043***	-0.200***	0.412***	1	0.209***	0.441***	0.480***
Nature1	0.093***	-0.526***	-0.106***	-0.048***	0.177***	1	0.361***	0.367***
Size	0.503***	-0.058***	-0.029***	-0.125***	0.428***	0.367***	1	0.861***
Sales	0.478***	-0.062***	-0.511***	-0.294***	0.465***	0.367***	0.874***	1
Roa	0.093***	0.138***	-0.084***	-0.018***	-0.044***	-0.078***	-0.036***	0.01
Roe	0.021**	0.015*	-0.014	0.004	-0.022**	-0.01	-0.007	0.001
Tobinq	-0.036***	0.065***	0.007	0.070***	-0.107***	-0.081***	-0.186***	-0.163***
Boards	0.040***	-0.220***	-0.066***	-0.014	0.199***	0.278***	0.264***	0.259***
Indpt	0.039***	0.119***	0.024***	0.015*	-0.016*	-0.082***	0.029***	0.014
Top1	0.071***	-0.050***	-0.099***	-0.069***	0.096***	0.149***	0.232***	0.247***
GDP	0.382***	0.355***	0.050***	0.159***	-0.073***	-0.129***	0.111***	0.071***
CPI	-0.124***	-0.152***	-0.061***	-0.082***	-0.022**	0.064***	-0.072***	-0.032***

	Roa	Roe	Tobinq	Boards	Indpt	Top1	GDP	CPI
Cash	0.183***	0.274***	-0.143***	0.042***	0.037***	0.061***	0.371***	-0.140***
Total	0.372***	0.245***	0.360***	-0.213***	0.115***	-0.040***	0.371***	-0.188***
Kdensity	-0.147***	-0.222***	0.076***	-0.088***	0.037***	-0.101***	0.056***	-0.083***
Ldensity1	0.016*	-0.100***	0.243***	-0.041***	0.022**	-0.046***	0.194***	-0.132***
Ldensity2	-0.051***	0.040***	-0.262***	0.199***	-0.029***	0.104***	-0.090***	-0.027***
Nature1	-0.212***	-0.063***	-0.384***	0.275***	-0.085***	0.144***	-0.139***	0.092***
Size	-0.127***	0.111***	-0.605***	0.250***	0.007	0.169***	0.082***	-0.105***
Sales	-0.037***	0.208***	-0.554***	0.253***	-0.01	0.196***	0.041***	-0.050***
Roa	1	0.854***	0.427***	-0.041***	-0.006	0.096***	0.077***	0.054***
Roe	0.600***	1	0.186***	0.029***	-0.012	-0.077***	0.045***	0.066***
Tobinq	0.055***	0.011	1	-0.232***	0.038***	-0.039***	0.098***	-0.201***
Boards	-0.012	-0.006	-0.072***	1	-0.469***	-0.026***	-0.125***	0.078***
Indpt	-0.002	-0.003	0.019**	-0.455***	1	0.052***	0.085***	-0.033***
Top1	0.029***	-0.008	-0.039***	-0.008	0.068***	1	0.045***	0.014*
GDP	0.043***	0.015*	0.018**	-0.108***	0.079***	0.047***	1	-0.190***
CPI	0.007	0.01	-0.053***	0.056***	-0.026***	0.004	-0.175***	1

（三）假设检验

对假设1的检验,见表6-7。

由表6-7可知,在控制了行业、年份、地域等虚拟变量,控制了公司的经营业绩、公司的市场业绩、公司的治理结构、人均GDP、CPI指数等变量的情况下,上市公司经理人平均货币薪金与公司的资本密集度之间的参数估计值在1%的统计水平上显著为负,t值为-4.834;与公司的劳动密集度之间的参数估计值在1%的统计水平上显著为正,t值为2.643或者10.690。这表明资本密集型公司其经理人的货币薪金水平要比非资本密集型公司低,这和李晓创、高文书(2013)实证研究结果相反,一种可能的解释是,资本密集型公司意识到货币薪金仅仅对经理人努力工作具有短期效应,从而调整经理人薪金结构,减少货币性薪金的比例,相应加大其他形式薪金的比例;劳动密集度型公司,其经理人的货币薪金水平要比非劳动密集度型公司高,一种可能的解释是劳动密集型公司经理人持股比例较高,相应货币薪金比例就会下降,这和杨忠诚、王宗军(2008)实证研究发现有部分相似。

同样的,上市公司经理人平均薪金与公司的劳动密集度之间的参数估计值在1%的统计水平上显著为正,t 值为2.740或者1.648,这说明劳动密集度型公司,其经理人的薪金水平要比非劳动密集度型公司高,可能说明劳动密集度型公司经理人持股比例的增加会加大其长期激励性薪金水平,从而增加了总薪金水平。

表6-7 经理人平均(货币)薪金与公司要素密集度的回归结果

年份	变量	样本数	平均值	标准差	最小值	中位数	最大值
2007	Cash	713	16.975	16.929	1.095	13.222	263.333
	Total	713	68.897	220.809	1.397	16.609	4039.41
2008	Cash	793	18.553	15.851	1.063	14.484	175.126
	Total	793	48.472	119.48	1.074	18.36	2026.883
2009	Cash	878	20.409	17.409	1.073	16.135	188.829
	Total	878	109.933	255.241	1.091	23.409	3548.762
2010	Cash	1088	23.213	20.071	0.563	17.976	279.105
	Total	1088	207.884	411.237	0.778	38.683	4550.978
2011	Cash	1327	25.63	23.345	0.832	19.898	324.4
	Total	1327	162.871	312.647	0.854	51.396	5818.995
2012	Cash	1529	27.146	25.628	1.96	21.414	558.368
	Total	1529	155.969	298.239	1.987	55.32	4753.371
2013	Cash	1476	29.712	25.821	2.636	23.328	279.04
	Total	1476	217.658	486.396	2.673	61.672	8395.262
2014	Cash	1504	31.565	26.951	3.83	24.758	344.54
	Total	1504	268.316	552.206	3.88	80.779	9762.789
2015	Cash	1754	33.875	28.886	2.8	26.259	304.688
	Total	1754	518.972	1021.446	2.826	123.336	12781.358
2016	Cash	1905	35.394	30.334	3.553	27.58	417.715
	Total	1905	433.905	720.074	3.576	151.404	10080.521
合计	Cash	12967	28.047	25.683	0.563	21.611	558.368
	Total	12967	256.539	586.966	0.778	53.346	12781.358

对于假设2、假设3的检验,见表6-8。

表6-8　经理人平均(货币)薪金与公司产权性质、公司规模的回归结果

	Model 1		Model 2			
	Cash	Total	Cash	Total	Cash	Total
Kdensity	-0.097***	0.000				
	(-4.834)	(-0.011)				
Ldensity1			1.127***	2.443***		
			(2.643)	(2.740)		
Ldensity2					3.332***	1.035*
					(10.690)	(1.648)
Roa	0.540***	2.243***	0.617***	2.271***	0.651***	2.258***
	(2.758)	(3.077)	(2.884)	(3.061)	(3.218)	(3.120)
Roe	-0.013	-0.067	-0.015	-0.068	-0.015	-0.067
	(-1.024)	(-1.440)	(-1.122)	(-1.450)	(-1.144)	(-1.446)
Tobinq	-0.003	0.005	-0.003	0.004	-0.002	0.005
	(-1.375)	(0.770)	(-1.293)	(0.732)	(-1.055)	(0.806)
Boards	0.359***	-1.314***	0.378***	-1.320***	0.209***	-1.367***
	(5.292)	(-9.200)	(5.626)	(-9.323)	(3.185)	(-9.464)
Indpt	0.699***	0.567	0.694***	0.55	0.465**	0.493
	(3.089)	(1.169)	(3.035)	(1.141)	(2.088)	(1.012)
Top1	0.002**	-0.008***	0.002***	-0.007***	0.001	-0.008***
	(2.009)	(-4.078)	(2.765)	(-3.878)	(1.447)	(-4.215)
GDP	0.481***	0.887***	0.465***	0.863***	0.493***	0.892***
	(20.273)	(17.819)	(19.048)	(17.138)	(20.919)	(17.846)
CPI	-0.031***	-0.080***	-0.027***	-0.077***	-0.024***	-0.079***
	(-10.589)	(-13.393)	(-9.497)	(-13.031)	(-8.540)	(-13.122)
Year	Controlled	Controlled	Controlled	Controlled	Controlled	Controlled
Industry	Controlled	Controlled	Controlled	Controlled	Controlled	Controlled
Region	Controlled	Controlled	Controlled	Controlled	Controlled	Controlled
_cons	9.047***	14.648***	7.753***	12.472***	7.418***	14.231***
	(17.903)	(13.864)	(12.720)	(9.444)	(14.805)	(13.021)
N	12967	12967	12967	12967	12967	12967
R-squared	0.18	0.194	0.173	0.196	0.211	0.194
F-value	91.947	137.02	87.508	139.113	96.879	137.058
Nature	0.196***	-1.475***				
	(6.557)	(-28.558)				
Size			0.283***	-0.041*		
			(28.230)	(-1.755)		
Sales					0.231***	-0.029
					(25.701)	(-1.355)
Roa	0.686***	1.630***	0.748***	2.223***	0.569***	2.248***
	(2.988)	(2.844)	(3.582)	(3.071)	(3.133)	(3.081)
Roe	-0.017	-0.049	-0.019	-0.066	-0.014	-0.067
	(-1.184)	(-1.283)	(-1.430)	(-1.429)	(-1.200)	(-1.438)
Tobinq	-0.003	0.001	0.003*	0.004	0.002*	0.004
	(-1.337)	(0.395)	(1.904)	(0.676)	(1.681)	(0.706)
Boards	0.244***	-0.290**	-0.249***	-1.223***	-0.184***	-1.242***
	(3.476)	(-2.307)	(-4.314)	(-8.009)	(-3.046)	(-8.155)
Indpt	0.622***	1.169***	-0.380*	0.723	-0.187	0.679
	(2.745)	(2.917)	(-1.918)	(1.474)	(-0.941)	(1.396)
Top1	0.001	0	-0.003***	-0.007***	-0.003***	-0.007***
	(1.338)	(-0.030)	(-3.978)	(-3.527)	(-4.044)	(-3.552)
GDP	0.493***	0.758***	0.399***	0.898***	0.426***	0.893***
	(20.241)	(16.938)	(19.167)	(17.886)	(20.136)	(17.838)

续表

	Model 3				Model 4	
	Cash	Total	Cash	Total	Cash	Total
CPI	-0.030***	-0.067***	-0.012***	-0.082***	-0.020***	-0.081***
	(-10.710)	(-13.417)	(-4.609)	(-13.493)	(-7.893)	(-13.607)
_cons	9.017***	12.693***	3.613***	15.388***	5.253***	15.091***
	(18.179)	(14.345)	(7.623)	(13.526)	(11.484)	(13.672)
N	12967	12967	12967	12967	12967	12967
R-squared	0.186	0.381	0.381	0.194	0.365	0.194
F-value	95.628	275.005	192.034	137.939	175.57	137.407

表6-8也给出了公司产权性质和公司规模的检验结果。在控制了行业、年份、地域等虚拟变量,控制了公司的经营业绩、公司的市场业绩、公司的治理结构、人均GDP、CPI指数等变量的情况下,上市公司经理人平均货币薪金与公司的产权性质之间的参数估计值在1%的统计水平上显著为正,t值为6.557,这说明国有上市公司经理人货币薪金水平明显高于非国有企业,这和傅颀与汪祥耀(2013)研究发现"国有企业更偏好于使用货币薪酬激励机制"的结果相吻合;与公司规模之间的参数估计值在1%的统计水平上显著为正,t值为28.230或者25.701,这和Firth等(1999)分析中国香港上市公司的数据,得出"高管薪酬与奖金与企业规模之间存在显著的正相关关系"相吻合,本文用中国上市公司的数据同样证明了这一观点。

同样的,上市公司经理人平均薪金与公司的产权性质之间的参数估计值在1%的统计水平上显著为负,t值-28.558,这说明国有上市公司经理人的薪金水平低于非国有上市公司,一种可能的解释是国有上市公司承担着除经济目标[①]以外的政策性目标[②],这使得国有企业的经营绩效与企业管理层的努力和才能之间的关系不清晰,削弱了以绩效为基础的薪酬制度的有效性[③];同时,薪酬管制导致国有企业中普遍存在以绩效薪酬为代表的显性激励明显不足,相应地,企业"控制权回报"如在职消费、政治晋升,成为激发国有企业经理人努力工作的主要动

[①] 林毅夫,刘明兴,章奇.政策性负担与企业的预算软约束:来自中国的实证研究[J].管理世界,2004(8):81-89.

[②] Peng M W,Luo Y. Managerial Ties and Firms Performance in a Transition Economy:The Nature of a Micro-macro Link [J]. Academy of Management Journal, 2000,43(3):486-501.

[③] 陈冬华,范从来,沈永建,等.职工激励、工资刚性与企业绩效:基于国有非上市公司的经验证据[J].经济研究,2010(7):116-129.

机。而与公司规模之间的参数估计值在 10% 的统计水平上显著为负，t 值为 -1.755 或者 -1.355，这与 Murphy（1985）、Hansen（1989）、Bathala（1996）、Himmelberg（1999）等的研究表明"公司规模与高管股权激励之间呈负相关关系"相吻合，一种可能的解释是经理人股权薪金在薪酬契约中的比例随着公司面临风险的程度不同而改变，而这种风险程度和以公司总资产来表示的企业规模之间的关系越来越微弱。

第二节 不同类型企业间养老保险基金收入统计描述

王凤荣和李靖（2005）、李善民和叶会（2007）按要素密集度对行业进行分类，不过此分类依据是基于经验观察，缺乏严格的分类依据。本文基于中国证监会《上市公司行业分类指引（2012 年修订）》的行业分类标准，借鉴李晓创和高文书（2013）以资产总额与营业收入比值的自然对数来衡量资本密集度；倪晓然和朱玉杰（2016）用员工薪酬对数值/销售收入对数值和员工人数对数值/销售收入对数值等度量劳动密集度，共计得到年度样本数 15108 个，其中劳动密集型企业 7638 家，资本密集型企业 7470 家。

一、不同类型企业间经理人缴费基数三种计算口径与养老保险缴费差值

基于企业职工养老保险统筹账户基金收入模型和现行缴费基数测算政策，在不考虑经理人货币薪金增长率较高的条件下，本文测算出了 2008—2016 年不同类型企业间以"经理人平均货币薪金""经理人平均薪金"作为模拟缴费基数和以"在岗职工上上年度平均工资 300%"作为制度缴费基数所需缴纳的养老保险费差值，结果如表 6-9、图 6-1 和表 6-10、图 6-2 所示。

表6-9　不同类型企业间"在岗职工平均工资300%"缴费与"经理人平均货币薪金"
缴费的差值(单位:万元/人)

年份	资本密集型企业			劳动密集型企业		
	"在岗职工平均工资300%"缴费	"经理人平均货币薪金"缴费	差值1	"在岗职工平均工资300%"缴费	"经理人平均货币薪金"缴费	差值1
2008	4.600	3.338	-1.262	3.846	3.425	-0.421
2009	5.873	3.721	-2.152	3.825	3.851	0.024
2010	6.247	3.973	-2.274	3.173	4.263	1.090
2011	6.599	4.425	-2.174	3.842	4.620	0.778
2012	7.756	4.618	-3.138	4.286	5.048	0.762
2013	7.719	4.714	-3.005	4.705	5.705	1.000
2014	7.254	5.077	-2.177	5.376	6.094	0.718
2015	8.703	5.435	-3.268	5.918	6.493	0.575
2016	8.271	5.839	-2.432	6.277	6.812	0.535

资料来源:根据2007—2016年中国上市公司数据计算而得。

注:表6-9中差值1表示基于20%统筹账户缴费率的"在岗职工平均工资300%"缴费与"经理人平均货币薪金"缴费的差值。

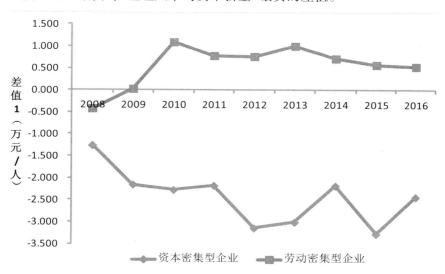

图6-1　不同类型企业间缴费差值1的年度变化趋势图

由表6-9和图6-1可知,随着上市公司职工工资水平的增长,在岗职工最高缴费基数、经理人平均货币薪金、经理人平均薪金水平呈增长趋势,相应以模拟缴费基数和制度缴费基数为基础养老保险缴费绝对差值在不同类型企业间呈现不同的变化趋势。首先,以"上年度在岗职工平均工资300%"作为制度缴费基数的规定下,劳动密集型企业经理人养老保险缴费在整个8年(2009—2016年)都低于以"经理人平均货币薪金"作为模拟缴费基数的养老保险费,这说明由于最高缴费基数规定,劳动密集型企业经理人养老保险费差值依次少缴0.025万元/人(2009)、1.090万元/人(2010)、0.778万元/人(2011)、0.762万元/人(2012)、1.000万元/人(2013)、0.718万元/人(2014)、0.575万元/人(2015)、0.536万元/人(2016),数量呈现年平均23.7%的递增趋势;资本密集型企业则呈现出相反的变动趋势,以"经理人平均货币薪金"作为模拟缴费基数的养老保险费在整个9年(2008—2016年)都低于以"上年度在岗职工平均工资300%"作为制度缴费基数的养老保险缴费。这说明,全国统筹的养老保险缴费可能会掩盖不同类型企业间的差别,造成"以高代全"或者"以少代全"的问题。

表6-10　不同类型企业间"在岗职工平均工资300%"缴费与"经理人平均薪金"缴费的差值(单位:万元/人)

年份	资本密集型企业			劳动密集型企业		
	"在岗职工平均工资300%"缴费	"经理人平均薪金"缴费	差值2	"在岗职工平均工资300%"缴费	"经理人平均薪金"缴费	差值2
2008	4.600	4.773	0.173	3.846	6.990	3.144
2009	5.873	7.473	1.600	3.825	13.574	9.748
2010	6.247	11.814	5.567	3.173	24.066	20.893
2011	6.599	11.246	4.647	3.842	18.088	14.246
2012	7.756	11.236	3.480	4.286	17.856	13.570
2013	7.719	13.823	6.104	4.705	24.383	19.678
2014	7.254	16.780	9.526	5.376	30.312	24.936
2015	8.703	27.452	18.749	5.918	53.286	47.367
2016	8.271	26.463	18.192	6.277	45.001	38.724

资料来源:根据2007—2016年中国上市公司数据计算而得。

注:表6-10中差值2表示基于20%统筹账户缴费率的"在岗职工平均工资300%"缴费与"经理人平均薪金"缴费的差值。

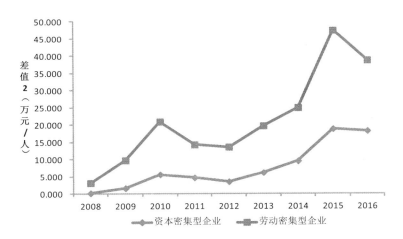

图6-2　不同类型企业间缴费差值2的年度变化趋势图

同样,由表6-10和图6-2可知,从2008—2016年,资本密集型企业和劳动密集型企业以"上年度在岗职工平均工资300%"作为制度缴费基数缴费都低于以"经理人平均薪金"作为模拟缴费基数的养老保险费。就资本密集型企业而言,由于最高缴费基数规定,经理人养老保险费依次少缴0.173万元/人(2008)、1.600万元/人(2009)、5.567万元/人(2010)、4.647万元/人(2011)、3.480万元/人(2012)、6.104万元/人(2013)、9.526万元/人(2014)、18.749万元/人(2015)、18.192万元/人(2016)。相比较而言,劳动密集型企业经理人养老保险费少缴量都高于资本密集型企业,依次少缴3.144万元/人(2008)、9.748万元/人(2009)、20.893万元/人(2010)、14.246万元/人(2011)、13.570万元/人(2012)、19.678万元/人(2013)、24.936万元/人(2014)、47.367万元/人(2015)、38.724万元/人(2016)。

综上所述,由于我国养老保险缴费没有采用"累进缴费制",养老保险最高缴费基数规定增强了制度的"累退性",特别是劳动密集型企业,以"经理人平均货币薪金"和"经理人平均薪金"为模拟缴费基数养老保险缴费都高于"上年度在岗职工平均工资300%"作为制度缴费基数缴费;同时,无论是资本密集型企业,还是劳动密集型企业,以"经理人平均薪金"为模拟缴费基数的养老保险缴费都高于"上年度在岗职工平均工资300%"作为制度缴费基数的缴费。这种现象给基本养老保险基金收入造成的"负向"效应更明显。

二、不同类型企业间经理人规模变化与养老保险基金收入测算

基于上文分析可知,不同类型企业间养老保险缴费差值年度变化趋势存在显著不同。接下来,本文继续以中国上市公司经理人数据为样本,测算出随着经理人规模的变化,不同类型企业的养老保险基金收入情况,并比较分析其变化趋势。

表6-11　基于上市公司统计年报测算的不同类型企业间经理人人数占比

年份	资本密集型企业		劳动密集型企业	
	经理人规模（人）	经理人人数占比(%)	经理人规模（人）	经理人人数占比(%)
2007	8192	0.006	8413	0.003
2008	9212	0.004	8593	0.003
2009	10209	0.003	9335	0.003
2010	12347	0.003	11870	0.004
2011	14592	0.004	15044	0.003
2012	16900	0.003	16674	0.004
2013	16423	0.004	16390	0.003
2014	16977	0.003	16978	0.003
2015	19160	0.004	19696	0.003
2016	20556	0.003	20275	0.003

资料来源:根据2007—2016年中国上市公司数据计算而得。

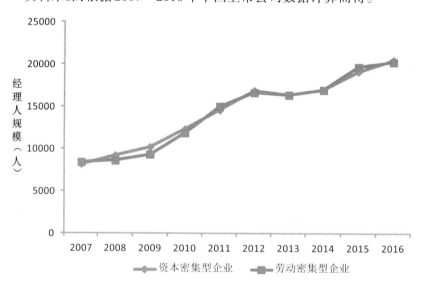

图6-3　不同类型企业间经理人规模的年度变化趋势图

由表6-11和图6-3可知:无论是资本密集型企业,还是劳动密集型

企业,经理人规模总体都呈现递增的变化趋势,但不同类型企业间经理人规模年度变化趋势有所不同。其中,2008—2010年、2012—2013年和2016年资本密集型企业的经理人规模要明显大于劳动密集型企业。无论是资本密集型企业,还是劳动密集型企业,以"经理人平均薪金"为模拟缴费基数的养老保险缴费都高于"上年度在岗职工平均工资300%"作为制度缴费基数的缴费,而随着经理人规模的扩大,基本养老保险基金收入将进一步减少,对基金总量产生负向效应。

表6-12   不同类型企业间经理人规模与养老保险基金收入差值

年份	资本密集型企业			劳动密集型企业		
	经理人规模（人）	养老保险基金收入差值1（亿元）	养老保险基金收入差值2（亿元）	经理人规模（人）	养老保险基金收入差值1（亿元）	养老保险基金收入差值2（亿元）
2007	8192			8413		
2008	9212	-1.163	0.160	8593	-0.362	2.701
2009	10209	-2.197	1.633	9335	0.024	9.100
2010	12347	-2.808	6.874	11870	1.294	24.800
2011	14592	-3.173	6.781	15044	1.170	21.432
2012	16900	-5.302	5.881	16674	1.270	22.627
2013	16423	-4.934	10.024	16390	1.640	32.252
2014	16977	-3.696	16.172	16978	1.219	42.337
2015	19160	-6.261	35.923	19696	1.132	93.294
2016	20556	-4.998	37.396	20275	1.086	78.513

资料来源:根据2007—2016年中国上市公司数据计算而得。

由表6-12可知,以"经理人平均货币薪金"作为模拟缴费基数缴费而言,由于最高缴费基数的规定,随着经理人规模的扩大,劳动密集型企业养老保险基金收入在连续8年(2009—2016年)间依次少征收0.024亿元(2009)、1.294亿元(2010)、1.170亿元(2011)、1.270亿元(2012)、1.640亿元(2013)、1.219亿元(2014)、1.132亿元(2015)、1.086亿元(2016),数量呈现年均31.3%的递增趋势。

而以"经理人平均薪金"作为模拟缴费基数缴费而言,无论是资本密集型企业,还是劳动密集型企业,以"经理人平均薪金"为模拟缴费基数养老保险缴费都高于"上年度在岗职工平均工资300%"作为制度缴费基数的缴费,这意味着随着经理人规模的扩大,资本密集型企业养老保险基金收入在连续9年(2008—2016年)间依次少征收0.160亿元(2008)、1.633亿元(2009)、6.874亿元(2010)、6.781亿元(2011)、5.881亿元(2012)、10.024亿元(2013)、16.172亿元(2014)、35.923亿元

（2015）、37.396 亿元（2016），数量呈现年均 70.4% 的递增趋势；劳动密集型企业养老保险基金收入在连续 9 年（2008—2016 年）间依次少征收 2.701 亿元（2008）、9.100 亿元（2009）、24.800 亿元（2010）、21.432 亿元（2011）、22.627 亿元（2012）、32.252 亿元（2013）、42.337 亿元（2014）、93.294 亿元（2015）、78.513 亿元（2016），数量呈现年均 90.3% 的递增趋势。

三、不同类型企业间养老保险基金收入比较分析

前文测算出了 2008—2016 年不同类型企业间以"经理人平均货币薪金"和"经理人平均薪金"作为模拟缴费基数和以"在岗职工平均工资 300%"作为制度缴费基数下的资本密集型企业和劳动密集型企业间养老保险基金收入年度变化情况。由上文分析可知，我国养老保险缴费没有采用"累进缴费制"，养老保险最高缴费基数为"上年度在岗职工平均工资 300%"的缴费机制增强了制度的"累退性"，对基本养老保险基金收入产生"负向"效应，并且随着经理人规模的扩大，基本养老保险基金收入将进一步减少，对基金总量的负向效应更加明显。

众所周知，我国于 2005 年 12 月 31 日颁布并于 2006 年 1 月 1 日开始实施的《上市公司股权激励管理办法》对经理人薪金结构多元化产生了"正向"推动作用，经理人货币薪金在整个薪金中所占比例逐渐下降，而股权薪金的相对比例不断加大，这种薪金结构的变化将对养老保险基金收入产生极大的影响。但是，我国税务部门对股票期权所得单独课征个人所得税，却完全没有将股票期权所得纳入社保缴费基数，导致企业缴费基数远远低于实际的工资总额（苏中兴，2016）。而当高收入人群养老保险缴费基数低于其实际工资水平，基本养老保险基金收入将进一步减少，对基金总量产生负向溢出效应（丛春霞、靳文惠，2017）。本文利用中国上市公司经理人的数据也充分证明了这一点。

由表 6-13 和图 6-4 可知，无论是资本密集型企业还是劳动密集型企业，以"经理人平均薪金"为缴费基数的养老保险基金收入 2 在 10 年间（2007—2016 年）都明显高于以"经理人平均货币薪金"为缴费基数的养老保险基金收入 1，且劳动密集型企业养老保险基金收入差值要明显高于资本密集型企业。这说明，经理人薪金结构改变不仅对企业缴费基数

产生影响,而且对不同类型企业养老保险基金收入产生重要影响。

表6-13 不同类型企业间养老保险基金收入及差值(单位:千万元)

年份	资本密集型企业			劳动密集型企业		
	养老保险基金收入1	养老保险基金收入2	差值	养老保险基金收入1	养老保险基金收入2	差值
2007	22.234	46.307	24.073	30.595	91.874	61.279
2008	30.747	43.968	13.221	29.432	60.062	30.630
2009	37.984	76.289	38.305	35.945	126.711	90.766
2010	49.049	145.868	96.819	50.600	285.665	235.065
2011	64.566	164.108	99.542	69.500	272.111	202.611
2012	78.051	189.881	111.830	84.172	297.739	213.567
2013	77.422	227.012	149.590	3.509	399.630	306.121
2014	86.193	284.868	198.675	103.458	514.635	411.177
2015	104.142	525.985	421.843	127.895	1049.512	921.617
2016	120.035	543.969	423.934	138.123	912.389	774.266

资料来源:根据2007—2016年中国上市公司数据计算而得。

注:表6-13中养老保险基金收入1表示以"经理人平均货币薪金"为缴费基数的养老保险基金收入,养老保险基金收入2表示以"经理人平均薪金"为缴费基数的养老保险基金收入。

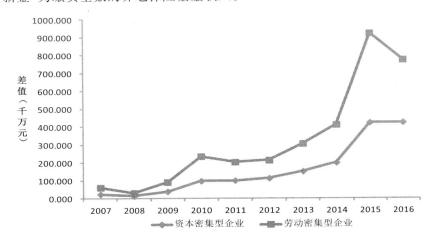

图6-4 不同类型企业间差异:养老保险基金收入差值变化趋势图(2007—2016年)

第三节 不同产权企业间养老保险基金收入统计描述

本文首先借鉴了大多数学者对上市公司产权性质的划分标准,将CSMAR披露的上市公司产权性质中有两种或两种以上类型的,按照国企、民营、外资的顺序优先确定企业产权性质;其次,鉴于本文分析的需要,并基于上市公司这个特殊企业群体特点,将民营、外资企业列入非国有企业,共计得到年度样本数15108个,其中国有企业5656家,非国有企业9452家。

一、不同产权企业间经理人缴费基数三种计算口径与养老保险缴费差值

基于企业职工养老保险统筹账户基金收入模型和现行缴费基数测算政策,在不考虑经理人货币薪金增长率较高的条件下,本文测算出了2008—2016年不同产权企业间以"经理人平均货币薪金""经理人平均薪金"作为模拟缴费基数和以"在岗职工上年度平均工资300%"作为制度缴费基数所需缴纳的养老保险费差值,结果如表6-14、图6-5和表6-15、图6-6所示。

表6-14 不同产权企业间"在岗职工平均工资300%"缴费与"经理人平均货币薪金"缴费的差值(单位:万元/人)

年份	国有企业			非国有企业		
	"在岗职工平均工资300%"缴费	"经理人平均货币薪金"缴费	差值1	"在岗职工平均工资300%"缴费	"经理人平均货币薪金"缴费	差值1
2008	4.458	3.451	-1.007	2.853	3.269	0.416
2009	5.154	3.872	-1.282	3.247	3.663	0.416
2010	5.229	4.582	-0.647	3.379	3.696	0.317
2011	5.974	5.326	-0.648	3.689	3.974	0.285
2012	6.890	5.568	-1.322	4.104	4.377	0.273
2013	7.229	5.734	-1.495	4.522	4.892	0.370
2014	6.986	6.209	-0.777	5.001	5.249	0.248
2015	8.396	6.384	-2.012	5.502	5.772	0.270
2016	8.375	6.545	-1.830	5.685	6.230	0.545

资料来源:根据2007—2016年中国上市公司数据计算而得。

注：表6-14中差值1表示基于20%统筹账户缴费率的"在岗职工平均工资300%"缴费与"经理人平均货币薪金"缴费的差值。

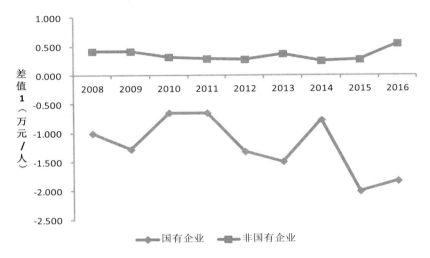

图6-5　不同产权企业间缴费差值1的年度变化趋势图

由表6-14和图6-5可知，随着上市公司职工工资水平的增长，在岗职工最高缴费基数、经理人平均货币薪金、经理人平均薪金水平呈增长趋势，相应以模拟缴费基数和制度缴费基数为基础养老保险缴费绝对差值在不同产权企业间呈现不同的变化趋势。首先，以"上年度在岗职工平均工资300%"作为制度缴费基数规定下，非国有企业经理人养老保险缴费在整个9年（2008—2016年）间都低于以"经理人平均货币薪金"作为模拟缴费基数的养老保险费。这说明由于最高缴费基数规定，非国有企业经理人养老保险费差值依次少缴0.416万元/人（2008）、0.416万元/人（2009）、0.317万元/人（2010）、0.285万元/人（2011）、0.273万元/人（2012）、0.370万元/人（2013）、0.248万元/人（2014）、0.270万元/人（2015）、0.545万元/人（2016），数量呈现年平均34.88%的递增趋势；国有企业则呈现出相反的变动趋势，以"经理人平均货币薪金"作为模拟缴费基数的养老保险费在整个9年（2008—2016年）都低于以"上年度在岗职工平均工资300%"作为制度缴费基数的养老保险缴费。这说明，全国统筹的养老保险缴费可能会掩盖不同产权企业间的差别，造成"以高代全"或者"以少代全"的问题。

表6-15　不同产权企业间"在岗职工平均工资300%"缴费与"经理人平均薪金"
缴费的差值(单位:万元/人)

年份	国有企业			非国有企业		
	"在岗职工平均工资300%"缴费	"经理人平均薪金"缴费	差值2	"在岗职工平均工资300%"缴费	"经理人平均薪金"缴费	差值2
2008	4.458	3.681	-0.776	2.853	9.243	6.390
2009	5.154	4.465	-0.689	3.247	18.278	15.031
2010	5.229	5.926	0.697	3.379	28.477	25.098
2011	5.974	6.138	0.164	3.689	20.600	16.911
2012	6.890	6.476	-0.414	4.104	19.497	15.393
2013	7.229	6.856	-0.373	4.522	26.496	21.974
2014	6.986	7.671	0.686	5.001	32.110	27.109
2015	8.396	8.923	0.527	5.502	55.836	50.334
2016	8.375	8.710	0.335	5.685	46.908	41.223

资料来源:根据2007—2016年中国上市公司数据计算而得。

注:表6-15中差值2表示基于20%统筹账户缴费率的"在岗职工平均工资300%"缴费与"经理人平均薪金"缴费的差值。

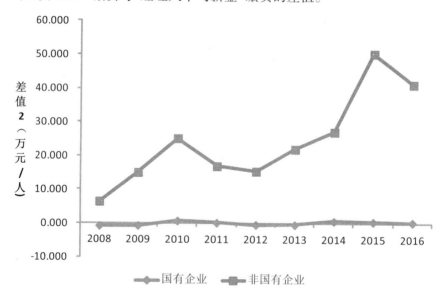

图6-6　不同产权企业间缴费差值2的年度变化趋势图

同样,由表6-15和图6-6可知,从2008—2016年,非国有企业以"上年度在岗职工平均工资300%"作为制度缴费基数缴费都低于以"经理人平均薪金"作为模拟缴费基数的养老保险费,由于最高缴费基数规定,经理人养老保险费依次少缴 6.390 万元/人(2008)、15.031 万元/人(2009)、25.098 万元/人(2010)、16.911 万元/人(2011)、15.393 万元/人(2012)、21.974 万元/人(2013)、27.109 万元/人(2014)、50.334 万元/人(2015)、41.223 万元/人(2016);同时非国有企业年度少缴量都高于国有企业。相比较而言,2010—2011 年、2014—2016 年的国有企业以"上年度在岗职工平均工资 300%"作为制度缴费基数缴费低于以"经理人平均薪金"作为模拟缴费基数的养老保险费。产生上述现象的一种可能的解释是国有上市公司承担着除经济目标[①]以外的政策性目标[②],这使得国有企业的经营绩效与企业管理层的努力和才能之间的关系不清晰,削弱了以绩效为基础的薪酬制度的有效性[③],使得其更加偏好于货币薪酬激励机制。非国有上市公司薪金制定是由董事会或股东大会决定,主要依据劳动力市场工资指导线确定,能够较准确地反映人力资本的市场价格,并通过股权激励对公司高管努力的工作施以嘉奖。

二、不同产权企业间经理人规模变化与养老保险基金收入测算

基于上文分析可知,不同产权企业间养老保险缴费差值年度变化趋势存在显著不同,接下去,本文继续以中国上市公司经理人数据为样本,测算出随着经理人规模的变化,不同产权企业的养老保险基金收入情况,并比较分析其变化趋势。

---

①林毅夫,刘明兴,章奇. 政策性负担与企业的预算软约束:来自中国的实证研究[J]. 管理世界,2004(8):81-89.

②Peng M W,Luo Y. Managerial Ties and Firms Performance in a Transition Economy: The Nature of a Micro-macro Link [J]. Academy of Management Journal,2000,43(3):486-501.

③陈冬华,范从来,沈永建,等. 职工激励、工资刚性与企业绩效基于国有非上市公司的经验证据[J]. 经济研究,2010(7):116-129.

表6-16 基于上市公司统计年报测算的不同产权企业间经理人人数占比

年份	国有企业		非国有企业	
	经理人规模（人）	经理人人数占比（%）	经理人规模（人）	经理人人数占比（%）
2007	10433	0.003	6172	0.006
2008	10886	0.003	6919	0.006
2009	11165	0.003	8379	0.006
2010	11445	0.002	12772	0.007
2011	12051	0.002	17585	0.006
2012	12823	0.002	20751	0.006
2013	12361	0.002	20452	0.006
2014	11899	0.002	22056	0.005
2015	12663	0.002	26193	0.005
2016	12015	0.002	28816	0.005

资料来源：根据2007—2016年中国上市公司数据计算而得。

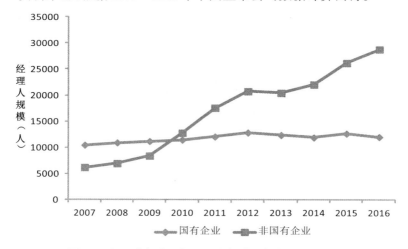

图6-7 不同产权企业间经理人规模的年度变化趋势图

由表6-16和图6-7可知：无论是国有企业，还是非国有企业，经理人规模总体都呈现递增的变化趋势，但不同产权企业间经理人规模年度变化趋势有所不同。其中，2010—2016年非国有企业经理人规模要明显大于国有企业。而基于上文"不同产权企业间经理人缴费基数调整与养老保险基金收入测算"显示非国有企业以"经理人平均货币薪金"和"经理人平均薪金"为模拟缴费基数养老保险缴费都高于"上年度在岗职工平均工资300%"作为制度缴费基数缴费；而随着经理人规模的扩大，基本养老保险基金收入将进一步减少，对基金总量产生负向效应。

表6-17 不同产权企业间经理人规模与养老保险基金收入

年份	国有企业			非国有企业		
	经理人规模（人）	养老保险基金收入差值1（亿元）	养老保险基金收入差值2（亿元）	经理人规模（人）	养老保险基金收入差值1（亿元）	养老保险基金收入差值2（亿元）
2007	10433			6172		
2008	10886	-1.096	-0.845	6919	0.287	4.421
2009	11165	-1.431	-0.769	8379	0.348	12.594
2010	11445	-0.741	0.798	12772	0.405	32.054
2011	12051	-0.781	0.198	17585	0.501	29.737
2012	12823	-1.695	-0.531	20751	0.567	31.942
2013	12361	-1.848	-0.461	20452	0.757	44.941
2014	11899	-0.924	0.816	22056	0.546	59.792
2015	12663	-2.547	0.668	26193	0.707	131.839
2016	12015	-2.199	0.402	28816	1.571	118.790

资料来源：根据2007—2016年中国上市公司数据计算而得。

由表6-17可知，以"经理人平均货币薪金"作为模拟缴费基数缴费而言，由于最高缴费基数规定，随着经理人规模的扩大，非国有企业养老保险基金收入在连续9年（2008—2016年）间依次少征收0.287亿元（2008）、0.348亿元（2009）、0.405亿元（2010）、0.501亿元（2011）、0.567亿元（2012）、0.757亿元（2013）、0.546亿元（2014）、0.707亿元（2015）、1.571亿元（2016），数量呈现年均23.5%的递增趋势；而以"经理人平均薪金"作为模拟缴费基数缴费而言，非国有企业养老保险基金收入在连续9年（2008—2016）间依次少征收4.421亿元（2008）、12.594亿元（2009）、32.054亿元（2010）、29.737亿元（2011）、31.942亿元（2012）、44.941亿元（2013）、59.792亿元（2014）、131.839亿元（2015）、118.790亿元（2016），数量呈现年均97.9%的递增趋势。

三、不同产权企业间养老保险基金收入比较分析

前文测算出了2007—2016年不同产权企业间以"经理人平均货币薪金"和"经理人平均薪金"作为模拟缴费基数和以"在岗职工平均工资300%"作为制度缴费基数下的国有企业和非国有企业间养老保险基金收入年度变化情况。由上文分析可知，我国养老保险缴费没有采用"累进缴费制"，养老保险最高缴费基数为"上年度在岗职工平均工资300%"的缴费机制增强了制度的"累退性"，对基本养老保险基金收入产生"负向"效应，并且随着经理人规模的扩大，基本养老保险基金收入将进一步减少，对基金总量负向效应更加明显。

众所周知,我国于2005年12月31日颁布并于2006年1月1日开始实施的《上市公司股权激励管理办法》对经理人薪金结构多元化产生了"正向"推动作用,经理人货币薪金在整个薪金中所占比例逐渐下降,而股权薪金的相对比例不断加大,这种薪金结构的变化将对养老保险基金收入产生极大的影响。但是,我国税务部门对股票期权所得单独课征个人所得税,却完全没有将股票期权所得纳入社保缴费基数,导致企业缴费基数远远低于实际的工资总额(苏中兴,2016)。而当高收入人群养老保险缴费基数低于其实际工资水平,基本养老保险基金收入将进一步减少,对基金总量产生负向溢出效应(丛春霞、靳文惠,2017)。本文利用中国上市公司经理人的数据也充分证明了这一点。

表6-18　不同产权企业间养老保险基金收入及差值(单位:千万元)

年份	国有企业			非国有企业		
	养老保险基金收入1	养老保险基金收入2	差值	养老保险基金收入1	养老保险基金收入2	差值
2007	30.604	35.157	4.553	22.225	103.023	80.798
2008	37.564	40.075	2.511	22.615	63.955	41.340
2009	43.235	49.853	6.618	30.693	153.148	122.455
2010	52.439	67.828	15.389	47.210	363.705	316.495
2011	64.183	73.974	9.791	69.883	362.246	292.363
2012	71.395	83.037	11.642	90.828	404.584	313.756
2013	70.879	84.752	13.873	100.052	541.890	441.838
2014	73.887	91.279	17.392	115.765	708.224	592.459
2015	80.845	112.989	32.144	151.192	1462.508	1311.316
2016	78.639	104.648	26.009	179.519	1351.710	1172.191

资料来源:根据2007—2016年中国上市公司数据计算而得。

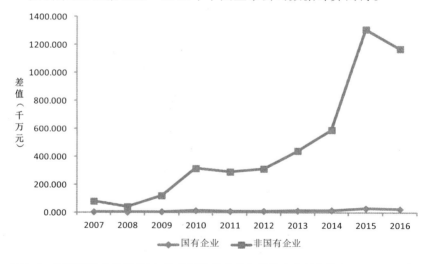

图6-8　不同产权企业间差异:养老保险基金收入差值变化趋势图(2007—2016年)

由表6-18和图6-8可知,无论是国有企业,还是非国有企业,以"经理人平均薪金"为缴费基数的养老保险基金收入2在10年间(2007—2016年)都明显高于以"经理人平均货币薪金"为缴费基数的养老保险基金收入1,且非国有企业养老保险基金收入差值要明显高于国有企业。这说明,经理人薪金结构的改变不仅对企业缴费基数产生影响,而且对不同产权企业养老保险基金收入产生重要影响。

第四节 企业间养老保险基金收入的弹性分析

弹性原是一个物理名词,指某一物质对外界力量的反应性。后来弹性概念被广泛应用于经济学中,表示因变量对自变量变化的反应的敏感程度。由上一节分析结果可知,不同类型企业间、不同产权企业间经理人缴费基数三种计算口径调整下的养老保险基金收入呈现出不同年度变化趋势。本文在此基础上继续测算不同类型企业间、不同产权企业间经理人缴费基数三种方案调整下养老保险基金收入的弹性及其变化趋势。

一、资本密集型与劳动密集型企业间养老保险基金收入的弹性分析

表6-19和图6-9、图6-10、图6-11描绘了世界性金融危机以来资本密集型和劳动密集型企业间养老保险基金收入的弹性。

表6-19 资本密集型企业和劳动密集型企业的养老保险基金收入弹性

年份	资本密集型企业			劳动密集型企业		
	养老保险基金收入弹性1	养老保险基金收入弹性2	养老保险基金收入弹性3	养老保险基金收入弹性1	养老保险基金收入弹性2	养老保险基金收入弹性3
2007						
2008	1.667	0.325		0.653	0.962	
2009	2.051	1.300	1.499	1.782	1.178	-14.862
2010	4.303	1.570	4.499	3.808	1.623	-0.321
2011	2.779	-2.603	4.405	4.461	0.191	2.536
2012	4.772	-162.431	2.061	2.277	-7.367	2.044
2013	-0.388	0.849	6.873	0.852	0.936	0.808
2014	1.472	1.191	0.474	1.563	1.183	1.287
2015	2.951	1.331	1.772	3.600	1.371	2.746
2016	2.053	-0.949	-0.394	1.628	0.840	1.515

资料来源:根据2007—2016年中国上市公司数据计算而得。

注:表6-19中养老保险基金收入弹性1表示"经理人平均货币薪金"缴费基数对养老保险基金收入的弹性;养老保险基金收入弹性2表示"经理人平均薪金"缴费基数对养老保险基金收入的弹性;养老保险基金收入弹性3表示"上年度在岗职工平均工资300%"缴费基数对养老保险基金收入的弹性。

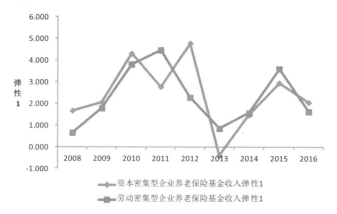

图6-9　资本密集型企业和劳动密集型企业的养老保险基金收入弹性1趋势图

资料来源:根据2007年—2016年中国上市公司数据计算而得。

注:图6-9中养老保险基金收入弹性1表示"经理人平均货币薪金"缴费基数对养老保险基金收入的弹性。

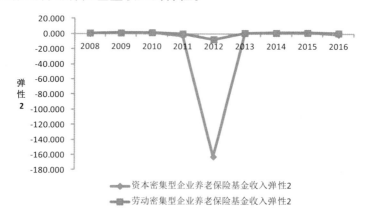

图6-10　资本密集型企业和劳动密集型企业的养老保险基金收入弹性2趋势图

资料来源:根据2007—2016年中国上市公司数据计算而得。

注:图6-10中养老保险基金收入弹性2表示"经理人平均薪金"缴费

基数对养老保险基金收入的弹性。

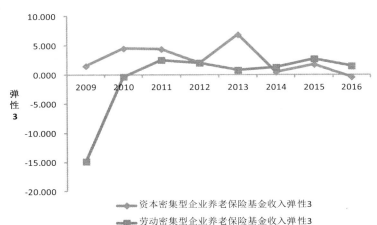

图6-11 资本密集型企业和劳动密集型企业的养老保险基金收入弹性3趋势图

资料来源:根据2007—2016年中国上市公司数据计算而得。

注:图6-11中养老保险基金收入弹性3表示"上年度在岗职工平均工资300%"缴费基数对养老保险基金收入的弹性。

第一,资本密集型企业和劳动密集型企业间以"经理人平均货币薪金"为缴费基数、"经理人平均薪金"为缴费基数和"在岗职工平均工资300%"为缴费基数的养老保险基金收入的弹性年度变化趋势存在较大差别。由图6-9可知,2008—2016年,资本密集型企业和劳动密集型企业的养老保险基金收入弹性1波动较大,其中2008—2010年、2012年、2016年的资本密集型企业养老保险基金收入弹性1高于劳动密集型企业;图6-10显示,资本密集型企业和劳动密集型企业养老保险基金收入弹性2整体上呈现平稳的变化趋势,但在2012年,资本密集型企业突然进入负值区域,且达到9年(2008—2016年)以来的最低点,这说明2012年的"经理人平均薪金"缴费基数相对于2011年在增加,但是养老保险基金边际收入减少,即2012年经理人股权薪金对养老保险基金收入的有效性在逐渐减弱;图6-11显示,资本密集型企业(2013年除外)和劳动密集型企业(2009年除外)的养老保险基金收入整体呈现平稳变化的趋势,同时,2009—2013年,资本密集型企业养老保险基金收入弹性3明显大于劳动密集型企业,这说明大多数年份资本密集型企业的"在岗职工平均工资300%"缴费基数对养老保险基金收入的拉动作用高于劳动密集型企业。

第二,资本密集型企业和劳动密集型企业的平均养老保险基金收入的弹性存在较大区别。2008—2016年间,资本密集型企业的平均养老保险基金收入弹性1为2.407,劳动密集型企业为2.291,这些数字说明,劳动密集型企业的"经理人平均货币薪金"缴费基数增长对养老保险基金收入的拉动作用略高于资本密集型企业;2008—2016年间,资本密集型企业的平均养老保险基金收入弹性2为−17.713,劳动密集型企业为0.102,这说明,平均而言,资本密集型企业"经理人平均薪金"对养老的保险基金收入的拉动作用在减弱,而劳动密集型企业相对较强;2008—2016年间,资本密集型企业的平均养老保险基金收入弹性3为2.649,劳动密集型企业为−0.531,这说明,资本密集型企业的"在岗职工平均工资300%"缴费基数增长对养老保险基金收入的拉动作用要远远高于劳动密集型企业,平均而言,劳动密集型企业的拉动作用在减弱。

第三,综合比较,就资本密集型企业而言,平均养老保险基金收入弹性1系数和平均养老保险基金收入弹性3系数都大于1,同时都高于平均养老保险基金收入弹性2,这说明,资本密集型企业养老保险基金收入对"经理人平均货币薪金"缴费基数和"在岗职工平均工资300%"缴费基数的增长敏感程度都高于"经理人平均薪金"缴费基数增长;同时,平均养老保险基金收入弹性2系数绝对值大于1,这说明,平均养老保险基金收入对于"经理人平均薪金"缴费基数的变动很敏感,但是经理人股权薪金对养老保险基金收入的有效性在逐渐减弱。而劳动密集型企业呈现出相反的变化,平均养老保险基金收入弹性1系数大于1,平均养老保险基金收入弹性2系数大于0,同时都高于平均养老保险基金收入弹性3,这说明,劳动密集型企业养老保险基金收入对"经理人平均货币薪金"缴费基数和"经理人平均薪金"缴费基数的增长敏感程度都高于以"在岗职工平均工资300%"为制度缴费基数的增长,其中"经理人平均货币薪金"缴费基数更敏感;同时,平均养老保险基金收入弹性3系数绝对值小于1,这说明,平均养老保险基金收入对于"经理人平均薪金"缴费基数变动的反应欠敏感。综上说明,劳动密集型企业"在岗职工平均工资300%"缴费基数增长对养老保险基金收入的拉动效应正在逐渐减弱,而资本密集型企业"经理人平均薪金"缴费基数的增长对养老保险基金收入的拉动效应正在逐渐减弱。

二、国有与非国有企业间养老保险基金收入的弹性分析

表6-20和图6-12、图6-13、图6-14描绘了世界性金融危机以来国有企业和非国有企业间养老保险基金收入的弹性。

表6-20　国有企业与非国有企业的养老保险基金收入的弹性

年份	国有企业			非国有企业		
	养老保险基金收入弹性1	养老保险基金收入弹性2	养老保险基金收入弹性3	养老保险基金收入弹性1	养老保险基金收入弹性2	养老保险基金收入弹性3
2007						
2008	1.290	1.513		-0.190	0.850	
2009	1.235	1.146	1.190	2.959	1.427	2.739
2010	1.162	1.102	2.746	59.373	2.464	14.416
2011	1.379	2.533	1.425	6.394	0.015	5.484
2012	2.475	2.230	1.482	2.955	-2.184	2.783
2013	-0.242	0.351	0.232	0.863	0.945	0.844
2014	0.512	0.648	2.072	2.154	1.449	1.818
2015	3.344	1.458	1.382	3.068	1.441	3.059
2016	-1.084	3.093	21.740	2.363	0.474	4.122

资料来源:根据2007—2016年中国上市公司数据计算而得。

注:表6-20中养老保险基金收入弹性1表示"经理人平均货币薪金"缴费基数对养老保险基金收入的弹性;养老保险基金收入弹性2表示"经理人平均薪金"缴费基数对养老保险基金收入的弹性;养老保险基金收入弹性3表示"上年度在岗职工平均工资300%"缴费基数对养老保险基金收入的弹性。

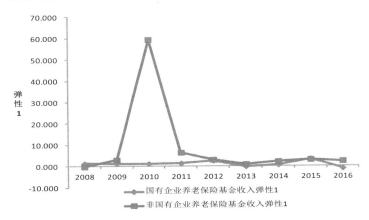

图6-12　国有企业和非国有企业的养老保险基金收入弹性1趋势图

资料来源:根据2007—2016年中国上市公司数据计算而得。

注:图6-12中养老保险基金收入弹性1表示"经理人平均货币薪金"

缴费基数对养老保险基金收入的弹性。

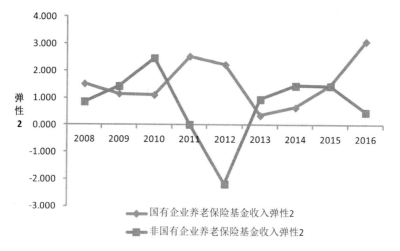

图6-13 国有企业和非国有企业的养老保险基金收入弹性2趋势图

资料来源：根据2007—2016年中国上市公司数据计算而得。

注：图6-13中养老保险基金收入弹性2表示"经理人平均薪金"缴费基数对养老保险基金收入的弹性。

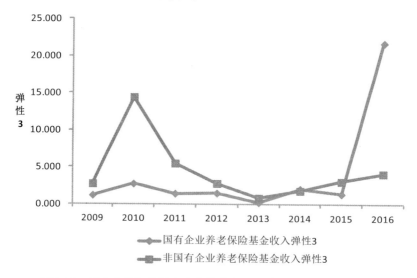

图6-14 国有企业和非国有企业的养老保险基金收入弹性3趋势图

资料来源：根据2007—2016年中国上市公司数据计算而得。

注：图6-14中养老保险基金收入弹性3表示"上年度在岗职工平均工资300%"缴费基数对养老保险基金收入的弹性。

第一,国有企业和非国有企业的以"经理人平均货币薪金"为缴费基数、"经理人平均薪金"为缴费基数和"在岗职工平均工资300%"为缴费基数的养老保险基金收入的弹性年度变化趋势存在较大差别。由图6-12可知,国有企业和非国有企业在整个9年(2008—2016年)间养老保险基金收入弹性1整体上呈现平稳变化趋势,其中2009—2014年、2016年非国有企业养老保险基金收入弹性1高于国有企业,只有2008年和2015年国有企业养老保险基金收入弹性1高于非国有企业,这说明,近2/3的年份非国有企业"经理人平均货币薪金"缴费基数增长对养老保险基金收入的拉动作用高于国有企业;图6-13显示,国有企业和非国有企业养老保险基金收入弹性2整体上波动较大,2008年、2011—2012年、2015—2016年国有企业养老保险基金收入弹性2高于非国有企业,其中2012年非国有企业的养老保险基金收入弹性2出现负值,说明2012年"经理人平均薪金"缴费基数为负增长(-0.054),而养老保险基金收入增加(0.117),此时的养老保险基金收入弹性2绝对值越大,对养老保险基金收入的"吸入"效应就越大,而"吸入"效应不是一种正常的经济现象,这种现象有悖于经济发展的一般规律(张车伟,2002);图6-14显示,国有企业和非国有企业间养老保险基金收入弹性3整体上变化比较平稳,2009—2013年、2015—2016年非国有企业养老保险基金收入弹性3高于国有企业,说明2/3以上的年份非国有企业"在岗职工平均工资300%"缴费基数增长对养老保险基金收入的拉动作用高于国有企业。

第二,国有企业和非国有企业的平均养老保险基金收入的弹性存在较大区别。2008—2016年间,非国有企业平均养老保险基金收入弹性1系数(8.882)和弹性3系数(4.408)都高于国有企业,且弹性系数都处于(1,+∞),这说明非国有企业"经理人平均货币薪金"缴费基数增长和"在岗职工平均工资300%"缴费基数增长对养老保险基金收入的影响相比于国有企业更敏感,平均拉动效应更大;而国有企业平均养老保险基金收入弹性2系数(1.564)高于非国有企业(0.765),这说明,国有企业"经理人平均薪金"缴费基数增长对养老保险基金收入的拉动作用要高于非国有企业。

第三,综合比较,就国有企业而言,平均养老保险基金收入弹性3系数、平均养老保险基金收入弹性2系数和平均养老保险基金收入弹性3

系数都大于1,同时,平均养老保险基金收入弹性3系数高于平均养老保险基金收入弹性2,平均养老保险基金收入弹性2系数又高于平均养老保险基金收入弹性1,这说明,国有企业养老保险基金收入对"经理人平均货币薪金"缴费基数增长、"经理人平均薪金"缴费基数增长、"在岗职工平均工资300%"缴费基数增长都很敏感。其中,对"在岗职工平均工资300%"缴费基数增长最敏感,也可以这样理解,国有企业"在岗职工平均工资300%"缴费基数增长对养老保险基金收入拉动效应要强于"经理人平均薪金"缴费基数增长,更强于"经理人平均货币薪金"缴费基数增长。而非国有企业呈现出相反的变化,平均养老保险基金收入弹性1系数(8.882)和平均养老保险基金收入弹性3(4.408)系数都大于1,同时都高于平均养老保险基金收入弹性2(0.765),这说明,非国有企业养老保险基金收入对"经理人平均货币薪金"缴费基数和"在岗职工平均工资300%"缴费基数的增长敏感程度都高于"经理人平均薪金"缴费基数增长;同时,平均养老保险基金收入弹性2系数小于1,这说明,非国有企业平均养老保险基金收入对于"经理人平均薪金"缴费基数增长的反应欠敏感。

三、企业间养老保险基金收入弹性的比较分析

本节在前文基础上测算出资本密集型企业和劳动密集型企业间、国有企业和非国有企业间经理人缴费基数三种计算口径调整下养老保险基金收入弹性及其变化趋势。根据数据分析结果,可知以下几点。

其一,资本密集型企业和劳动密集型企业间、国有企业和非国有企业间,以"经理人平均货币薪金"为缴费基数、"经理人平均薪金"为缴费基数和"在岗职工平均工资300%"为缴费基数的养老保险基金收入的弹性年度变化趋势存在较大差别,具体分析结论可见上文。

其二,资本密集型企业和劳动密集型企业间、国有企业和非国有企业间,三种平均养老保险基金收入的弹性存在较大差别。劳动密集型企业的"经理人平均货币薪金"缴费基数增长对养老保险基金收入的拉动作用略高于资本密集型企业,资本密集型企业"经理人平均薪金"对养老的保险基金收入的拉动作用在减弱,而劳动密集型企业相对较强;资本密集型企业的"在岗职工平均工资300%"缴费基数增长对养老保险基金收

入的拉动作用要远远高于劳动密集型企业,平均而言,劳动密集型企业对养老保险基金的拉动作用在减弱。非国有企业"经理人平均货币薪金"缴费基数增长和"在岗职工平均工资300%"缴费基数增长对养老保险基金收入的影响相比于国有企业更敏感,平均拉动效应更大;而国有企业"经理人平均薪金"缴费基数增长对养老保险基金收入的拉动作用要高于非国有企业。

第七章 行业间经理人缴费基数调整对养老保险基金收入的影响

国内外有关经理人薪金的研究主要基于公司特征层面,围绕经理人薪金水平、薪金结构等主题展开。经理人薪金水平受诸多因素的影响,既包括自身的才能、努力,又包括公司的盈利能力和所处行业的景气度。有研究表明,企业在规模、产品市场竞争程度、盈利性、成长性等方面存在明显的行业差异(徐宏忠、万小勇、连玉君,2012),这些行业差异会对经理人的薪金产生影响。本章将基于行业特征层面对经理人薪金研究进行尝试性拓展,并进一步深化对养老保险基金收入行业差异的研究。

第一节 经理人平均(货币)薪金缴费基数的行业特征分析

公司运营离不开整体经济环境(薛爽,2008)。整体经济环境包括整个国家层面的宏观环境、行业层面的中观环境以及公司层面的微观环境。公司处于不同的行业中,必然会受到行业特征的影响(李绍龙等,2012),而大部分文献"习惯于"用引入行业等虚拟变量的处理方法剔除行业因素对薪金差异的影响。诸多研究发现,行业特征是影响薪酬分配的结构性因素(罗楚亮、李实,2007;傅娟,2008),忽略行业因素对经理人薪金的调节作用,可能会降低研究结果的准确性和可靠性。鉴于此,本文挖掘行业特征变量对经理人薪金差异的影响,为接下去研究行业差异对养老保险基金收入的影响奠定基础。

一、理论依据与研究假设

行业自身的差异性使得不同行业间的薪酬并不相同。每一个公司都有与其行业相适应的薪酬激励制度,这样才能保持公司员工有较高的工作积极性,保证整个行业在市场中的稳定性(吕明月,2016)。魏刚

(2000),陈志广(2002),谌新民、刘善敏(2003),方军雄(2009),李晓创、高文书(2013),郭翠荣、李巍(2011)等实证研究发现高管薪酬存在显著的行业差异。本节在企业特征层面研究的基础上,将基于行业特征层面对经理人薪金的研究进行尝试性拓展。

杨宜勇(2005)和金玉国(2005)认为垄断行业,特别是行政垄断行业是行业收入差异的主要影响因素。武鹏(2011)实证研究结果表明,垄断行业要比非垄断行业的平均劳动报酬多出相当于全社会各行业平均收入水平70%的额度。胡秋生(2013)实证分析了7个行业10年的高管货币薪酬数据,表明金融业与一些竞争性行业高管薪酬差距的主要因素是垄断。郭淑娟、惠宁(2014)认为,由于受到国家垄断的保护,在高管付出同样努力的程度下,垄断行业企业承受的经营和财务风险远低于非垄断行业企业,而获得的利润却高出很多。原因可能在于,垄断行业管理层会依靠对资源的占有和行政特权,实行价格管制和进入管制。我国被保护性行业,有的地方称为垄断行业,可以在一定程度上规避一些市场力量的影响,比如竞争(辛清泉、谭伟强,2009),从而获取超额利润,提高行业工资回报(叶林祥、李实、罗楚亮,2011;罗宏、曾永良、宛玲羽,2016)。另一个原因可能在于,我国多重委托代理关系导致垄断行业高管的"多重目标",即利润最大化的经营目标、行政晋升的政治目标、工资外收入的消费目标(惠宁、郭淑娟,2012),在职消费作为现金薪酬的替代成为高管报酬的重要组成部分(陈冬华、陈信元、万华林,2005;Gul,F.Cheng L. and Leung T. 2011)。本文认为,处于被保护行业的经理人薪金通常受到政府行政性规制与干预的影响,更偏好于隐性的非货币性收益和自身的政治前途(罗宏、曾永良、宛玲羽,2016)。虽然面临更多不确定的商业环境,高管工作复杂性增加(罗昆、徐智铭,2018),基于行业的异质特征,被保护行业可能凭借特殊的"身份资源",获取良好的企业绩效,而这种绩效的增加不全是自身努力的结果,即薪金具有一定的"运气"(Bertrand and Mullainathan,2001;郭淑娟、惠宁,2014);而竞争性行业为激励高管努力之于长期业绩的边际作用,会加大股权薪金比例,更能体现市场化薪酬水平的特征。

假设1:控制其他影响因素后,竞争性行业的企业经理人可以获得更高的平均薪金,被保护性行业的企业经理人可以获得更高的平均货币薪金。

　　行业成长性是由于自身优势（如技术领先、行业垄断和治理高效等）而保持持续发展的能力。魏刚等（2000）以中国A股上市的816家公司为样本，研究了高管货币薪酬与行业之间的关系，研究发现行业因素影响高管货币薪酬，其中最显著的是高科技行业。陈志广（2002）以沪地上市公司为研究对象，发现电子通信、医药等一些新兴行业的高管货币报酬要相对高一些；化工等行业，相对较低；其他行业则差别不大。①王培欣等（2006）和许岚（2008）发现，传统行业，如造纸业、农林渔业等，高管薪酬较低；朝阳行业，如高科技产业、金融业、服务业等，高管薪酬较高。郭翠荣、李巍（2011）利用2008年沪深两市上市公司数据实证分析得出，上市公司高管货币薪酬差异巨大，尤其是金融行业高管货币薪酬大大高于其他行业，且与职工平均工资比例也大大高于其他行业，如2008年金融业高管货币薪酬与职工平均工资比例达到16.93倍，排名第二位的采掘业仅为8.09倍，排名最低的行业仅为4.04倍。李晓创、高文书（2013）以实证研究发现美国上市公司高管货币薪酬的行业分布呈现出较大的差异：电力公用事业类的高管货币薪酬低于其他行业，而金融行业高管的货币薪酬最高。郑晓玲等（2008）认为较高成长性的行业，如新兴行业、高科技行业，会较多使用股票期权，激励经理人为公司产出及股价而付出的努力；而一些传统行业、成熟行业，基于个人行为对公司产出和股价的有限影响，可能会更多使用货币薪金或发行限制性股票。本文认为，面临激烈的市场竞争，不确定性风险增加，如果没有激励，维持现状是经理人的理性选择，经理人获取的货币薪金高；但是最大化企业价值，实现可持续发展，激励经理人最大限度挖掘成长机会，提高企业价值又是股东的理性选择（沈洁，2014），经理人可获得更多的股权薪金。

　　假设2：控制其他影响因素后，高成长性行业的企业经理人可以获得更高的平均（货币）薪金。

　　企业是一组契约的联结。盈利性又是测量工业经济活动经济业绩的唯一尺度。从契约理论的视角来看，经理人人力资本使用回报契约是联系经理人和股东的纽带。由于契约的不完全性，股东无法对经理人的努力行为作出明确的界定；由于信息的不对称，股东难以观察到经理人行

---

① 胡秋生. 金融业与其他行业高管薪酬差距的理论分析与实证研究[D]. 成都：西南财经大学，2013.

为是否符合股东利益(徐宏忠等,2012)。因此,在信息不对称和契约不完全的情况下,股东难以界定企业效益是受益于外部环境还是出于经理人努力行为的结果。作为理性人的经理人出于自身利益最大化的考虑,会向股东索取高额货币薪金,以补偿自己努力工作为公司争取到较好的盈利水平(徐宏忠等,2012)。同时,盈利性越好的企业,外部融资能力越强,股东为了激励经理人的长期努力,会支付较高的股权薪金。查阅相关文献发现,对于盈利性的研究大多集中于微观公司层面,中观行业层面的研究几乎处于空白状态。马慧敏、刘传哲(2009)通过建立行业盈利性的分析评估体系,对沪市各行业的盈利能力进行实证研究发现,食品行业盈利性综合得分最大,医药行业最低。本文认为,盈利性越好的行业,经理人获得的货币薪金和股权薪金越高。

假设3:控制其他影响因素后,高盈利性行业的企业经理人可以获得更高的平均(货币)薪金。

二、行业特征对经理人(货币)薪金缴费基数影响的模型设定

(一)主要变量

1.Indcompt:取赫芬达尔指数(HHI)来反映行业竞争性

通过文献检索发现,确定垄断行业和竞争行业的划分方法大致有两种。一种是主观划分法,如傅娟(2008)、Démurger等(2009)、岳希明等(2010)、武鹏(2011);杨蓉(2012)和程浩(2013)将《中国统计年鉴(2007)》细分行业分类标准与国泰安研究数据库(CSMAR)中上市公司的主营业务相匹配筛选出具有代表性的垄断行业,如蔡继明和高宏(2014),郭淑娟等(2014),张杰和张建武(2015),罗宏等。另一种则是基于对一些客观指标,如勒纳指数(L)、赫芬达尔—赫希曼指数(HHI)、行业集中率等的计算来划分,如杨广青等(2012)按照Cheung and Pascual(2004)的做法,选取勒纳指数作为代理变量来反映行业竞争和垄断的程度,即用工业增加值减去劳动力成本之后的余额再除以总产值得到该指数;刘凤委等(2007)和刘渝琳等(2012)采用毛利率均值和标准差来划分垄断和竞争行业。刘志彪、姜付秀、卢二坡(2003)和杨兴全、齐云飞、吴昊旻(2016)采用赫芬达尔指数来衡量企业间竞争程度和行业集中程度,

即 HHI=$\sum_i$(SALE$_i$/SALE)^2,其中 SALE=$\sum$SALE$_i$,SALE$_i$为行业内企业i的销售额;赫芬达尔指数越小,企业间竞争度较大,行业集中程度较低,行业竞争性较强。徐宏忠、万小勇、连玉君(2012)在此基础上提出了以赫芬达尔指数的倒数来反映行业竞争程度。本文参考刘志彪、姜付秀、卢二坡(2003)和杨兴全、齐云飞、吴昊旻(2016)的做法,以赫芬达尔指数来反映行业竞争程度。

2.Indgrow:取各行业的 Tobin Q 中位数衡量行业成长性

叶康涛、祝继高(2009)和杨兴全、齐云飞、吴昊旻(2016)等采用各年度、行业的 Tobin Q 中位数来衡量行业成长性;Tobin Q 中位数值越大,表明行业成长性越高,其中 Tobin Q=(流通股股数×流通股价格+非流通股股数×每股净资产+年末总负债)/年末总资产。杨广青、丁茜(2012)和罗宏、曾永良、宛玲羽(2016)采用行业主营业务增长率来反映行业成长性,行业主营业务增长率=(本年主营业务收入−上年主营业务收入)/本年主营业务收入。徐宏忠、万小勇、连玉君(2012)用市账比来反映成长性,后以销售收入的增长率代替市账比进行检验。汤临佳、池仁勇(2012)和池仁勇、张宓之(2013)认为行业成长性反映了一定时期内行业的盈利能力和发展状况,并采用行业利润来度量行业的成长性。本文借鉴叶康涛、祝继高(2009)和杨兴全、齐云飞、吴昊旻(2016)以各行业的 Tobin Q 中位数来衡量行业成长性。

3.Indprof:取各行业息税前利润与总资产比率均值反映行业盈利水平

马慧敏等(2009)提出盈利性综合评价指标,即加权净资产收益率、加权毛利率、加权净利润率、加权每股收益,并提出行业盈利性计算公式。徐宏忠、万小勇、连玉君(2012)采用息税前利润与总资产的比率作为反映行业盈利水平的指标。本文借鉴徐宏忠、万小勇、连玉君(2012)行业盈利水平的评价指标。

同时,本文继续沿用第四章第一节的被解释变量,将公司特征、公司治理结构、宏观经济变量作为本章的控制变量。此外,由于分年度不同区域之间可能因为经济环境的不同而产生薪金的波动,因此,本节在三个模型中还加入了区域的固定效应,用以控制分年度不同区域之间的差异导致的经理人(货币)薪金差异。表7-1列出了文章使用的变量及其说明。

表7-1 变量描述与说明

变量性质	变量名称	变量符号	变量说明
被解释变量	经理人平均货币薪金	Cash	（经理人货币薪金/经理人人数）的自然对数
	经理人平均薪金	Total	（经理人货币薪金+经理人股权薪）/经理人人数，再取自然对数
解释变量	行业竞争性	Indcompt	赫芬达尔（HHI），$HHI=\sum_i (SALE_i/SALE)^2$，其中 $SALE=\sum SALE_i$，$SALE_i$为行业内企业的销售额。赫芬达尔指数越小，企业间竞争度越大，行业集中程度较低，行业竞争性越强。当HHI低于中位数时，HHI赋值为0，表示行业集中程度较强，行业竞争性较弱；否则，赋值为1，表示行业集中程度较弱，行业竞争性较强
	行业成长性	Indgrow	各行业的Tobin Q中位数
	行业盈利性	Indprof	各行业的息税前利润与总资产比率均值
控制变量	公司规模	Size	公司总资产的自然对数
		Sales	公司营业收入的自然对数
	公司的经营业绩	Roa	总资产净利润率，即净利润与总资产余额的比值
		Roe	净资产收益率，即净利润与股东权益余额的比值
	公司的市场业绩	Tobin Q	市场价值与期末总资产的比值
	公司治理结构	Top1	第一大股东占比
		Boards	董事会人数的对数
		Indpt	公司独立董事占董事会人数的比例
	当地人均GDP	GDP	公司注册地所在城市的人均GDP的自然对数
	消费物价指数	CPI	公司注册地所在省份的城市居民消费物价指数
	地区	Region	根据中国区域经济与社会发展状况，中国统计局将全国划分为23个省、4个直辖市、5个自治区、2个特别行政区。由于本文的数据样本是中国所有A股上市公司，不涵盖2个特别行政区和台湾省
	年份	Year	2007年—2016年的年份哑变量

（二）数据来源

本文的研究对象是中国上市公司经理人，基于2011年《国民经济行业分类》（GB/T 4754-2011），采用中国证监会颁布的《上市公司行业分类指引（2012年修订）》的行业分类标准。

本节中涉及的公司规模、公司的经营业绩、公司的市场业绩、行业解释变量等相关指标从CSMAR的《中国上市公司财务报表数据库》中提取，第一大股东占比指标从CSMAR的《中国上市公司股权性质数据库》中提取，在岗职工工资指标来自CSMAR的《中国上市公司财务报表数据库》的现金流量表中"支付给职工以及为职工支付的现金"，在岗职工人数、经理人人数、经理人货币薪金、经理人持股数、董事会人数、公司独立董事占董事会人数的比例等指标从CSMAR的《中国上市公司治理结构研究数据库》和《中国股票市场交易数据库》中合并整理而来,公司注册地所在城市的人均地区生产总值和公司注册地所在省份的城市居民CPI指数则来自国务院发展研究中心信息网的区域经济数据。在进行数据的处理与分析时,主要运用stata 14.0和Excel软件进行,其中,运用Excel软件进行基本数据的处理和分析,数据的描述性统计、相关性检验、回归分析等使用了stata 14.0软件。

同时,为后续计算养老保险基金收入做准备,本文首先剔除了经理人零持股的样本数,保留同一年度既获取货币薪金又获取股权薪金的样本公司;其次根据中国证监会颁布的《上市公司行业分类指引(2012年修订)》将所有的上市公司分为19个行业门类,分析时将占中国上市公司总数约60%的制造业按照行业大类细分,共计得到26个细分行业;最后将其与第四章得到的13142个样本进行一对一匹配,最后共获取13141家上市公司26个行业的样本数。表7-2列示的是研究样本的年度和行业分布情况。

行业名称	2007年	2008年	2009年	2010年	2011年	2012年	2013年	2014年	2015年	2016年	合计	比重
农、林、牧、渔业	9	10	12	19	20	21	19	21	30	25	186	1.415%
采矿业	17	20	22	23	23	35	35	34	35	35	279	2.123%
制造业—食品饮料	31	34	36	43	48	57	55	57	62	75	498	3.790%
制造业—纺织服装皮毛	21	21	24	25	32	39	39	38	44	42	325	2.473%
制造业—造纸印刷	14	15	16	16	18	21	21	20	21	26	188	1.431%
制造业—石油化学塑胶塑料	72	74	86	116	142	160	149	149	165	173	1286	9.786%
制造业—电子	57	69	72	113	135	165	155	154	180	187	1287	9.794%
制造业—金属非金属	53	64	67	88	94	111	114	112	135	127	965	7.343%
制造业—机械设备仪表	115	125	145	199	274	318	323	348	414	453	2714	20.653%
制造业—医药生物制品	44	49	60	72	84	96	93	102	115	131	846	6.438%
制造业—其他制造业	7	9	10	14	17	24	24	23	29	33	190	1.446%
电力、热力、燃气及水生产和供应业	34	39	35	32	35	41	41	37	45	52	391	2.975%
建筑业	16	18	22	24	37	37	39	40	50	60	343	2.610%
批发和零售业	76	79	81	83	97	100	94	96	99	97	902	6.864%
交通运输、仓储和邮政业	32	35	35	40	43	46	41	41	47	44	404	3.074%
住宿和餐饮业	7	3	5	7	7	7	7	6	6	9	64	0.487%
信息传输、软件和信息技术服务业	21	26	41	62	88	107	103	114	135	182	879	6.689%
金融业	1	0	1	1	1	2	2	2	3	5	18	0.137%
房地产业	54	64	65	67	76	84	79	67	84	76	716	5.449%
租赁和商务服务业	7	8	9	11	12	13	11	16	23	29	139	1.058%
科学研究和技术服务业	3	2	5	7	8	12	10	14	16	19	96	0.731%
水利、环境和公共设施管理业	8	6	9	10	15	19	17	17	21	23	147	1.119%
教育	0	0	0	1	1	1	1	1	2	2	9	0.068%
卫生和社会工作	0	0	1	1	1	1	1	3	3	6	19	0.145%
文化、体育和娱乐业	3	7	6	6	10	12	12	15	21	26	118	0.898%
综合	12	16	15	13	14	13	13	11	12	13	132	1.004%
合计	714	795	881	1093	1332	1544	1499	1537	1796	1950	13141	100%

表7-2 研究样本的年度和行业分布

注:行业按照证监会2012年颁布的分类标准(除了制造业按照二级

明细划分为小类之外,其他行业均以大类划分)。

(三)检验模型

基于前文提出的三个假设,本文将一一进行检验。

对假设1,我国上市公司经理人平均(货币)薪金是否受到行业竞争性的影响,本文建立自变量相同的多元回归模型,以方便行业竞争性对经理人(货币)薪金影响程度的比较,模型如下(式7-1)。

$$\text{Cash}(\text{Total})_{i,t}=\alpha+\beta_1\text{Indcompt}_{i,t}+\text{Control variables} \qquad (7-1)$$

其中:$\text{Cash}_{i,t}$为上市公司经理人平均货币薪金的自然对数,$\text{Total}_{i,t}$为上市公司经理人平均薪金的自然对数;$\text{Indcompt}_{i,t}$为行业竞争性的衡量指标,主要关注$\text{Indcompt}_{i,t}$的系数是否显著大于零;Control variables 为控制变量。

对假设2,我国上市公司经理人平均(货币)薪金是否受到行业成长性的影响,本文建立自变量相同的多元回归模型,以方便行业成长性对经理人(货币)薪金影响程度的比较,模型如下(式7-2)。

$$\text{Cash}(\text{Total})_{i,t}=\alpha+\beta_1\text{Indgrow}_{i,t}+\text{Control variables} \qquad (7-2)$$

其中:$\text{Cash}_{i,t}$为上市公司经理人平均货币薪金的自然对数,$\text{Total}_{i,t}$为上市公司经理人平均薪金的自然对数;$\text{Indgrow}_{i,t}$为行业竞争性的衡量指标,主要关注$\text{Indgrow}_{i,t}$的系数是否显著大于零;Control variables 为控制变量。

对假设3,我国上市公司经理人平均(货币)薪金是否受到行业盈利性的影响,本文建立自变量相同的多元回归模型,以方便行业盈利性对经理人(货币)薪金影响程度的比较,模型如下(式7-3)。

$$\text{Cash}(\text{Total})_{i,t}=\alpha+\beta_1\text{Indprof}_{i,t}+\text{Control variables} \qquad (7-3)$$

其中:$\text{Cash}_{i,t}$为上市公司平均货币薪金的自然对数,$\text{Total}_{i,t}$为上市公司经理人平均薪金的自然对数;$\text{Indprof}_{i,t}$为行业盈利性的衡量指标,主要关注$\text{Indprof}_{i,t}$的系数是否显著大于零;Control variables 为控制变量。

三、实证分析与结果

(一)描述性统计

不同行业的企业经营环境和利润空间各不相同,经理人平均(货币)薪金也因此而有所差异。

表7-3列出了行业间上市公司经理平均(货币)薪金的描述性统计。

从表7-3可以看出,2007—2016年全部样本的经理人平均货币薪金中位数为21.761万元,标准差为26.557;平均薪金中位数为54.463万元,标准差为585.64。

从分行业描述性统计结果看,经理人平均货币薪金均值最低的三个行业,即制造业—造纸印刷,教育业,农、林、牧、渔业,行业均值分别为19.096万元、19.956万元和20.126万元;而经理人平均货币薪金均值较高的三个行业,即房地产业、金融业、租赁和商务服务业,行业均值分别达到了49.488万元、49.008万元和34.083万元。这反映了经理人平均货币薪金行业差异较为明显。同时,经理人平均薪金均值最低的三个行业,即电力、热力、燃气及水生产和供应业,教育,综合,行业均值分别为35.708万元、43.918万元和45.831万元;经理人平均薪金均值较高的三个行业,即卫生和社会工作,信息、软件和技术服务业,租赁和商务服务业,行业均值分别达到了896.660万元、560.261万元和430.005万元。这也反映了经理人平均薪金行业特性非常明显。

如上,经理人平均货币薪金行业均值最高的金融业(49.488万元)约是均值最低的教育业(19.096万元)的2.6倍;经理人平均薪金行业均值最高的卫生和社会工作(896.660万元)约是均值最低的电力、热力、燃气及水生产和供应业(35.708万元)的25倍。可见,经理人平均股权薪金直接拉大了经理人平均薪金和平均货币薪金间的行业均值倍数。

表7-3　行业间经理人平均(货币)薪金的描述性统计(单位:万元)

行业	变量	样本量	均值	标准差	最小值	中位数	最大值
农、林、牧、渔业	Cash	186	20.126	14.435	2.086	17.804	96.358
	Total	186	341.875	789.447	3.35	63.738	6190.537
采矿业	Cash	279	29.723	25.13	0.563	25.572	208.195
	Total	279	124.624	266.256	0.778	35.683	1938.327
制造业—食品饮料	Cash	498	28.845	23.99	2.664	19.6	140.947
	Total	498	311.044	774.46	2.673	46.023	8054.565
制造业—纺织服装皮毛	Cash	325	25.21	27.37	2.538	16.445	229.844
	Total	325	260.566	482.037	2.724	46.451	3437.687
制造业—造纸印刷	Cash	188	19.069	10.761	4.088	16.963	65.823
	Total	188	204.298	616.315	4.118	23.551	5702.777
制造业—石油化学塑胶塑料	Cash	1286	22.295	17.467	1.536	18.264	222.601
	Total	1286	199.193	332.946	1.553	43.135	3112.721
制造业—电子	Cash	1287	29.845	24.928	1.572	22.252	249.164
	Total	1287	359.378	686.438	1.596	135.267	9762.789

续表

行业	变量	样本量	均值	标准差	最小值	中位数	最大值
制造业—金属非金属	Cash	965	25.494	28.11	1.095	18.416	276.67
	Total	965	186.032	309.671	1.397	42.827	2108.539
制造业—机械设备仪表	Cash	2714	26.253	23.537	1.38	20.187	342.93
	Total	2714	274.556	552.905	1.406	101.317	12781.358
制造业—医药生物制品	Cash	846	28.628	23.722	3.743	22.497	240.091
	Total	846	299.016	655.584	3.763	54.306	8420.086
制造业—其他制造业	Cash	190	24.432	17.278	3.472	19.878	111.147
	Total	190	411.124	974.564	3.703	90.283	10736.801
电力、热力、燃气及水生产和供应业	Cash	391	25.674	12.704	2.527	23.941	115
	Total	391	35.708	59.084	2.619	26.334	731.327
建筑业	Cash	343	31.847	18.168	2.827	29.933	104.381
	Total	343	312.771	534.765	2.884	109.884	4550.978
批发和零售业	Cash	902	31.661	25.557	1.532	24.62	279.04
	Total	902	135.743	392.948	1.582	32.01	4039.41
交通运输、仓储和邮政业	Cash	404	30.007	17.762	2.52	25.776	133.482
	Total	404	48.316	134.431	2.708	27.62	1576.602
住宿和餐饮业	Cash	64	23.06	19.762	2.905	19.986	159.362
	Total	64	49.722	72.028	2.908	24.353	328.23
信息传输、软件和信息技术服务业	Cash	879	30.082	21.814	3.732	24.954	248.738
	Total	879	560.261	987.66	3.749	233.933	12580.857
金融业	Cash	18	49.008	18.549	11.438	50.171	84.336
	Total	18	75.231	71.524	13.963	50.851	270.475
房地产业	Cash	716	49.488	58.593	1.817	31.436	558.368
	Total	716	109.07	232.522	1.824	36.216	3035.655
租赁和商务服务业	Cash	139	34.083	24.722	2.905	25.871	133.03
	Total	139	430.005	1161.949	3.072	54.077	11680.422
科学研究和技术服务业	Cash	96	31.076	22.806	3.849	23.501	165.206
	Total	96	353.545	440.847	4.104	190.661	2879.846
水利、环境和公共设施管理业	Cash	147	21.752	13.774	3.763	18	73.077
	Total	147	321.681	941.305	3.771	35.987	6788.895
教育	Cash	9	19.956	4.104	15.217	18.474	29.058
	Total	9	43.918	45.901	15.234	20.04	151.246
卫生和社会工作	Cash	19	27.972	12.407	8.307	27.429	48.813
	Total	19	896.66	725.656	42.292	678.227	2578.337
文化、体育和娱乐业	Cash	118	30.947	19.044	1.063	26.334	142.928
	Total	118	242.477	409.968	1.074	42.949	2123.586
综合	Cash	132	25.491	18.348	4.114	22.19	130.394
	Total	132	45.831	109.246	4.155	22.398	777.976
合计	Cash	13141	28.498	26.557	0.563	21.761	558.368
	Total	13141	257.376	585.64	0.778	54.463	12781.358

表7-4列出了主要变量的描述性统计分析结果。在13141个观测值中,行业竞争性的均值为0.558,表明大多数上市公司的行业竞争性较强;行业成长性的均值为2.068,表明行业发展状况较好;行业盈利性的均值为0.068,表明行业盈利能力较强。在控制变量方面,上市公司第一大股东持股比例平均为33.911%,说明上市公司第一大股东持股比例较高;公司独立董事占董事会人数平均比例为37.1%,这与我国证监会要求上市公司保持的独立董事比例相吻合;上市公司所在城市人均GDP均值为7.636万元,说明上市公司所在地的人均GDP高于全国水平。上市公司经

营业绩的均值为7.5%,说明上市公司短期盈利水平较强;上市公司市场业绩的均值为271.1%,说明上市公司长期盈利水平较强。

表7-4　主要变量的描述性统计

变量	样本数	平均值	标准差	最小值	中位数	最大值
Indcompt	13141	0.558	0.497	0	1	1
Indgrow	13141	2.068	1.063	0.412	1.877	8.273
Indprofit	13141	0.068	0.075	-0.097	0.059	0.727
Size	13141	1123.032	5404.908	0.496	271.108	217000
Sales	13141	0.08	0.613	0	0.014	28.259
Roa	13141	0.051	0.954	-2.746	0.041	108.366
Roe	13141	0.075	2.463	-141.763	0.074	204.69
Tobinq	13141	2.711	9.778	0.083	1.847	982.982
Boards	13141	8.792	1.765	4	9	18
Indpt	13141	0.371	0.055	0.091	0.333	0.8
Top1	13141	33.911	14.727	0.29	31.84	89.99
GDP	13141	7.636	3.55	0.44	7.594	21.549
CPI	13141	102.671	1.642	97.623	102.4	108.898

从表7-5单变量分析结果看,无论是竞争性行业的样本,还是非竞争性行业样本,经理人平均(货币)薪金都存在显著性差异。非竞争性行业的经理人平均货币薪金均值(中位数)29.771万元(22.941万元)显著高于位于竞争性行业的经理人平均货币薪金均值(中位数)27.49万元(20.962万元);而经理人平均年度薪金却呈现出相反的特点,竞争性行业的经理人平均薪金均值(中位数)274.356万元(62.414万元)显著高于位于非竞争性行业的经理人平均货币薪金均值(中位数)235.931万元(47.453万元)。说明处于非竞争性行业的经理人薪金通常受到政府行政性规制与干预的影响,其考核依据的绩效并不全是自身努力的结果,薪金具有一定的"运气"性(Bertrand and Mullainathan,2001),从而更加关注经理人的货币薪金;而竞争性行业则受更多的市场力量的影响,面临着更多不确定的商业环境,使得经理人的工作复杂性增加;为激励经理人努力之于长期业绩的边际作用,会加大股权薪金比例,更能体现市场化薪酬水平的特征,使得经理人薪金增加。

表7-5　单变量分析结果

变量	竞争性行业样本			非竞争性行业样本			差异检验	
	样本量	均值	中位数	样本量	均值	中位数	t值	x^2值
Cash	7334	27.49	20.962	5807	29.771	22.941	2.281***	41.659***
Total	7334	274.356	62.414	5807	235.931	47.453	-38.425***	41.459***
Indgrow	7334	2.143	1.878	5807	1.972	1.787	-0.171***	36.193***
Indprofit	7334	0.075	0.057	5807	0.06	0.059	-0.015***	41.495***
Size	7334	737.443	249.027	5807	1610.015	304.529	872.572***	75.739***
Sales	7334	0.062	0.015	5807	0.103	0.013	0.042***	10.059***
Roa	7334	0.058	0.042	5807	0.042	0.039	-0.016	13.680***
Roe	7334	0.076	0.072	5807	0.075	0.076	0	7.265***
Tobinq	7334	2.81	1.914	5807	2.586	1.761	-0.223	23.600***
Boards	7334	8.765	9	5807	8.827	9	0.062**	8.525***
Indpt	7334	0.37	0.333	5807	0.372	0.333	0.002**	9.923***
Top1	7334	33.31	31.07	5807	34.67	32.76	1.360***	18.722***
GDP	7334	7.449	7.268	5807	7.872	7.899	0.423***	52.157***
CPI	7334	102.683	102.399	5807	102.656	102.4	-0.027	1.036

注：变量 Cash 和 Total 表示经理人平均（货币）薪金数额，单位为人民币万元。其余变量的定义见正文。t值表示竞争性行业样本和非竞争性行业样本的均值检验统计值，x^2值表示两个样本的中位数 Chi-square 卡方检验统计值；*表示10%的显著性水平，**表示5%的显著性水平，***表示1%的显著性水平。

（二）相关性分析

表7-6列示的是研究变量的 Pearson 和 Spearman 相关系数矩阵。可以看出，经理人平均货币薪金与行业竞争性显著负相关，与行业成长性显著正相关，与行业盈利性不相关。行业竞争性、行业成长性、行业盈利性与经理人人均薪金显著正相关。在控制变量方面，经理人平均货币薪金与公司规模、公司治理结构、当地人均GDP等显著正相关，与公司的市场业绩、消费物价指数CPI显著负相关，与公司的会计业绩不相关；经理人平均薪金与公司的市场业绩、公司独立董事占董事会人数的比例、当地人均GDP等显著正相关，与公司规模、董事会人数、第一大股东持股比例、消费物价指数CPI等显著负相关，与公司的会计业绩不相关。上述结果初步说明行业特征可能影响经理人平均（货币）薪金，更为准确的结论还有待进一步检验。

表7-6 回归变量相关系数表

	Cash	Total	Indcompt	Indgrow	Indprofit	Size	Sales	Roa
Cash	1	0.335***	-0.055***	0.01	-0.054***	0.499***	0.470***	0.180***
Total	0.333***	1	0.037***	0.266***	-0.018**	-0.073***	-0.087***	0.370***
Indcompt	-0.047***	0.041***	1	0.077***	0.018**	-0.088***	0.033***	0.032***
Indgrow	0.026***	0.296***	0.080***	1	0.209***	-0.195***	-0.185***	0.170***
Indprofit	0.001	0.028***	0.100***	0.050***	1	-0.126***	-0.084***	0.237***
Size	0.507***	-0.053***	-0.098***	-0.186***	-0.062***	1	0.861***	-0.128***
Sales	0.479***	-0.057***	0.030***	-0.167***	-0.048***	0.875***	1	-0.037***
Roa	-0.004	0.004	0.008	0.007	0.079***	-0.044***	-0.021**	1
Roe	0.014	0.01	0	0	0.025***	-0.019**	-0.006	0.394***
Tobinq	-0.039***	0.061***	0.011	0.162***	0.020**	-0.194***	-0.168***	0.177***
Boards	0.044***	-0.218***	-0.013	-0.105***	-0.015*	0.267***	0.262***	-0.011
Indpt	0.040***	0.119***	-0.020**	0.027***	0.013	0.029***	0.013	0.009
Top1	0.050***	-0.058***	-0.046***	-0.085***	-0.018**	0.221***	0.239***	-0.013
GDP	0.384***	0.357***	-0.064***	0.119***	0.028***	0.109***	0.070***	0.017*
CPI	-0.126***	-0.153***	0.008	-0.292***	0.031***	-0.072***	-0.032***	0

	Roe	Tobinq	Boards	Indpt	Top1	GDP	CPI
Cash	0.273***	-0.143***	0.043***	0.038***	0.043***	0.373***	-0.142***
Total	0.244***	0.358***	-0.212***	0.115***	-0.049***	0.372***	-0.188***
Indcompt	-0.019**	0.057***	-0.008	-0.022**	-0.045***	-0.068***	-0.003
Indgrow	0.031***	0.589***	-0.105***	0.022**	-0.075***	0.106***	-0.338***
Indprofit	0.161***	0.148***	0.041***	-0.037***	0.002	-0.128***	0.251***
Size	0.111***	-0.607***	0.251***	0.007	0.159***	0.080***	-0.104***
Sales	0.210***	-0.556***	0.254***	-0.011	0.191***	0.040***	-0.049***
Roa	0.854***	0.427***	-0.040***	-0.008	0.095***	0.080***	0.054***
Roe	1	0.185***	0.031***	-0.014	0.130***	0.048***	0.066***
Tobinq	0.065***	1	-0.235***	0.039***	-0.077***	0.102***	-0.201***
Boards	-0.009	-0.074***	1	-0.470***	-0.027***	-0.126***	0.078***
Indpt	0	0.021**	-0.456***	1	0.048***	0.086***	-0.034***
Top1	-0.013	-0.043***	-0.011	0.065***	1	0.036***	0.020**
GDP	0.018**	0.020**	-0.109***	0.080***	0.040***	1	-0.189***
CPI	0.009	-0.052***	0.056***	-0.027***	0.009	-0.175***	1

（三）假设检验

对假设1、假设2、假设3的检验,见表7-7。

由表7-7可知,在控制了区域和年份的虚拟变量、公司规模、公司的经营业绩、公司的市场业绩、公司的治理结构、人均GDP、CPI指数等变量的情况下,行业竞争性与上市公司经理人平均薪金之间的参数估计值在1%的统计水平上显著为正,t值为3.569,表明行业竞争性较强的上市公司,其经理人薪金水平要比行业集中度较强的上市公司经理人平均薪金水平高;行业竞争性与上市公司经理人平均货币薪金不相关。检验结果验证了假设1。

同时,表7-7也给出行业成长性和行业盈利性的检验结果。在控制了区域和年份的虚拟变量、公司规模、公司的经营业绩、公司的市场业绩、公司的治理结构、人均GDP、CPI指数等变量的情况下,行业成长性、行业盈利性与上市公司经理人平均(货币)薪金之间的参数估计值在1%的统计水平上都显著为正,t值分别为5.335、16.133、3.624、2.397,说明处于成长较好行业中的企业成长机会更多,经理人的货币薪金和薪金将更高;处于盈利性较好行业中的企业盈利能力更强,经理人的货币薪金和薪金将更高。检验结果验证了假设2和假设3。

表7-7 行业特征对经理人平均(货币)薪金的回归结果

	Model 1		Model 2		Model 3	
	Cash	Total	Cash	Total	Cash	Total
Indcompt	-0.009	0.172***				
	(-0.469)	(3.569)				
Indgrow			0.043***	0.341***		
			(5.335)	(16.133)		
Indprofit					0.198***	0.335**
					(3.624)	(2.397)
Size	0.181***	-0.042	0.190***	-0.016	0.184***	-0.074*
	(8.866)	(-0.891)	(9.480)	(-0.363)	(9.162)	(-1.655)
Sales	0.103***	0.006	0.101***	0.025	0.102***	0.034
	(5.777)	(0.143)	(5.737)	(0.636)	(5.808)	(0.836)
Roa	-0.004	-0.023	-0.003	-0.014	-0.005	-0.025
	(-0.413)	(-0.777)	(-0.305)	(-0.542)	(-0.547)	(-0.850)
Roe	0.004***	0.003	0.004***	0.004	0.004***	0.003
	(2.780)	(0.413)	(3.100)	(0.461)	(2.874)	(0.380)
Tobinq	0.003*	0.005	0.003*	0.001	0.003*	0.005
	(1.757)	(0.769)	(1.740)	(0.199)	(1.758)	(0.765)
Boards	-0.263***	-1.214***	-0.258***	-1.184***	-0.263***	-1.223***
	(-4.459)	(-7.851)	(-4.405)	(-7.835)	(-4.472)	(-7.865)
Indpt	-0.368*	0.701	-0.375*	0.618	-0.372*	0.674
	(-1.848)	(1.418)	(-1.888)	(1.274)	(-1.866)	(1.361)
Top1	-0.004***	-0.007***	-0.004***	-0.006***	-0.004***	-0.007***
	(-5.179)	(-3.449)	(-5.008)	(-3.125)	(-5.169)	(-3.583)
GDP	0.416***	0.928***	0.409***	0.865***	0.415***	0.920***
	(19.620)	(18.140)	(19.292)	(17.050)	(19.657)	(17.952)
CPI	-0.014***	-0.081***	-0.006**	-0.020***	-0.014***	-0.083***
	(-5.467)	(-13.417)	(-2.118)	(-3.053)	(-5.559)	(-13.708)
Year	Controlled	Controlled	Controlled	Controlled	Controlled	Controlled
Region	Controlled	Controlled	Controlled	Controlled	Controlled	Controlled
_cons	3.809***	14.821***	2.811***	7.592***	3.802***	15.307***
	(7.787)	(12.824)	(5.559)	(6.548)	(7.827)	(13.321)
N	13141	13141	13141	13141	13141	13141
R-squared	0.387	0.178	0.39	0.221	0.387	0.175
F-value	162.948	119.276	168.071	151.079	164.825	119.911

第二节 行业间养老保险基金收入统计描述

诸多研究发现,行业特征是影响薪酬分配的结构性因素(罗楚亮、李实,2007;傅娟,2008),忽略行业因素对经理人薪金的调节作用,可能会降低研究结果的准确性和可靠性。基于上一节的实证分析结果,经理人缴费基数确实呈现明显的行业特征。因此,本文继续测算经理人缴费基数三种计算口径下养老保险基金收入,分析其差值的演变趋势。

一、行业间经理人缴费基数三种计算口径与养老保险缴费差值

基于企业职工养老保险统筹账户基金收入模型和现行缴费基数测算政策,在不考虑经理人货币薪金增长率较高的条件下,本文测算出了2008—2016年行业间以"经理人平均货币薪金""经理人平均薪金"作为模拟缴费基数和以"在岗职工上年度平均工资300%"作为制度缴费基数所需缴纳的养老保险费差值,结果如图7-1、图7-2所示。

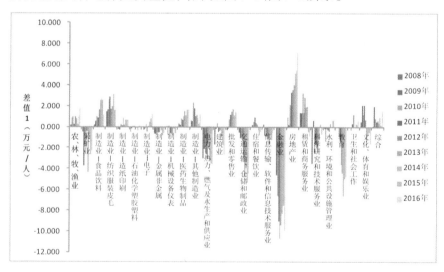

图7-1 行业间缴费差值1的年度变化趋势图

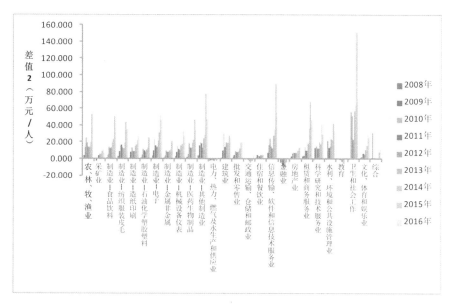

图7-2　行业间缴费差值2的年度变化趋势图

随着上市公司职工工资水平增长,在岗职工最高缴费基数、经理人平均货币薪金、经理人平均薪金水平均呈增长趋势,相应的,以模拟缴费基数和制度缴费基数为基础的养老保险缴费绝对差值在行业间呈现不同的变化趋势。如以"在岗职工上年度平均工资300%"作为制度缴费基数规定下,农、林、牧、渔业,制造业—食品饮料,制造业—纺织服装皮毛,制造业—医药生物制品,制造业—其他制造业,房地产业,综合业等7个行业的经理人养老保险缴费在整个9年(2008—2016年)间都低于以"经理人平均货币薪金"作为模拟缴费基数的养老保险费,说明由于最高缴费基数规定,经理人养老保险费差值依次少缴3.858万元/人(2008)、5.949万元/人(2009)、10.683万元/人(2010)、10.226万元/人(2011)、10.528万元/人(2012)、12.349万元/人(2013)、14.114万元/人(2014)、12.775万元/人(2015)、16.316万元/人(2016),数量呈现年平均17.4%的递增趋势。

同样以"在岗职工上年度平均工资300%"作为制度缴费基数规定下,除了采矿业,电力、热力、燃气及水生产和供应业,交通运输、仓储和邮政业,科学和技术服务业外,其他22个行业的经理人养老保险缴费在整个9年(2008—2016年)间都低于以"经理人平均薪金"作为模拟缴费基数的养老保险费,说明由于最高缴费基数规定,经理人养老保险费差值依次少缴40.246万元/人(2008)、157.238万元/人(2009)、312.705万元/人(2010)、243.547万元/人(2011)、201.589万元/人(2012)、310.729万元/人(2013)、395.809万元/人(2014)、827.732万元/人(2015)、622.396万元/人(2016)。

综上所述,由于我国养老保险缴费没有采用"累进缴费制",养老保险最高缴费基数为"上年度在岗职工平均工资300%"的缴费机制增强了制度的累退性,对行业间养老保险基金收入产生"负向溢出"效应。

二、行业间经理人规模变化与养老保险基金收入测算

由图7-3可知,行业间经理人规模基本呈现年度递增的变化趋势。这说明,2005年12月31日颁布并于2006年1月1日开始实施的《上市公司股权激励管理办法》对经理人薪金结构多元化产生了"正向"推动作用,既领取货币薪金又领取股权薪金的经理人人数在逐年递增。其中,经理人规模年均最高的是制造业——机械设备仪表,其次是制造业——石油化学塑胶塑料、制造业——电子、制造业——医药生物制品,而这些行业都属于制造业行业门类。传统行业和新型行业相比,具有行业竞争性较弱、行业成长性和盈利性较差的特点。同时,图7-3显示,信息、软件和技术服务业作为高技术新型行业,经理人规模逐渐增加。由上文"经理人缴费基数三种方案与养老保险基金收入缴费差值"显示一些行业以"在岗职工上年度平均工资300%"作为制度缴费基数低于"经理人平均货币薪金""经理人平均薪金"的模拟缴费基数的缴费,随着经理人规模的扩大,基本养老保险基金收入将进一步减少,对基金总量产生"负向溢出"效应。

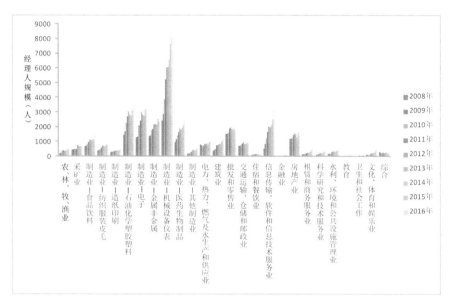

图7-3 行业间经理人规模的年度变化趋势图

同时,以"经理人平均货币薪金"作为模拟缴费基数缴费而言,由于最高缴费基数规定,农、林、牧、渔业,制造业—食品饮料,制造业—纺织服装皮毛,制造业—医药生物制品,制造业—其他制造业,房地产业,综合业等7个行业的养老保险基金收入在连续9年(2008—2016年)间依次少征收231.164亿元(2008)、241.978亿元(2009)、706.775亿元(2010)、914.212亿元(2011)、1149.913亿元(2012)、1375.74亿元(2013)、1451.339亿元(2014)、1719.249亿元(2015)、1900.447亿元(2016),数量呈现年均26.37%的递增趋势。

以"经理人平均薪金"作为模拟缴费基数缴费而言,由于最高缴费基数规定,除了采矿业,电力、热力、燃气及水生产和供应业,交通运输、仓储和邮政业,科学和技术服务业外,其他22个行业的经理人养老保险基金收入在连续9年(2008—2016年)间依次少征收3261.405亿元(2008)、11324.66亿元(2009)、28827.53亿元(2010)、26364.8亿元(2011)、28406.42亿元(2012)、40310.5亿元(2013)、51807.68亿元(2014)、118014.3亿元(2015)、104757.1亿元(2016),数量呈现年均47.03%的递增趋势。

三、行业间养老保险基金收入比较分析

由图7-4可知,26个行业以"经理人平均薪金"为缴费基数的养老保险基金收入2在9年间(2008—2016年)都明显高于以"经理人货币薪金"为缴费基数的养老保险基金收入1,且差值呈现年均47.1%的增长趋势。我国于2005年12月31日颁布并于2006年1月1日开始实施的《上市公司股权激励管理办法》对经理人薪金结构多元化产生了"正向"推动作用,经理人货币薪金在整个薪金中所占比例逐渐下降,而股权薪金的相对比例不断加大,经理人的长期激励薪酬方式正在逐渐增加,这种薪金结构的变化将对养老保险基金收入产生极大的影响。但是我国税务部门对股票期权所得单独课征个人所得税,却完全没有将股票期权所得纳入社保缴费基数文件,导致企业缴费基数远远低于实际的工资总额(苏中兴,2016),而当高收入人群养老保险缴费基数低于其实际工资水平,基本养老保险基金收入将进一步减少,对基金总量产生"负向溢出"效应(丛春霞、靳文惠,2017)。本文利用中国上市公司经理人的数据也充分证明了这一点,如果按照"经理人货币薪金"作为缴费基数缴费,养老保险基金收入依次少缴16.461亿元(2008)、58.729亿元(2009)、141.756亿元(2010)、2011年130.889亿元(2011)、143.801亿元(2012)、203.548亿元(2013)、258.835亿元(2014)、596.901亿元(2015)、532.319亿元(2016)。

同时,缴费基数差异引起的养老保险基金收入行业差距相当明显。2008—2016年以"经理人平均薪金"作为缴费基数的养老保险基金收入2和以"经理人平均货币薪金"作为缴费基数的养老保险基金收入1之间差值最高的行业是制造业—机械设备仪表,差值最低的行业依次是2008年的文体和娱乐业、2009年的金融业、2010—2014年的教育业、2015—2016年的住宿和餐饮业。也就是说养老保险基金收入2和养老保险基金收入1行业差距依次为3.977亿元(2008)、12.254亿元(2009)、28.993亿元(2010)、30.515亿元(2011)、32.637亿元(2012)、48.753亿元(2013)、58.445亿元(2014)、126.711亿元(2015)、116.190亿元(2016),大致呈现逐年递增趋势。

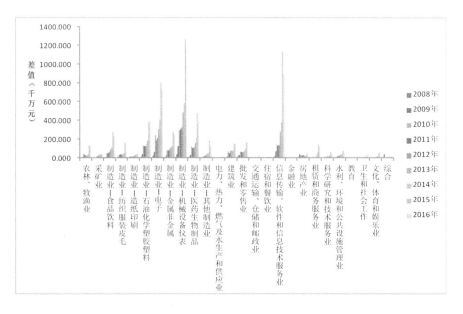

图7-4　行业差异:养老保险基金收入差值变化趋势图(2008—2016年)

第三节　行业间养老保险基金收入的弹性分析

由上一节分析结果可知,行业间经理人缴费基数三种计算口径调整下的养老保险基金收入呈现出不同年度变化趋势。本文在弹性分析法的基础上继续测算行业间经理人缴费基数三种计算口径调整下养老保险基金收入变化趋势。

一、行业间"经理人平均货币薪金"缴费基数与养老基金收入弹性

本文根据中国证监会颁布的《上市公司行业分类指引(2012年修订)》将所有的上市公司分为19个行业门类,分析时将占中国上市公司总数约60%的制造业按照行业大类细分,共计得到26个细分行业,并与第五章得到的13142个样本进行一对一匹配,在此基础上测度行业之间经理人缴费基数差异对养老保险基金收入弹性的变动趋势。

　　表7-8描绘了世界性金融危机以来行业间养老保险基金收入弹性1的变化趋势。2008—2016年间,除了制造业—电子和制造业—其他制造业的平均养老保险基金收入弹性1处于负值区域,其他24个行业的平均养老保险基金收入弹性1都是正值。其中,平均养老保险基金收入弹性1处于$(1, +\infty)$的行业由大到小,依次是租赁和商务服务业(6.514),制造业—造纸印刷(5.738),科学和技术服务业(4.266),卫生和社会工作(4.120),制造业—医药生物制品(3.372),农、林、牧、渔业(2.766),金融业(2.395),制造业—石油化学塑胶塑料(2.054),电子、热力、燃气及水生产和供应业(2.039),采矿业(1.966),教育(1.921),住宿和餐饮业(1.912),制造业—机械设备仪表(1.522),水利、环境和公共设施管理业1.437,信息、软件和技术服务业(1.369),制造业—食品饮料(1.352),房地产业(1.298)。这些数字说明租赁和商务服务业平均货币薪金增长对养老保险基金收入的拉动作用最大,而拉动作用最小的是房地产业。

　　此外,2008—2016年间,制造业—电子和制造业—其他制造业的平均养老保险基金收入弹性1处于负值,即经理人平均货币薪金对养老保险收入形成一种"挤出"效应。如表7-8可知,制造业—其他制造业养老保险基金收入弹性1绝对值|-0.807|大于制造业—电子绝对值|-0.784|,说明制造业—其他制造业的经理人平均货币薪金对养老保险收入"挤出"效应大于制造业—电子。

　　分行业而言,制造业—石油化学塑胶塑料、制造业—医药生物制品、制造业—造纸印刷、卫生和社会工作4类行业的养老保险基金收入弹性1在整个2008—2016年间都大于0,说明这些行业的经理人平均薪金对养老保险基金收入的拉动效应大。除此之外的行业养老保险基金收入弹性1都存着1年、2年甚至3年的负值,波动较大。

表7-8　行业间的养老保险基金收入弹性1

行业	2008年弹性1	2009年弹性1	2010年弹性1	2011年弹性1	2012年弹性1	2013年弹性1	2014年弹性1	2015年弹性1	2016年弹性1	平均养老保险基金收入弹性1
制造业—其他制造业	3.980	2.115	2.053	-16.489	-8.314	0.833	0.483	6.353	1.723	-0.807
制造业—电子	-11.119	1.728	6.830	2.282	-11.963	0.495	0.801	2.299	1.590	-9.784
交通运输、仓储和邮政业	1.440	0.268	1.919	1.908	1.980	-10.458	0.470	2.789	0.464	0.087
批发和零售业	0.056	0.184	0.227	0.174	0.185	0.150	-0.069	0.092	-0.020	0.095
文化、体育和娱乐业	-5.930	0.041	0.754	4.494	-1.640	1.193	3.094	2.251	-3.312	0.105
建筑业	1.798	5.077	1.499	62.431	1.137	1.486	1.356	-49.766	-20.646	0.486
综合	-1.424	0.275	0.542	3.295	0.179	3.173	-0.410	-1.935	1.038	0.526
制造业—金属非金属	2.142	1.215	5.595	1.454	2.382	1.058	0.160	-6.645	-0.395	0.774
制造业—纺织服装皮毛	0.883	2.327	1.371	3.029	-1.695	0.533	0.808	-0.113	-0.136	0.779
房地产业	2.259	1.019	1.395	1.730	1.860	0.356	-0.117	2.980	0.202	1.298
制造业—食品饮料	1.370	1.338	1.959	2.774	2.229	0.882	1.029	1.964	-1.373	1.352
信息传输、软件和信息技术服务业	3.994	-22.499	4.283	6.229	9.143	0.627	2.040	2.856	5.645	1.369
水利、环境和公共设施管理业	1.000	-12.675	1.073	5.472	2.413	0.257	1.877	3.515	10.000	1.437
制造业—机械设备合仪表	3.043	-14.038	3.311	4.903	3.035	1.095	1.847	6.659	3.839	1.522
住宿和餐饮业	-2.118	2.397	-8.448	0.914	1.000	9.938	9.375	1.427	2.725	1.912
教育			1.000	-1.052	1.000	1.000	1.631	1.173	8.694	1.921
采矿业	6.948	1.319	1.203	0.703	4.327	1.228	0.270	1.747	-0.053	1.966
电力、热力、燃气及水生产和供应业	4.708	0.662	2.489	1.664	2.883	1.269	-0.763	3.493	1.944	2.039
制造业—石油化学塑胶塑料	1.032	2.160	5.044	2.941	2.900	0.426	0.707	2.000	1.273	2.054
金融业			1.000	1.000	5.448	2.201	0.745	11.665	-0.504	2.395
农、林、牧、渔业	2.091	1.493	-6.510	0.752	1.359	-0.009	36.149	2.919	-13.348	2.766
制造业—医药生物制品	1.592	2.532	2.540	10.661	2.304	0.690	2.351	1.835	5.848	3.372
卫生和社会工作			1.354	1.000	7.594	4.491	0.561	4.440	9.399	4.120
科学研究和技术服务业	7.862	7.685	6.444	1.814	7.855	4.930	2.143	1.626	-1.970	4.266
制造业—造纸印刷	1.430	9.391	0.937	30.831	1.549	0.507	0.450	1.368	5.175	5.738
租赁和商务服务业	2.359	2.122	1.850	1.821	2.815	0.306	51.622	-2.586	-1.684	6.514

注：表7-8中养老保险基金收入弹性1表示"经理人平均货币薪金"对缴费基数的养老保险基金收入的弹性。

二、行业间"经理人平均薪金"缴费基数与养老基金收入弹性

表7-9描绘了世界性金融危机以来行业间养老保险基金收入弹性2的变化趋势。2008—2016年间，除了制造业—医药生物制品和批零业的平均养老保险基金收入弹性2处于负值区域，其他24个行业的平均养老保险基金收入弹性1都是正值。其中，平均养老保险基金收入弹性2大于1的行业由大到小，依次是电力、热力、燃气及水生产和供应业（100.334），房地产业（11.012），文化、体育和娱乐业（4.490），农、林、牧、渔业（4.251），建筑业（4.141），科学研究和技术服务业（2.461），金融业（1.954），制造业—食品饮料（1.924），水利、环境和公共设施管理业（1.848），制造业—纺织服装皮毛（1.666），制造业—金属非金属（1.571），教育（1.330），制造业—造纸印刷（1.302），交通运输、仓储和邮政业（1.099），这些数字说明电力、热力、燃气及水生产和供应业平均薪金增长对养老保险基金收入的拉动作用最大，而拉动作用最小的是交通运输、仓储和邮政业。

此外,2008—2016年间,制造业—医药生物制品和批零业的平均养老保险基金收入弹性2是负值,即经理人平均薪金对养老保险收入形成一种"挤出"效应。制造业—医药生物制品养老保险基金收入弹性1绝对值|-23.408|大于批零业|-0.379|,说明制造业—医药生物制品的经理人平均薪金对养老保险收入"挤出"效应大于批零业。

分行业而言,26个行业的养老保险基金收入弹性2在整个2008—2016年间波动较大。行业养老保险收入弹性2的年度最高值分别为电子、热力、燃气及水生产和供应业(891.888),2009年科学和技术服务业(3.810),2010年科学研究和技术服务业(2.976),2011年文化、体育和娱乐业(37.592),2012年科学研究和技术服务业(15.869),2013年房地产业(142.842),2014年水利、环境和公共设施管理业(6.660),2015年金融业(3.206),2016年教育业(4.898),说明这些行业的年度经理人平均薪金对养老保险收入的"拉动"效应非常明显。相应的,也有一些行业的年度经理人平均薪金对养老保险收入的"挤出"效应非常大,如2008年的房地产业|-53.395|,2011年的批发和零售业|-8.846|,2012年制造业—医药生物制品|-217.994|,2013年交通运输、仓储和邮政业|-3.073|,2014年科学和技术服务业|-5.035|,2016年制造业—金属非金属|-5.559|。

表7-9 行业间的养老保险基金收入弹性2

行业	2008年弹性2	2009年弹性2	2010年弹性2	2011年弹性2	2012年弹性2	2013年弹性2	2014年弹性2	2015年弹性2	2016年弹性2	平均养老保险基金收入弹性2
制造业—医药生物制品	0.105	1.485	1.379	0.384	-217.994	0.842	1.441	1.190	0.493	-23.408
批发和零售业	0.910	1.004	1.130	-8.846	0.289	0.682	1.040	1.062	-0.684	-0.379
制造业—电子	0.486	1.069	2.108	0.553	-3.780	0.810	0.881	1.421	0.651	0.466
制造业—机械设备仪表	0.806	1.400	1.959	-0.882	-3.532	1.033	1.735	1.418	0.451	0.488
制造业—其他制造业	-1.031	1.075	3.219	-1.945	-0.280	0.960	0.727	1.361	0.715	0.533
住宿和餐饮业	-4.212	1.599	-0.262	2.370	1.000	1.864	-1.348	0.970	2.865	0.538
卫生和社会工作			0.865	1.000	-0.914	0.650	0.466	1.844	-0.122	0.541
租赁和商务服务业	1.338	1.243	1.359	-0.185	-1.045	0.649	2.068	1.884	0.340	0.850
综合	-1.224	0.345	0.531	3.437	0.180	3.197	-0.265	1.148	1.040	0.932
制造业—石油化学塑胶塑料	0.989	1.324	1.709	-0.290	-0.900	0.633	0.888	1.270	3.088	0.968
采矿业	-2.801	1.250	1.170	0.936	5.786	0.669	-0.601	1.202	1.238	0.983
信息传输、软件和信息技术服务业	0.577	2.151	2.601	0.018	-0.750	0.952	1.552	1.287	0.482	0.985
交通运输、仓储和邮政业	1.452	0.156	1.617	3.301	1.605	-3.073	2.556	1.326	0.953	1.099
制造业—造纸印刷	1.188	1.121	0.961	0.640	3.481	1.047	-0.131	1.167	2.441	1.302
教育			1.000	-1.285	1.000	1.000	1.627	1.070	4.898	1.330
制造业—金属非金属	-0.653	1.075	1.638	0.413	13.788	1.047	0.835	1.552	-5.559	1.571
制造业—纺织服装皮毛	0.756	1.199	1.175	7.344	-0.515	1.655	0.860	1.295	1.223	1.666
水利、环境和公共设施管理业	1.000	2.792	1.023	-0.016	2.538	0.550	6.660	1.547	0.535	1.848
制造业—食品饮料	5.055	1.173	1.287	-0.826	7.121	0.934	1.017	1.126	0.426	1.924
金融业			1.000	1.000	5.476	2.129	0.878	3.206	-0.010	1.954
科学研究和技术服务业	2.216	3.810	2.976	0.298	15.869	0.434	-5.035	1.155	0.427	2.461
建筑业	0.757	1.333	1.237	0.313	1.061	30.576	1.834	1.780	-1.619	4.141
农、林、牧、渔业	3.601	1.252	2.372	0.931	0.715	28.406	1.121	1.635	-1.771	4.251
文化、体育和娱乐业	-6.180	0.183	0.909	37.592	4.716	0.953	2.224	1.871	-1.855	4.490
房地产业	-53.395	1.007	0.273	4.513	2.065	142.842	0.237	2.043	-0.477	11.012
电力、热力、燃气及水生产和供应业	891.888	0.683	2.448	3.092	2.116	1.197	-0.796	2.353	1.334	100.334

注：表7-9中养老保险基金收入弹性2表示"经理人平均薪金"缴费基数的养老保险基金收入的弹性。

三、行业间"在岗职工平均工资300%"缴费基数与养老基金收入弹性

表7-10描绘了世界性金融危机以来行业间养老保险基金收入弹性3的变化趋势。2009—2016年间，除了金融业，制造业—石油化学塑胶塑料，信息传输、软件和技术服务业，水利、环境和公共设施管理业，制造业—医药生物制品，文化、体育和娱乐业，综合等7个行业的平均养老保险基金收入弹性3处于负值区域，其他19个行业的平均养老保险基金收入弹性3都是正值。其中，平均养老保险基金收入弹性3大于1的行业有15个，其系数由大到小排名前三的行业，依次是制造业—纺织服装皮毛（15.048），租赁和商务服务业（8.313），卫生和社会工作（5.843），这些数字说明制造业—纺织服装皮毛"在岗职工平均工资300%"缴费基数增长对养老保险基金收入的拉动作用最大。制造业—食品饮料平均养老保险基金收入弹性（0.267）最低，趋近于0，说明制造业—食品饮料"上年度在岗职工平均工资300%"的制度缴费基数对养老保险基金收入增长几乎没有拉动作用。

此外，2009—2016年间，金融业，制造业—石油化学塑胶塑料，信息传输、软件和技术服务业等7个行业的平均养老保险基金收入弹性3是负值，这说明7个行业的"上年度在岗职工平均工资300%"的缴费基数对养老保险基金收入形成"挤出"效应。由"养老保险基金收入弹性绝对值越大对养老保险基金收入'挤出'效应就越大，养老保险基金收入弹性绝对值越小对养老保险基金收入'挤出'效应就越小"可知，金融业，制造业—石油化学塑胶塑料，信息传输、软件和技术服务业，水利、环境和公共设施管理业，制造业—医药生物制品，文化、体育和娱乐业，综合7个行业"上年度在岗职工平均工资300%"的缴费基数对养老保险基金收入"挤出"效应依次增大。

表7-10　统筹地区间的养老保险基金收入弹性3

行业	2009年弹性3	2010年弹性3	2011年弹性3	2012年弹性3	2013年弹性3	2014年弹性3	2015年弹性3	2016年弹性3	平均养老保险基金收入弹性3
金融业			1.000	7.639	-0.863	-0.255	-25.460	-109.132	-21.179
制造业—石油化学塑胶塑料	7.655	-162.009	2.706	1.801	-0.198	0.831	5.666	1.291	-17.782
信息传输、软件和信息技术服务业	3.704	-68.970	3.151	4.069	0.802	-0.899	2.136	-5.179	-7.649
水利、环境和公共设施管理业	1.349	0.878	4.516	2.298	-47.169	1.274	-2.849	-1.891	-5.199
制造业—医药生物制品	2.179	-51.131	4.324	3.722	0.414	1.473	4.414	4.643	-3.745
文化、体育和娱乐业	-0.444	0.688	-57.104	1.655	0.942	24.320	2.586	3.103	-3.032
综合	0.749	-3.717	1.764	0.061	1.691	-12.766	1.746	1.209	-1.158
制造业—食品饮料	1.518	-2.720	2.086	-7.409	-1.410	1.023	1.453	2.153	0.267
制造业—其他制造业	1.438	-9.658	2.008	2.866	0.827	0.747	2.391	2.491	0.389
房地产业	1.010	0.766	3.349	1.658	-0.076	-4.176	2.419	-1.082	0.484
住宿和餐饮业	2.780	-1.318	0.872	1.000	-1.116	-0.363	1.197	3.312	0.796
制造业—机械设备仪表	1.912	-2.436	2.470	2.824	1.086	-1.806	2.746	1.941	1.092
科学研究和技术服务业	-1.258	1.839	-1.239	5.945	-3.296	5.134	-0.220	3.895	1.350
交通运输、仓储和邮政业	1.244	2.085	1.839	1.322	0.365	1.281	1.658	1.299	1.387
制造业—金属非金属	1.239	9.221	1.696	2.493	1.153	0.687	4.485	-5.885	1.886
建筑业	0.447	1.749	4.218	1.179	1.569	1.151	3.218	2.795	2.041
电力、热力、燃气及水生产和供应业	7.100	-1.723	1.978	2.350	0.749	0.522	3.386	2.404	2.096
农、林、牧、渔业	1.991	-1.903	1.072	3.253	0.483	1.244	10.688	1.712	2.317
制造业—造纸印刷	3.803	3.491	4.457	2.067	1.110	-0.493	1.305	4.220	2.495
制造业—电子	1.301	11.257	4.344	2.811	-5.432	0.668	2.913	3.937	2.725
采矿业	1.154	0.592	0.776	-5.849	0.790	1.142	1.195	26.770	3.321
批发和零售业	1.013	-2.124	3.021	-4.218	0.541	1.160	1.894	36.963	4.781
教育			0.635	1.000	1.000	1.189	0.546	28.719	5.515
卫生和社会工作			1.000	14.838	0.145	-0.034	4.016	15.093	5.843
租赁和商务服务业	1.599	0.537	1.201	0.564	0.640	68.381	2.875	-9.298	8.313
制造业—纺织服装皮毛	2.876	0.171	2.331	1.932	-0.344	0.548	1.845	111.029	15.048

注：表7-10中养老保险基金收入弹性3表示"上年度在岗职工平均工资300%"缴费基数的养老保险基金收入的弹性。

四、行业间养老保险基金收入弹性比较分析

图7-5描绘了世界性金融危机以来行业间平均养老保险基金收入弹性1、弹性2和弹性3的变化趋势。

由图7-5可知,行业间平均养老保险基金收入弹性1总体水平较稳定,基本都处于正值区域;相应的,行业间平均养老保险基金收入弹性2的波动较为明显,最高行业和最低行业之间的平均养老保险基金收入弹性系数差距较大,平均养老保险基金收入弹性2中,弹性系数最高的行业,即电力、热力、燃气及水生产和供应业,其平均养老保险基金收入弹性2系数为100.334,弹性系数最低的行业为制造业—医药生物制品,其弹性系数出现较大负值,为-23.408;行业间平均养老保险基金收入弹性3相对于弹性1的波动幅度较大。

此外,有13个行业的平均养老保险基金收入弹性1要大于弹性3,这些行业集中在科学和技术服务业,水利、环境和公共设施管理业,文化、体育和娱乐业,信息传输、软件和技术服务业等行业成长性、盈利性较好

的新兴产业及房地产业,金融业等行业集中度较高的垄断行业;同时,有13个行业的平均养老保险基金收入弹性2要大于弹性3,这些行业也集中在电力、热力、燃气及水生产和供应业,科学研究和技术服务业,水利、环境和公共设施管理业,文化、体育和娱乐业,信息传输、软件和技术服务业等行业成长性、盈利性较好的新兴产业和金融业、房地产业、建筑业等行业集中度较高的垄断行业。这说明,绝大部分成长性、盈利性较好的行业和集中度较强的行业以"经理人平均货币薪金"和"经理人平均薪金"的模拟缴费基数对养老保险基金收入的拉动效应要强于"上年度在岗职工平均工资300%"的制度缴费基数。

同时,本文还发现,有一半的行业平均养老保险基金收入弹性2大于平均弹性1。其中差值最大的是电力、热力、燃气及水生产和供应业,两者相差98.295;其次是房地产业,两者相差9.714。这说明,包括股权薪金在内的经理人平均薪金对养老保险基金收入的"拉动"效应相当明显。同时也意味着养老保险基金收入中作为缴费基数基础的经理人薪金结构发生了变化:经理人货币薪金比例逐渐下降,而股权薪金的相对比例不断加大,经理人的长期激励薪酬方式正在逐渐增加,同时对养老保险基金收入产生极大的影响。

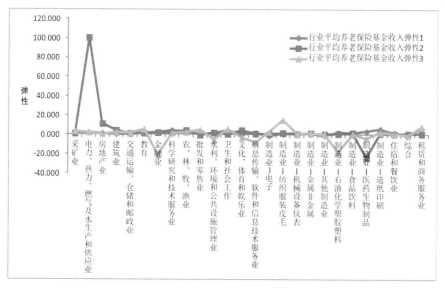

图7-5　2008—2016年行业间平均养老保险基金收入弹性趋势图

注:图7-5中行业平均养老保险基金收入弹性1表示"经理人平均货

币薪金"缴费基数的养老保险基金收入的弹性,行业平均养老保险基金收入弹性 2 表示"经理人平均薪金"缴费基数的养老保险基金收入的弹性,行业平均养老保险基金收入弹性 3 表示"上年度在岗职工平均工资300%"缴费基数养老保险基金收入的弹性。

第八章 结论与建议

第一节 研究结论

经过理论与实证分析,本文得出以下研究结论。

一、养老保险基金收入存在明显的差别

2007—2016年,基于经理人缴费基数三种方案测算的养老保险基金收入存在明显的差别。研究发现,以"经理人平均薪金"为模拟缴费基数的养老保险基金收入明显高于以"经理人平均货币薪金"为模拟缴费基数的养老保险基金收入,而以"经理人平均货币薪金"为模拟缴费基数的养老保险基金收入又略高于以"上年度在岗职工平均工资300%"为制度缴费基数的养老保险基金收入。

二、基于经理人缴费基数三种计算口径测算的养老保险基金收入存在明显的地区、企业和行业差异

其一,统筹地区所在的中心城市或者东部地区,以"经理人平均薪金"为模拟缴费基数的养老保险基金收入明显高于以"经理人平均货币薪金"为模拟缴费基数的养老保险基金收入,而以"经理人平均货币薪金"为模拟缴费基数的养老保险基金收入又略高于以"上年度在岗职工平均工资300%"为制度缴费基数的养老保险基金收入。

其二,劳动密集型企业,以"经理人平均货币薪金"和"经理人平均薪金"为模拟缴费基数的养老保险基金收入都高于以"上年度在岗职工平均工资300%"为制度缴费基数的养老保险基金收入,而无论是资本密集型企业,还是劳动密集型企业,以"经理人平均薪金"为模拟缴费基数的养老保险基金收入都明显高于以"经理人平均货币薪金"为缴费基数的养老保险基金收入;非国有企业,以"经理人平均货币薪金"和"经理人平

均薪金"为模拟缴费基数养老保险基金收入都高于"上年度在岗职工平均工资300%"为制度缴费基数的养老保险基金收入,而无论是国有企业,还是非国有企业,以"经理人平均薪金"为缴费基数的养老保险基金收入都明显高于以"经理人平均货币薪金"为缴费基数的养老保险基金收入。

其三,农、林、牧、渔业,制造业—食品饮料,制造业—纺织服装皮毛,制造业—医药生物制品,制造业—其他制造业,房地产业,综合7个行业以"经理人平均货币薪金"为模拟缴费基数的养老保险基金收入都高于以"在岗职工上年度平均工资300%"为制度缴费基数的养老保险基金收入;除了采矿业,电力、热力、燃气及水生产和供应业,交通运输、仓储和邮政业,科学研究和技术服务业外,其他22个行业以"经理人平均薪金"为缴费基数的养老保险基金收入都高于以"上年度在岗职工平均工资300%"为制度缴费基数的养老保险基金收入;同时,26个行业以"经理人平均货币薪金"为缴费基数的养老保险基金收入都明显高于以"经理人平均货币薪金"为缴费基数的养老保险基金收入。

三、基于经理人缴费基数三种计算口径的养老保险基金收入弹性系数存在明显的地区、企业和行业差异

其一,中心城市以"经理人平均货币薪金""经理人平均薪金"为缴费基数测算的平均养老保险基金收入弹性系数高于非中心城市,而以"上年度在岗职工平均工资300%"为缴费基数测算的平均养老保险基金收入弹性系数低于非中心城市;东部地区以"经理人平均货币薪金"为缴费基数测算的平均养老保险基金收入弹性系数高于非东部地区;而非东部地区以"经理人平均薪金""上年度在岗职工平均工资300%"为缴费基数测算的平均养老保险基金收入弹性系数都高于东部地区。

其二,资本密集型企业以"经理人平均货币薪金""上年度在岗职工平均工资300%"为缴费基数测算的平均养老保险基金收入弹性系数都高于劳动密集型企业,而以"经理人平均薪金"为缴费基数测算的平均养老保险基金收入弹性系数低于劳动密集型企业;非国有企业以"经理人平均货币薪金""上年度在岗职工平均工资300%"为缴费基数测算的平均养老保险基金收入弹性系数都高于国有企业,而以"经理人平均薪金"为缴费基数测算的平均养老保险基金收入弹性系数低于国有企业。

其三,26个行业中有13个行业以"经理人平均货币薪金""经理人平均薪金"为缴费基数测算的平均养老保险基金收入弹性系数大于以"上年度在岗职工平均工资300%"为缴费基数测算的平均养老保险基金收入弹性系数,这些行业基本集中在科学研究和技术服务业,水利、环境和公共设施管理业,文化、体育和娱乐业,信息传输、软件和技术服务业等成长性、盈利性较好的新型行业及房地产业,金融业等集中度较高的垄断行业。

第二节 对策建议

在降低养老保险缴费比例的同时,必须进一步做实养老保险缴费基数,是实现国家可持续发展的重要现实问题。因此,为做实缴费基数,真正实现养老保险基金的全国统筹,本文提出以下对策建议。

第一,取消养老保险缴费基数与"职工平均工资"之间的直接联系,根据不同收入群体的收入结构进行调整,建立最高缴费基数动态调整机制。

当前,我国的收入分配格局发生了巨大的变化,居民的收入差距在较短的时期内快速从平均主义盛行转变为收入分配高度不均等状态(李实、罗楚亮,2012)。通过文献检索发现,我国上市公司内部高管与员工间存在薪酬差距(辛清泉等,2007;卢锐,2007;刘春、孙亮,2010;周权雄、朱卫平,2010),且差距明显偏大。据国资委的数据显示,2002年国资委监管的央企高管平均薪酬是职工平均工资的9.85倍,2010年扩大到13.39倍,之后在政府管控下趋于平缓,2013年在12倍左右。[①]但是,《职工基本养老保险个人账户管理暂行办法》(劳办发〔1997〕116号)中规定我国职工基本养老保险缴费基数"上限"确定仍以"上年度在岗职工平均工资的300%"为基础,只随在岗职工平均工资水平变化进行调整,并未随高收入群体薪金水平增长导致企业职工收入差距扩大而进行动态调整。因此,我国现行养老保险缴费基数"上限"应予以上调,将高收入群体长期激励

---

① 白天亮. 央企高管,薪酬怎么管[N]. 人民日报,2014-09-29.

性薪金,如股票、期权,折算成当期货币薪金,一并计入缴费基数,建立起最高缴费基数的动态调整机制,促进基本养老保险基金的长期收支平衡。

第二,根据地区、企业、行业间高收入群体薪金结构变化引致的薪金水平差异,试行"累进制"缴费机制,分类设置地区、企业、行业缴费基数"上下限"。

现行缴费基数"上下限"的规定增强了制度的"累退性",给高收入阶层带来的好处大于给低收入阶层带来的好处,不利于社会公平。特别是单一缴费基数"上下限"统计口径可能会掩盖地区间、企业间、行业间不同收入群体的收入水平,导致形成养老保险基金收入"畸多畸少"的局面;而根据地区、企业、行业间高收入群体薪金结构变化引致的薪金水平差异,试行"累进制"缴费机制,分类设置地区、企业、行业缴费基数"上下限",可以防止收入的"反分配"现象。

第三,夯实基本养老保险缴费基数,比较分析高收入群体"累进制"缴费引起的高收入群体薪金可承受程度与养老保险基金收入增加的平衡问题。

基本养老保险缴费实行"累进制",可以在降低养老保险缴费比例的同时,进一步做实养老保险缴费基数。但是由此引起的高收入群体薪金可承受程度与养老保险基金收入增加之间的平衡问题值得我们进一步讨论。就养老保险缴费基数的载体——企业而言,如果经理人平均(货币)薪金缩减了,可能造成经理人的大范围辞职问题;如果经理人平均(货币)薪金缩减了,但是基本养老保险基金收入反而增加了,即基本养老保险基金收入增加量大于经理人平均(货币)薪金收缩的可承受程度,从福利经济学的角度看,这种"累进制"缴费对整个社会来说是好的。

◇ 参考文献 ◇

[1]陈冬华,陈信元,万华林.国有企业中的薪酬管制与在职消费[J].经济研究,2005(2):92-101.

[2]陈旭东,黄登仕.企业生命周期、应计特征与会计稳健性[J].中国会计与财务研究,2008(1).

[3]陈曦.养老保险降费率、基金收入与长期收支平衡[J].中国人口科学,2017(3):55-69+127.

[4]陈斌开,曹文举.从机会均等到结果平等:中国收入分配现状与出路[J].经济社会体制比较,2013(6):44-59.

[5]陈震,李艳辉.市场化进程、企业特征与高管薪酬:业绩敏感性[J].财贸研究,2011,22(6):133-143.

[6]陈建宁.社会保障对收入差距调节的困境及对策[J].保险研究,2010(12):87-90.

[7]陈沉,李哲,王磊.管理层控制权、企业生命周期与真实盈余管理[J].管理科学,2016,29(4):29-44.

[8]陈文革.非法高收入的来源及治理对策[J].湖湘论坛,2004(1):57-58.

[9]陈秀平.不同生命周期的资本结构的Panel Data模型分析[J].科学技术与工程,2011,11(34):8552-8556.

[10]陈旭东,王运陈,黄登仕.企业的经营决策影响应计吗?:基于

企业生命周期的研究[J].投资研究,2011,30(9):12-31.

[11]陈震,凌云.高管薪酬契约设计的研究进程与展望[J].财会学习,2012(4):17-20.

[12]陈星.职工养老保险企业缴费能力研究[D].济南:山东大学,2017.

[13]谌新民,刘善敏.上市公司经营者报酬结构性差异的实证研究[J].经济研究,2003(8):55-63+92.

[14]丛春霞,于洁,曹光源.基础养老金统筹困境及推进全国统筹若干思考[J].地方财政研究,2016(11):4-10.

[15]丛春霞,靳文惠.基本养老保险缴费机制对基金长期收支平衡的影响研究[J].社会保障研究,2017(4):3-13.

[16]蔡继明,高宏.垄断和竞争行业的比较生产力与收入差距:基于广义价值论的分析[J].学术月刊,2014,46(4):60-70.

[17]邓大松,刘昌平.中国养老社会保险基金敏感性实证研究[J].经济科学,2001(6):13-20.

[18]邓大松,陈文娟,王增文.论中国的养老风险及其规避[J].经济评论,2008(2):87-90.

[19]邓大松,仙蜜花.延长退休年龄对基本养老保险统筹基金收支平衡的影响研究[J].江西财经大学学报,2015(5):48-61.

[20]董克用,孙博.从多层次到多支柱:养老保障体系改革再思考[J].公共管理学报,2011,8(1):1-9+122.

[21]方芳,李实.中国企业高管薪酬差距研究[J].中国社会科学,2015(8):47-67.

[22]方军雄.高管超额薪酬与公司治理决策[J].管理世界,2012

(11):144-155.

[23]方军雄.高管权力与企业薪酬变动的非对称性[J].经济研究,
2011(4):107-120.

[24]方军雄.我国上市公司高管的薪酬存在黏性吗?[J].经济研
究,2009,44(3):110-124.

[25]封进.中国城镇职工社会保险制度的参与激励[J].经济研究,
2013,48(7):104-117.

[26]费舒澜.中国城乡收入差距的度量改进及分解研究[D].杭州:
浙江大学,2014.

[27]苟晓霞.我国年龄组平均预期寿命变动的实证研究[J].人口
学刊,2011(4):30-36.

[28]郭淑娟,惠宁.我国垄断行业企业高管薪酬制度研究[J].经济
管理,2014,36(9):91-102.

[29]郭建军.上市公司高管薪酬的法律规制[D].重庆:西南政法大
学,2016.

[30]郭赛.机构投资者对国有上市公司代理成本的影响[D].北京:
北京交通大学,2017.

[31]郭昱,顾海英.高管薪酬结构对经营绩效的影响[J].华东经济
管理,2008,22(4):100-103.

[32]耿晋娟.中国基本养老保险高缴费低水平悖论分析[J].中国
人力资源开发,2014(3):98-105.

[33]高霖宇.发达国家社会保障水平与收入分配差距关系及对中国
的启示[J].地方财政研究,2011(7):75-80.

[34]高彦,杨再贵,王斌.养老保险缴费率、综合税率的调整路径和

个人账户改革[J].贵州财经大学学报,2017(2):10-20.

[35]葛家澍,田志刚.上市公司高管薪酬强制性披露研究[J].厦门大学学报(哲学社会科学版),2012(3):34-41.

[36]葛延风.医疗卫生领域不应该市场化[J].财经界.2006(6):86-91.

[37]管永昊,贺伊琦.我国区域间教育财政支出均等化问题研究[J].兰州商学院学报,2012,28(2):62-69.

[38]龚永洪,何凡.高管层权力、股权薪酬差距与企业绩效研究:基于《上市公司股权激励管理办法》实施后的面板数据[J].南京农业大学学报(社会科学版),2013,13(1):113-120.

[39]黄祖辉,王敏,万广华.我国居民收入不平等问题:基于转移性收入角度的分析[J].管理世界,2003(3):70-75.

[40]黄少滨,杨艳歌,吕天阳.基于核密度估计的参保人员缴费基数核定方法研究[J].管理评论,2013,25(4):95-102.

[41]黄群慧,杨淑君.企业经营者年薪制的模式比较研究[J].中国工业经济,1999(12):66-70.

[42]黄再胜.企业经理报酬决定理论:争论与整合[J].外国经济与管理,2005(8):33-40.

[43]郝东洋.产品市场竞争、内部薪酬差距与公司经营绩效[J].华东师范大学学报(哲学社会科学版),2016,48(1):149-158+172.

[44]郝勇.养老金替代率适度水平的确定研究[D].徐州:中国矿业大学,2012.

[45]郝勇,周敏,郭丽娜.适度的养老保险保障水平:基于弹性的养老金替代率的确定[J].数量经济技术经济研究,2010,27(8):74-87.

[46]侯珊珊.外国投资者认定标准研究[D].上海:华东政法大学,2018.

[47]何芸.市场转型期的行业分割与收入不平等[D].武汉:武汉大学,2012.

[48]胡继之.中国股市的演进与制度变迁[M].北京:经济科学出版社,1999.

[49]胡秋生.金融业与其他行业高管薪酬差距的理论分析与实证研究[D].成都:西南财经大学,2013.

[50]何凡.中国上市公司股权激励绩效实证研究:基于《上市公司股权激励管理办法》实施后的经验数据[J].四川教育学院学报,2010,26(11):58-61.

[51]何文炯,蔡青,张畅玲."职工平均工资"的困惑:兼论基本养老保险制度的完善[J].统计研究,2004(11):31-34.

[52]侯明喜.防范社会保障体制对收入分配的逆向转移[J].经济体制改革,2007(4):137-140.

[53]韩烨,宋宝安.我国企业年金的发展现状及对策建议[J].当代经济研究,2014(7):89-92.

[54]翰威特.如何建立均衡的长期激励组合[J].上海国资,2008(5):93-96.

[55]贾康,刘保军.如何认识我国的高收入阶层?[J].内部文稿,2002(20):17-20.

[56]贾康,刘保军.如何认识改革开放中出现的高收入阶层问题[J].财政研究,2002(10):2-6.

[57]贾康,刘保军.如何认识我国出现的高收入阶层问题[J].安徽

决策咨询,2002(7):14-16.

[58]贾咏顺.我国养老金制度可持续发展研究[J].人才资源开发,2015(18):98.

[59]贾洪波,方倩.基础养老金省级统筹到全国统筹再分配效应的比较静态分析[J].保险研究,2015(1):100-111.

[60]金碚.怎样使收入分配更加科学合理[J].理论参考,2006(3):57.

[61]蒋宏飞,姜雪梅.集体林区农户收入不平等状况分析:基于辽宁省林改农户调查数据[J].林业经济,2012(3):17-22.

[62]"收入分配研究"课题组,姜玮.我国行业收入差距扩大的实证分析与规范路径[J].南昌大学学报(人文社会科学版),2010,41(5):34-43.

[63]孔琰.泰安市农村基层组织廉政建设问题研究[D].泰安:山东农业大学,2010.

[64]黎文靖,胡玉明.国企内部薪酬差距激励了谁?[J].经济研究,2012,47(12):125-136.

[65]鲁桐,党印.公司治理与技术创新:分行业比较[J].经济研究,2014,49(6):115-128.

[66]鲁海帆.高管团队内薪酬差距、合作需求与多元化战略[J].管理科学,2007(4):30-37.

[67]鲁海帆.高管团队内薪酬差距与公司业绩[D].广州:暨南大学,2008.

[68]廖建桥,张凌,刘智强.基尼系数与企业内部薪酬分配合理性研究[J].中国工业经济,2006(2):98-105.

[69] 廖常勇,丁生川. 行业收入差距对个人所得税收入影响的研究 [J]. 中国经济问题,2013(2):56-64.

[70] 林建,张梦瑶. 我国人口老龄化与社会医疗保险基金的平衡对 策[J]. 上海经济研究,2016(7):97-103.

[71] 雷霆,周嘉南. 股权激励、高管内部薪酬差距与权益资本成本 [J]. 管理科学,2014,27(6):12-26.

[72] 雷霆. 中国上市公司股权激励对权益资本成本的影响研究[D]. 成都:西南交通大学,2016.

[73] 李婷,李实. 中国收入分配改革:难题、挑战与出路[J]. 经济社 会体制比较,2013(5):32-43.

[74] 李实. 收入分配改革的几个难点[J]. 同舟共进,2013(7):7-9.

[75] 李实,罗楚亮. 我国居民收入差距的短期变动与长期趋势[J]. 经济社会体制比较,2012(4):186-194.

[76] 李莎. 缩小收入分配差距及社会保障的作用[J]. 理论月刊, 2008(11):99-101.

[77] 李华. 清算义务人的连带清偿责任[D]. 重庆:西南政法大学, 2013.

[78] 李东升,刘冰. 日本企业经营者激励监控机制分析[J]. 日本研 究,2011(4):31-35.

[79] 李乐乐. 我国人口老龄化地区差异及影响因素分析[J]. 华中 农业大学学报(社会科学版),2017(6):94-102+151.

[80] 李全伦. 论薪金的本质[J]. 上海师范大学学报(哲学社会科学 版),2013,42(5):24-30.

[81] 李娓涵. 企业缴费率对城镇职工基本养老保险基金收支平衡的

影响[D].武汉:华中师范大学,2013.

[82]李全伦.企业收入分配的"四位一体"公式:一种企业产权依据[J].经济社会体制比较,2010(2):176-183.

[83]李全伦.企业收入分配的基本结构与测算依据:一种四维企业产权视角[J].中国工业经济,2008(5):120-128.

[84]李全伦.员工绩效考核的企业产权逻辑[J].中国人力资源开发,2009(8):90-94.

[85]李栗.收入分配差距的贫困度研究[D].沈阳:辽宁大学,2012.

[86]李晓创,高文书.高管薪酬影响因素的实证分析:兼论资本密集度的薪酬效应[J].云南财经大学学报,2013,29(2):96-105.

[87]李华荣.独立董事提名、市场反应与监督效率[D].杭州:浙江工商大学,2017.

[88]李志军,仲欣,刘正军."债转股"与高管薪酬业绩敏感性研究[J].中南财经政法大学学报,2012(3):74-79+143-144.

[89]李晨光.中国城镇职工养老保险筹资改革:经济影响与制度设计[D].北京:中央财经大学,2016.

[90]李稻葵,何梦杰,刘霖林.我国现阶段初次分配中劳动收入下降分析[J].经济理论与经济管理,2010(2):13-19.

[91]李稻葵,刘霖林,王红领.GDP中劳动份额演变的U形规律[J].经济研究,2009(1):70-82.

[92]刘灿.企业内公平分配的度量[D].湘潭:湘潭大学,2007.

[93]刘彧彧,陈冠东.房地产企业集团组织结构设计研究[J].学海,2008(1):155-168.

[94]刘渝琳,梅斌.行业垄断与职工工资收入研究:基于中国上市

公司数据的分析[J].中国人口科学,2012(1):51-59+111-112.

[95]刘立云.基于《资本论》视角的垄断行业收入差距分析[J].《资本论》研究,2011(1):28-34.

[96]刘晓军,于礼.伊宁市农业产出的耕地利用集约度弹性分析[J].农村经济与科技,2010,21(11):60-61.

[97]刘宁,张正堂.企业内部薪酬差距的效应:研究述评[J].管理学报,2007(6):839-843.

[98]刘书志,付晶超.浅论税务会计在火电企业中的重要性[J].中国管理信息化,2019,22(3):14-15.

[99]刘静娟.基于税务成本视角的房地产企业收购方式选择研究[D].邯郸:河北工程大学,2018.

[100]刘柏惠,汪德华,毛中根.中国收入分配体制改革路径选择研究[J].南京大学学报(哲学·人文科学·社会科学版),2014,51(2):16-24+157.

[101]刘嗣明,李琪.党的十八大收入分配理论与政策的研究:背景、创新及政策[J].宁夏社会科学,2013(2):31-35.

[102]刘春,孙亮.薪酬差距与企业绩效:来自国企上市公司的经验证据[J].南开管理评论,2010,13(2):30-39+51.

[103]刘昌黎.日本企业高管的薪酬水平及其未向国际水平靠拢的原因[J].日本问题研究,2009(2):8-15.

[104]刘苓玲,慕欣芸.企业社会保险缴费的劳动力就业挤出效应研究:基于中国制造业上市公司数据的实证分析[J].保险研究,2015(10):107-118.

[105]刘志英.社会保障与贫富差距研究[M].北京:中国劳动社会

保障出版社,2006.

[106]刘海英.高管层报酬契约构成与标准:基于问卷调查的研究
[J].山东大学学报(哲学社会科学版),2011(3):121-126.

[107]罗宏,曾永良,宛玲羽.薪酬攀比、盈余管理与高管薪酬操纵
[J].南开管理评论,2016,19(2):19-31+74.

[108]罗昆,徐智铭.契约参照点、高管·才能与高管薪酬:来自中国
情景下行业属性和产权性质的经验证据[J].华中农业大学学报(社会科
学版),2018(1):138-148+163.

[109]楼继伟.建立更加公平更可持续的社会保障制度[J].预算管
理与会计,2016(1):2-4.

[110]厉以宁.中国贫富差距大的重要原因是二次分配有问题[N].
证券时报,2012-12-10.

[111]卢锐.管理层权力、薪酬差距与绩效[J].南方经济,2007(7):
60-70.

[112]林义.我国退休制度改革的政策思路[J].财经科学,2002
(5):66-71.

[113]穆怀中,闫琳琳.基础养老金全国统筹收入再分配给付水平及
适度性检验[J].人口与发展,2012,18(6):2-15.

[114]米雪,冯国忠.两职合一、总经理薪酬与企业绩效的关系探
究:以医药上市企业为例[J].中国药物经济学,2018,13(3):25-29.

[115]马秀贞.社会分配:效率与公平关系及其有效处理[J].国家
行政学院学报,2008(4):21-24.

[116]马连福,王元芳,沈小秀.国有企业党组织治理、冗余雇员与
高管薪酬契约[J].管理世界,2013(5):100-115+130.

[117]马秀贞.以人民为中心的发展思想:促进效率与公平关系的统一:中国共产党在收入分配领域对于效率与公平关系的探索与思考[J].中共青岛市委党校(青岛行政学院)学报,2018(6):5-10.

[118]马慧敏,刘传哲.沪市A股各上市公司分行业的成长性、盈利性实证研究[J].经济管理,2009,31(9):44-48.

[119]51社保.2017《中国企业社保白皮书》[R].2017-08-11.

[120]毛江萍.企业职工基本养老保险缴费基数不实现象及其治理[D].杭州:浙江大学,2009.

[121]茂路.完善我国居民收入再分配制度的财税政策研究:基于差度理论基础的中国居民收入差距分层研究[J].中央财经大学学报,2014(10):10-17.

[122]孟丽霞,何宏金.我国劳动密集型企业转型升级研究综述[J].商业时代,2011(36):74-75.

[123]南星恒,赵辰.产权性质、货币薪资公平与企业绩效:基于2010—2014年A股上市公司的经验数据[J].南京审计大学学报,2017,14(2):29-38.

[124]彭华民.从沉寂到创新:中国社会福利构建[M].北京:中国社会科学出版社,2012.

[125]彭剑锋,崔海鹏.高管薪酬:最佳实践标杆[M].北京:机械工业出版社,2009.

[126]潘永松,海洋.养老保险缴费工资基数要更加注重人文关怀[J].决策与信息,2015(23):231.

[127]权小锋,吴世农,文芳.管理层权力、私有收益与薪酬操纵[J].经济研究,2010,45(11):73-87.

[128]荣燕.社会保障与收入公平分配的相关性分析[J].学术论坛,2007(2):98-101.

[129]施晓露.我国商业养老险对接基本养老险法律路径探究[D].上海:华东政法大学,2017.

[130]苏中兴.基本养老保险费率:国际比较、现实困境与改革方向[J].中国人民大学学报,2016,30(1):20-27.

[131]孙永勇,李娓涵.从费率看城镇职工基本养老保险制度改革[J].中国人口科学,2014(5):67-78+127.

[132]孙晓华,王昀.企业规模对生产率及其差异的影响:来自工业企业微观数据的实证研究[J].中国工业经济,2014(5):57-69.

[133]孙烨,高倩.中国上市公司企业特性与高管薪酬差距的实证[J].统计与决策,2010(24):135-138.

[134]孙敬水,于思源.行业收入差距影响因素及其贡献率研究:基于全国19个行业4085份问卷调查数据分析[J].山西财经大学学报,2014,36(2):16-26.

[135]宋晓梧.完善社保制度与提升消费水平[N].21世纪经济报道,2018-09-06(004).

[136]宋晓梧.企业社会保险缴费成本与政策调整取向[J].社会保障评论,2017,1(1):63-82.

[137]单德朋.市场潜力、劳动力异质性与劳动报酬份额:理论与实证[J].财经科学,2013(3):66-74.

[138]沈小燕,王跃堂.股权激励、产权性质与公司绩效[J].东南大学学报(哲学社会科学版),2015,17(1):71-79.

[139]沈洁.行业特征与员工薪酬水平及其增长的研究[D].上海:

东华大学,2014.

[140]唐松,孙铮.政治关联、高管薪酬与企业未来经营绩效[J].管理世界,2014(5):93-105+187-188.

[141]唐沁.延迟退休背景下湖南省职工基本养老保险缴费率优化研究[D].长沙:湖南大学,2017.

[142]汤肖.我国制造业上市企业规模与多元化程度关系研究[J].湖北社会科学,2010(12):59-61.

[143]田月红,赵湘莲.人口老龄化、延迟退休与基础养老金财务可持续性研究[J].人口与经济,2016(1):39-49.

[144]童雨.劳动力异质性、工资差异与要素密集度变迁[J].云南财经大学学报,2015,31(3):73-79.

[145]王小鲁,樊纲.中国收入差距的走势和影响因素分析[J].经济研究,2005(10):24-36.

[146]王涛.基于省际面板数据的行业收入差距与经济增长关系研究[J].统计与信息论坛,2014,29(1):46-50.

[147]王东,姜珂.房价波动对城镇居民消费影响的实证分析:以湖南省为例[J].湘潭大学学报(哲学社会科学版),2013,37(6):31-34.

[148]王素娟.基于企业成长的中国上市公司高管薪酬结构研究[D].济南:山东大学,2014.

[149]王素娟.中外企业高管薪酬模式差异与发展趋势[J].山东大学学报(哲学社会科学版),2014(1):111-120.

[150]王素娟.基于上市公司内部高管薪酬结构的决定因素研究[J].求索,2014(3):108-113.

[151]王兰.保密费可以包含在工资中吗？[J].时代财会,

2003(7):65.

[152]王会娟,张然.私募股权投资与被投资企业高管薪酬契约:基于公司治理视角的研究[J].管理世界,2012(9):156-167.

[153]王增文,邓大松.基金缺口、缴费比率与财政负担能力:基于对社会保障主体的缴费能力研究[J].中国软科学,2009(10):73-81.

[154]王增文,何冬梅.社会保障支出对居民收入影响机制分析:基于江苏省13市面板数据的收敛分析[J].华东经济管理,2014,28(12):64-68.

[155]王茂福,谢勇才.关于我国社会保障对收入分配存在逆向调节的研究[J].毛泽东邓小平理论研究,2012(6):46-50.

[156]王灿,王文兵,干胜道.劳动密集型上市公司劳资财务公平评价研究:来自2004—2011年中国证券市场的经验证据[J].审计与经济研究,2013,28(6):54-63.

[157]王宗军,钱仲帅,夏天.经理人长短期激励报酬模型及其优化研究[J].管理工程学报,2008(1):113-115.

[158]汪恺文.高管降薪对企业经营业绩和盈余管理的影响[D].北京:首都经济贸易大学,2018.

[159]吴佳强,潘文轩.提高初次分配中劳动所得比重问题研究:基于工资决定机制的分析[J].当代经济管理,2013,35(5):15-20.

[160]吴刚.我国国有上市公司高层管理者薪酬结构与激励机制研究[D].重庆:西南大学,2009.

[161]吴联生,林景艺,王亚平.薪酬外部公平性、股权性质与公司业绩[J].管理世界,2010(3):117-126+188.

[162]吴连霞.中国养老保险制度变迁机制研究[D].北京:首都经

济贸易大学,2012.

[163]武鹏. 中国行业收入差距研究述评[J]. 上海经济研究,2010(8):60-70+121.

[164]武鹏,周云波. 行业收入差距细分与演进轨迹:1990-2008[J]. 改革,2011(1):52-59.

[165]卫兴华,张宇. 关于坚定走共同富裕的道路的对话:兼析效率与公平关系上的不同观点[J]. 毛泽东邓小平理论研究,2013(6):1-6.

[166]卫兴华,胡若痴. 近年来关于效率与公平关系的不同解读和观点评析[J]. 教学与研究,2013(7):52-60.

[167]魏升民,向景,马光荣. 基本养老保险中央调剂金的测算及其潜在影响[J]. 税收经济研究,2018,23(6):1-5.

[168]万广华. 不平等的度量与分解[J]. 经济学(季刊),2009,8(1):347-368.

[169]理查德·威尔金森,凯特·皮克特. 不平等的痛苦:收入差距如何导致社会问题[M]. 安鹏,译. 北京:新华出版社,2010.

[170]薛胜昔,李培功. 地理位置与公司高管薪酬:来自中国上市公司的经验证据[J]. 中央财经大学学报,2017(1):87-95.

[171]徐婉馨. 我国行业收入差距研究[D]. 黑龙江省社会科学院,2015.

[172]徐宏忠,万小勇,连玉君. 高管薪酬行业差异的实证分析[J]. 管理评论,2012,24(4):85-93.

[173]许志涛. 养老保险对初次分配的调节机制探析[J]. 中国劳动,2013(9):10-13.

[174]肖严华,张晓娣,余海燕. 降低社会保险费率与社保基金收入

的关系研究[J].上海经济研究,2017(12):57-65.

[175]肖严华."十三五"时期我国养老保险制度改革的关键问题[J].上海城市管理,2016,25(5):11-17.

[176]奚智成.中国P2P网络借贷平台的法律监管问题研究[D].上海:华东政法大学,2017.

[177]夏杰长,徐金海.基础养老金全国统筹:国际经验与我国之对策[J].中国发展观察,2016(16):38-41.

[178]香伶.论社会保障收入再分配的公正性[J].经济学动态,2006(11):43.

[179]辛清泉,林斌,王彦超.政府控制、经理薪酬与资本投资[J].经济研究,2007,42(8):110-122.

[180]谢作渺,薛冬雪,董菁.股权激励理论研究综述[J].工业技术经济,2007(3):4-6.

[181]杨蓉.垄断行业企业高管薪酬问题研究:基于在职消费的视角[J].复旦学报(社会科学版),2011(5):133-140.

[182]杨志强,王华.公司内部薪酬差距、股权集中度与盈余管理行为:基于高管团队内和高管与员工之间薪酬的比较分析[J].会计研究,2014(6):57-65+97.

[183]杨伟锋.新疆城乡居民收入与内地差距比较研究[D].石河子:石河子大学,2011.

[184]杨天宇.中国居民收入再分配过程中的"逆向转移"问题研究[J].统计研究,2009,26(4):19-25.

[185]杨承训."深化收入分配制度改革"的经济学解析:兼论以初次分配为重点架构中国特色社会主义分配理论[J].经济学动态,2008(1):

64-69.

[186]杨园丽,刘晓梅.中国社会养老保险制度中企业缴费负担分析[J].长春大学学报,2010,20(11):32-34.

[187]杨一心,何文炯.养老保险"参而不缴"及其基金效应[J].中国人口科学,2015(6):35-45+127.

[188]杨广青,丁茜.行业特征、创新战略与资本结构:基于跨层次模型的实证研究[J].经济管理,2012,34(6):45-53.

[189]叶爱华.我国居民收入分配差距的实证研究[D].长沙:湖南大学,2005.

[190]于刚.关于扩大中等收入者比重的宏观思考(上)[J].辽宁经济,2012(10):31-37.

[191]袁磊.延迟退休能解决养老保险资金缺口问题吗?:72种假设下三种延迟方案的模拟[J].人口与经济,2014(4):82-93.

[192]吕明月.国有控股上市公司高管—员工薪酬差距影响因素的研究[D].贵阳:贵州财经大学,2016.

[193]曾义.薪酬黏性、高管变更与公司价值[J].上海管理科学,2009,31(4):70-73.

[194]闫琳琳.基本养老保险统筹层次提升的收入再分配研究[D].沈阳:辽宁大学,2012.

[195]易永英.加大养老金调剂力度 合理科学对待全国统筹[N].证券时报,2019-01-22(A01).

[196]朱方明,林雨杰.中国上市公司高管薪酬差异分析[J].经济理论与经济管理,2011(3):82-88.

[197]张亮.改革开放40年中国收入分配制度改革回顾及展望[J].

中国发展观察,2019(1):23-29.

[198]张华荣,李波,周芳丽.中国上市公司经理人人均薪金基尼系数测度[J].财经问题研究,2017(12):45-52.

[199]张奥勋."共享发展"理念实现路径研究[D].哈尔滨:哈尔滨商业大学,2017.

[200]张璇.初次分配中劳动报酬比重变动分析[J].市场周刊(理论研究),2014(1):140-142.

[201]张梦遥.保值增值视角下老龄化社会医疗保险基金平衡对策研究[J].理论月刊,2016(9):147-152.

[202]张向达,方群.我国城镇低收入群体养老保险适度缴费基数研究[J].数量经济技术经济研究,2017,34(9):111-127.

[203]张玉娟,汤湘希.股权结构、高管激励与企业创新:基于不同产权性质 A 股上市公司的数据[J].山西财经大学学报,2018,40(9):76-93.

[204]张宏,周仁俊.高管报酬结构的组合激励效果及其理论基础研究[J].财会通讯,2010(18):139-141+161.

[205]张正堂,李欣.高层管理团队核心成员薪酬差距与企业绩效的关系[J].经济管理(新管理),2007(2):16-25.

[206]张勇.经理长期与短期报酬优化组合激励的探讨[J].管理工程学报,2004(3)125-127.

[207]张车伟,蔡昉.就业弹性的变化趋势研究[J].中国工业经济,2002(5):22-30.

[208]张车伟.再分配调节不足:中国收入差距拉大的主因[N].中国社会科学报,2012-05-21(B02).

[209]曾益,凌云.中国社会保险缴费率的降低空间与方案模拟:以城镇企业职工基本养老保险为例[J].财经论丛,2017(6):50-59.

[210]翟永会.企业年金缴费率和替代率测算:基于不同类型企业缴费能力的实证分析[J].中南财经政法大学学报,2014(2):51-56+159.

[211]占红沣.现阶段"限薪"问题的法社会学探讨[J].法学,2010,(3):15-26.

[212]周权雄,朱卫平.国企锦标赛激励效应与制约因素研究[J].经济学(季刊),2010(2):571-593.

[213]周建胜.试论期权激励机制与价值估计[J].学术论坛,2003(6):75-77.

[214]赵颖.中国上市公司高管薪酬的同群效应分析[J].中国工业经济,2016(2):114-129.

[215]赵睿.高管—员工薪酬差距与企业绩效:基于中国制造业上市公司面板数据的实证研究[J].经济管理,2012,34(5):96-104.

[216]赵静,毛捷,张磊.社会保险缴费率、参保概率与缴费水平:对职工和企业逃避费行为的经验研究[J].经济学(季刊),2016,15(1):341-372.

[217]郑秉文.社会保险基金投资体制"2011改革"无果而终的经验教训与前景分析[J].辽宁大学学报(哲学社会科学版),2014,42(5):1-19.

[218]郑春荣,王清.工资薪金所得的定义的中美比较[J].社会科学家,2011(4):48-51.

[219]郑秉文.中国养老金发展报告2014:向名义账户制转型[M].北京:经济管理出版社,2014.

[220]郑秉文.供给侧:降费对社会保险结构性改革的意义[J].中国人口科学,2016(3):2-11+126.

[221]郑志刚,孙娟娟,Rui Oliver.任人唯亲的董事会文化和经理人超额薪酬问题[J].经济研究,2012,47(12):111-124.

[222]郑晓玲,乔桂明.经理人股权薪酬合约结构的理论与启示[J].经济管理,2008(14):17-21.

[223]郑功成.论收入分配与社会保障[J].黑龙江社会科学,2010(5):123-126.

[224]Akerlof G , Yellen J. The Fair Wage-Effort Hypothesis and Unemployment[J]. Quarterly Journal of Economics, 1990, 105(2):255-283.

[225]Agarwal A,Walking R A. Executive Careers and Compensation Surrounding Takeover Bids[J]. The Journal of Finance, 1994,49(3):985-1014.

[226]Amoroso L. Ricerche intorno alla curva dei redditi[J]. Annali di Matematica Pura ed Applicata,1925,4(21):123-159

[227]Atkinson A. On the Measurement of Inequality[J]. Journal of Economic Theory,1970,2(4): 244-263.

[228]Chen SL,Ma H,Bu D. Board Affiliation and Pay Gap[J]. China Journal of Accounting Research,2014(2),81-100.

[229]Dalton H. The Measurement of the Inequality of Incomes[J].Economic Journal. 1920,199(30):348-361.

[230]Evers A. Wintersberger H. Shifts in the Welfare Mix: Their Impact on Work,Social Services and Welfare Policies[M].

Boulder:Westview Press,1990.

[231]Fleurbaey M. Equality and Responsibility[J]. European Economic Review,1995,39(3-4):683-689.

[232]Ferri F, Maber D. Say on Pay Vote and CEO Compensa-tion: Evidence from the UK[R]. New York:New York University, 2010.

[233]Mankiw N G. Principles of Economics: V4[M]. Beijing: Tsinghua University Press,2009.

[234]Gibrat R. Les Inégalités Économiques[M]. Paris:Li-brarie du Recueil Sirey,1931.

[235]Johnson N. The Welfare State in Transition:The Theo-ry and Practice of Welfare[M]. Amherst:Pluralism Internation-al Affairs, 1987:490.

[236]Johnson N. Mixed Economies of Welfare:A Comparative Perspective[M].London:Prentice Hall Europe,1999.

[237]Jensen M,Murphy K. Performance Pays and Top-manage-ment Incentives[M]. London: Journal of Political Economy, 1990 (2):225-261.

[238]Konow J. A positive theory of Economic fairness[J]. Journal of economic Behavior and Organization , 1996,31(1): 13-35.

[239]Kolm S. Unequal Inequalities:I[J]. Journal of Econom-ic Theory,1976,12(3):416-442.

[240]Kolm S. Unequal Inequalities:II[J]. Journal of Eco-nomic Theory,1976,13 (1):82-111.

[241]Lazear E, Rosen S. Rank-order Toumanents as Optimum Labor Contracts[J]. Journal of Political Economy, 1981, 89 (5): 841-864.

[242]Lallemand T, Plasman R, Rvcx F. Intra-Firm Wage Dis - persion and Firm Performance: Evidence from Linked Employer- Employee Data[J]. Working paper, 2004, 57(4):533-558.